Le Cycle du Graal

SIXIÈME ÉPOQUE

Perceval le Gallois

J'AI LU

JEAN MARKALE

Le Cycle du Graal :

1. La naissance du roi Arthur	*J'ai lu* 4742/**I**
2. Les chevaliers de la Table Ronde	*J'ai lu* 4743/**J**
3. Lancelot du Lac	*J'ai lu* 4744/**I**
4. La fée Morgane	*J'ai lu* 4745/**J**
5. Gauvain et les chemins d'Avalon	*J'ai lu* 5407/**J**
6. Perceval le Gallois	*J'ai lu* 5626/**J**

À paraître chez J'ai lu

7. Galaad et le roi pêcheur
8. La mort du roi Arthur

Jean Markale

Le Cycle du Graal

SIXIÈME ÉPOQUE

Perceval le Gallois

Éditions J'ai lu

INTRODUCTION

Au risque de se perdre

Dans l'univers arthurien, mis patiemment en mouvement par Merlin le Sage, chacun est à sa place autour de la Table Ronde, symbole évident de l'égalité individuelle dans une entreprise collective dirigée théoriquement par le roi mais illuminée par la souveraineté solaire qu'incarne la reine. Arthur est au centre de cet univers, comme il est au centre du royaume, et sa santé est garante de la puissance de celui-ci, tant est rituel, sacré, mystique le mariage du souverain et de la terre que la divinité lui a confiée. Cependant, le roi, dans la tradition celtique qui constitue la base de cette fantastique épopée, n'est rien sans les guerriers dont il est l'émanation et l'élu, autrement dit le *primus inter pares*, le premier entre ses pairs, avec toutes les faiblesses, toutes les contraintes et toutes les obligations qu'implique cette fonction. Le sage Merlin, tel un druide des temps primitifs, a tressé l'écheveau complexe des rapports entre l'un et le multiple. Il se comportait alors en démiurge, en organisateur du monde, en prophète missionnaire. Or, on sait bien que nul, Merlin moins que quiconque, n'est prophète en son pays, et ce parce que les hommes sont libres d'accepter ou de refuser le plan divin. Après avoir créé l'univers et les êtres qui le peuplent, Yaveh-Elohim, si l'on en croit la Genèse, s'est reposé le septième jour. Cela signifie clairement qu'ayant créé l'homme à son image et *l'ayant revêtu de liberté*, il lui a donné pour mission de continuer l'œuvre de création. Ainsi est-il devenu un *deus otiosus*, un « dieu oisif », témoin redoutable des tentatives de l'humain pour parfaire un monde nécessairement imparfait. D'où vient donc que l'être humain ait, consciemment ou non, oublié cette responsabilité primordiale ?

La même question se pose à propos des compagnons de la Table Ronde. Certes, en apparence, tout va pour le mieux dans le meilleur des mondes possible au royaume dont Arthur est le garant. Les ennemis extérieurs ont été vaincus, conquis ou refoulés, et les révoltes internes sont devenues très rares. Les chevaliers vont et viennent dans le pays, combattant avec courage la moindre injustice commise par un vassal du roi. Mais les forces de l'ombre sont toujours présentes dans les forêts, prêtes à surgir dès que les héros de lumière sont absents. Si précaire soit-il et tant bien que mal respecté, l'équilibre prouve que le projet social et politique imaginé par Merlin connaît un certain succès. Mais qu'en est-il sur le plan de la psychologie individuelle ?

Là, il faut bien le reconnaître, la situation se dégrade. Théoriquement, l'action individuelle des chevaliers, entraînant leur responsabilité propre, est prise en compte par la collectivité et se répercute sur elle. Toute atteinte à l'honneur d'un chevalier est une injure à l'encontre du roi, de la reine et de tous les compagnons. Tout succès d'un chevalier isolé est un triomphe pour l'ensemble de la Table Ronde. Mais, parmi les compagnons, combien sont prêts à fondre leur gloire personnelle dans la gloire collective ? Les modèles celtiques anciens qui ont inspiré les romans arthuriens font état d'innombrables querelles de préséance et d'invraisemblables combats pour obtenir ce qu'on appelle le « Morceau du Héros », c'est-à-dire la part de gibier remise solennellement au guerrier reconnu unanimement comme le plus brave et le plus valeureux de tout le groupe concerné[1]. L'attitude de Gauvain, neveu du roi

1. Voir en particulier le récit irlandais « Le Festin de Bricriu »

et fier d'être son héritier présomptif, est celle d'un héros qui fait passer sa gloire personnelle avant celle des autres, même s'il accomplit toujours ses missions jusqu'au bout pour le plus grand bien de tous. Le comportement de Lancelot du Lac est encore plus significatif : il a conscience de sa valeur, il sait qu'il est « le meilleur chevalier du monde » et que son action personnelle est nécessaire à la survie du monde arthurien, et de plus, il est l'amant de la reine, ce qui, dans une certaine mesure, le hausse au même rang que le roi Arthur. Son orgueil ne connaît pas de limites, et s'il prend soin de mettre toute sa puissance au service des autres, il n'oublie jamais de privilégier le service particulier, le « service d'amour », véritable rituel qu'il doit à sa seule divinité, la reine Guenièvre[1]. L'égoïsme de Lancelot en devient alors monstrueux, et c'est d'ailleurs cela qui finira par causer l'affaiblissement puis la ruine du royaume arthurien. On pourrait ainsi, à propos de chaque chevalier, faire des remarques analogues sur les contradictions internes qui affectent des comportements apparemment sans faille.

De plus, il faut bien l'admettre, tout groupe social constitué n'est viable qu'en fonction d'un but à atteindre, selon les modalités de ce qu'il est convenu d'appeler une idéologie. Comment et pourquoi s'est formé le compagnonnage de la Table Ronde ? Selon Merlin, il s'agissait d'assurer la permanence d'un royaume terrestre, mais avec, à l'arrière-plan, la perspective de découvrir les secrets du mystérieux « saint » Graal. Merlin avait assuré que cette découverte aurait lieu pendant le règne d'Arthur, mais plus les mois et les années passaient, plus l'événement se trouvait rejeté dans un avenir flou et incertain. Certes, des signes

dans J. Markale, *l'Epopée celtique d'Irlande*, nouv. éd., Payot, Paris, 1994, pp. 129-135.

1. Sur ce rituel amoureux, voir J. Markale, *l'Amour courtois, ou le couple infernal*, 2e éd., Imago, Paris, 1994.

étaient apparus, telle l'hallucinante entrée de la Demoiselle Chauve, sur son char tiré par des cerfs, à la cour d'Arthur. Certes, quelques-uns des compagnons d'Arthur avaient été admis dans le Château du Graal et avaient même eu une vision imparfaite de l'Objet mystérieux. Mais Bohort et Gauvain, pourtant heureux privilégiés, n'avaient en rien réussi l'épreuve, et Lancelot du Lac avait prolongé l'attente en procréant – inconsciemment, et sous le coup d'un sortilège – un héros, son double épuré, susceptible de mener les épreuves à leur terme. On savait que le Roi Pêcheur était toujours atteint de langueur et que le Royaume du Graal continuait à péricliter. A la Table Ronde, le Siège Périlleux demeurait toujours vacant, ceux qui avaient eu l'audace d'y prendre place ayant été foudroyés par des puissances surnaturelles. Le bouclier suspendu au pilier central du château d'Arthur ne s'était pas encore détaché pour tomber entre les mains de l'Elu, et le petit chien apporté par la Demoiselle Chauve n'avait pas encore manifesté sa joie devant le « Bon Chevalier ». Et si tout ce que l'on avait raconté au sujet du Graal n'était qu'une supercherie mise au point par le facétieux Merlin pour tenir en haleine les compagnons d'Arthur ?

A notre époque, Samuel Beckett dans *En attendant Godot* et Julien Gracq dans *Le Rivage des Syrtes* ont, chacun dans une tonalité différente, magistralement rendu compte de cette intolérable situation d'attente : quelque chose doit se passer, car, s'il ne se produit rien, c'est l'existence même qui est remise en question. Mais donner un coup de pouce au destin risque également de déclencher des aventures malencontreuses. Les promesses de tel ou tel chevalier de la Table Ronde ne seraient-elles pas des tentatives désespérées pour sortir d'un marasme encore plus terrifiant que l'expectative elle-même ? On en arrive à un état de tension extrême, comme au début des tragédies raciniennes : le mécanisme est bandé de manière telle que, si violente soit-elle, sa détente est inévitable. A moins que ne surgisse un élément étranger – d'aucuns diront « artificiel » – susceptible de désamorcer la crise.

Bien établie, bien rodée, dotée d'un fonctionnement rationnel et de codes spécifiques, la société arthurienne constitue un magnifique réseau de potentialités inexploitées : c'est une machine qui tourne à vide. N'ayant que trop tendance à agir pour soi, chacun des participants risque de compromettre l'unité du groupe et surtout de succomber aux pièges que continuent à dresser les forces de l'ombre. Au premier rang de celles-ci se trouve bien entendu Morgane, encore que son rôle soit ambigu, puisqu'elle est essentiellement *provocatrice*, donc nécessaire au déroulement ultérieur de l'action. Autrement dangereux sont les magiciens de tous bords qui, profitant de la non-présence de Merlin, jettent sortilège après sortilège sur le royaume. Et ils ne sont pas les derniers à souhaiter l'avènement de l'enfant qui grandit dans un quasi-anonymat : Mordret, le fils incestueux d'Arthur, qui sera le fossoyeur de l'œuvre initiée par Merlin. Le péché d'Arthur, péché inconscient donc véniel mais métaphysique, sera lavé dans le sang. Or, pour l'instant, nul ne se soucie de Mordret, Arthur moins que tout autre, et cette indifférence permet au fils indigne de ronger lentement, de l'intérieur, le système reconnu tant par le dieu des chrétiens que par les étranges divinités du panthéon celtique.

Ainsi, tandis qu'Arthur tient sa cour à Kaerlion sur Wysg, à Carduel ou à Kamaaloth, centres symboliques de son mythique royaume, ses compagnons se répandent à travers le monde, accumulant de vaines aventures et venant fidèlement lui en faire le rapport. Gauvain rétablit l'ordre, ou du moins croit-il le faire. Girflet, fils de Dôn, Yvain, fils du roi Uryen, Yder, fils de Nudd, et les autres chevaliers poursuivent leurs chimères un peu à la manière de don Quichotte. Lancelot se persuade que son Graal à lui est la reine Guenièvre, et il puise en elle sa force et son courage. La nostalgie des occasions manquées obsède Bohort, et Kaï, le sénéchal, frère de lait du roi Arthur, entretient, par ses paroles blessantes, la zizanie parmi les compagnons. Seul manque Merlin, mais son ombre pèse, et de quel poids ! sur la Table Ronde. Quant à la maîtresse des destinées, Viviane, elle guette le moment de récupérer l'épée de souveraineté afin de la soustraire aux entreprises du diable. Dès lors, à quoi bon s'en aller errer en quête d'un Graal inaccessible ?

Or, voici que surgit Perceval le Gallois.

En vérité, il n'est pas celui qu'on attendait. Au lieu d'un guerrier redoutable et nimbé de soleil, les compagnons d'Arthur voient apparaître un adolescent presque imberbe et, qui plus est, un rustre de la pire espèce : il pénètre en effet à cheval dans la salle où se tient le roi[1] et se conduit d'une façon si stupide que tous les assistants éclatent de rire, le sénéchal Kaï se signalant naturellement par des surenchères de mépris et de cruauté. On attendait un héros, et voici que se profile la silhouette surprenante d'un petit paysan teigneux qui ignore les usages du monde chevaleresque, quitte à manier son javelot de façon redoutable. Perceval le Gallois est entré dans l'action, mais anonymement, avec toute la ferveur de la niaiserie, mentalité que traduit parfaitement le terme médiéval *nice*, que tous les auteurs utilisent pour la qualifier.

Dès son apparition, Perceval est, au sens strict, ridicule. Ridicule comme pouvait l'être Merlin lorsqu'il lui

1. Ce détail prouve que les sources utilisées par les auteurs du XIIe siècle étaient très antérieures et d'origine celtique : la résidence royale n'est jamais un château fort du style Viollet-le-Duc (d'ailleurs complètement anachronique) tel qu'on en voit les vestiges en Europe occidentale, mais un « éperon rocheux » fortifié à la mode gauloise ou bretonne (et irlandaise), enfermant un certain nombre de « maisons » isolées les unes par rapport aux autres mais de plain-pied. Il était donc facile de pénétrer à cheval dans une salle royale, alors qu'une telle intrusion eût été impossible dans une salle de château fort qui, située généralement à l'étage, n'était accessible que par un escalier étroit et en colimaçon.

plaisait de survenir en « fou » ou en « rustre », genres équivalents dans l'esprit du temps. Et l'hilarité qui accueille Perceval renvoie de manière étrange – et contradictoire – à celle dont Merlin lui-même saluait les questionneurs. Le rire de Merlin avait valeur de provocation : les gens qui l'interrogeaient connaissaient en effet la réponse mais ne pouvaient ou ne voulaient pas la formuler. Le rire de ceux qui brocardent le « niais » est tout aussi provocateur, car Perceval est le dépositaire du secret du Graal, mais il ne saurait le révéler tant qu'il n'a pas conscience de sa mission.

De toute façon, il *dérange* autant l'ordre établi que la bonne conscience des compagnons de la Table Ronde. Si sa naïveté surprend, elle blesse davantage lorsqu'on s'aperçoit qu'une volonté farouche et indomptable anime l'adolescent au regard d'ange : n'est-il pas capable, tel David devant Goliath, d'éliminer d'un coup de javelot, arme des rustres, un redoutable guerrier armé de pied en cap et bien décidé à bafouer jusqu'au bout la fonction royale ? On peut certes émettre des doutes quant au courage du jeune inconnu : son héroïsme ? pure inconscience du danger, ou simple bravade, ou gageure absurde – comparable à la célèbre roulette russe. Il n'en reste pas moins que Perceval, pénétrant dans le cercle fort restreint – et nécessairement élitiste – des compagnons de la Table Ronde, se comporte comme un empêcheur de tourner en rond. Par là, il affirme involontairement une certaine filiation avec Merlin, filiation toute symbolique mais significative : en dérangeant la société dans laquelle il faisait irruption, l'enchanteur-prophète obligeait celle-ci à s'interroger sur ses buts et ses méthodes ; Perceval, en s'immisçant dans des affaires qui ne le concernent pas, détruit une apparence d'harmonie et suscite une autre façon d'appréhender le réel, en l'occurrence l'authentique Quête du Graal.

Qui est donc le personnage étrange, hors normes, que Chrétien de Troyes nomme Perceval, Wolfram von

Eschenbach, Parzival (alias Parsifal chez Richard Wagner), mais qu'un auteur gallois anonyme appelle Peredur, et qui deviendra Perlesvaux et même Perceforêt dans la période décadente des romans de chevalerie ?

Le nom de Perceval est incontestablement français, et les formes allemande, Parzival, et anglaise, Percival (ou Percivelle), n'en sont que des transcriptions. Il n'est guère possible pourtant de lui donner un sens exact. On peut le comprendre comme Perce-Val, allusion à la quête initiatique entreprise par le héros afin de *percer* les secrets des vallées qui mènent vers le Château du Graal ; ou encore Par-ce-Val, qui suggère l'errance du héros à travers la vallée qui conduit au Graal ; ou bien encore Perd-ce-Val, « étymologie » qui rappellerait la perte d'une grande partie des anciens domaines de sa famille, perte attestée par Wolfram von Eschenbach et par plusieurs continuateurs de Chrétien de Troyes. Ce dernier sens justifierait ainsi la forme « Perlesvaux », tandis que le premier serait corroboré par « Perceforest ». A la vérité, aucune de ces interprétations n'est satisfaisante.

Il en va tout autrement pour Peredur, nom du héros dans le récit gallois parallèle à celui de Chrétien de Troyes. Ce nom, typiquement gallois, peut être décomposé en deux termes, soit *pêr(e)dur*, « doux acier », soit *peiry-dur*, « instrument d'acier », la seconde hypothèse semblant la mieux venue, car, dans certains textes mythologiques gallois, le héros est surnommé *Paladir*, c'est-à-dire « javelot long ». Or, le javelot est l'arme favorite du jeune homme avant qu'il ne devienne un authentique chevalier.

En tout cas, à partir de Chrétien de Troyes, qui est le premier auteur en date à l'avoir nommé, Perceval est considéré comme le héros du Graal, celui qu'on attendait pour guérir le Roi Pêcheur et redonner vie au royaume. Il est le « Bon Chevalier » devant lequel, peu à peu, s'évanouissent les sortilèges maléfiques. Cependant, les choses ne sont pas si simples car, selon les versions, le personnage peut intégrer des colorations fort différentes, colorations qui correspondent à des motivations bien éloignées, semble-t-il, du mythe primitif. Trois options fondamentales se détachent : la première, celle de Chrétien de Troyes et de ses continuateurs français ou anglo-normands, la deuxième, celle de Wolfram von Eschenbach, la troisième, celle de l'auteur gallois anonyme de *Peredur*.

La première option est la plus riche, la mieux fournie en textes divers, cela non sans prolongements parfois surprenants, mais toujours dus à des récupérations idéologiques. Perceval y est un adolescent naïf, têtu, courageux, qui se trouve confronté aux épreuves d'un monde extérieur qu'il n'imaginait même pas. Mais, en dépit de ses maladresses et de son aveuglement, il parvient à franchir toutes les étapes de son initiation et, après avoir compris qu'il appartient à la *lignée royale* (*sangréal* se décomposant alors en « sang réal », c'est-à-dire « sang royal »), il devient le nouveau Roi du Graal, tâche à laquelle il était destiné à son insu. Cependant, étant à l'origine un pur produit de la mythologie celtique païenne, il est ainsi fort encombrant pour certains auteurs sourcilleux d'orthodoxie chrétienne. Dans le récit anglo-normand intitulé *Perlesvaux* et visiblement inspiré par les moines clunisiens de Glastonbury, le héros est dédoublé en Perceval et Perlesvaux, ce dernier devenant un personnage très sûr, zélé propagateur de la foi chrétienne et de mœurs irréprochables. De même, dans la version dite cistercienne de la Quête (tradition dite de Gautier Map), Perceval se trouve ravalé au second rang, le premier étant occupé par Galaad, le Pur, autre Lancelot mais débarrassé de toutes scories. Les préoccupations théologiques du XIIIe siècle ont tout aussi profondément marqué l'évolution du personnage que contribué à faire du Graal le symbole de l'Eucharistie, avec, en arrière-plan, une propagande non déguisée pour le culte du Précieux Sang, tant à

Bruges qu'à Fécamp et à Barcelone, voire à Glastonbury même, avec la « médiatisation » du *Chalice Well*, ce « puits du Calice » aux flancs de la colline d'où sourd une eau légèrement rougeâtre (ferrugineuse, bien entendu) qui doit sa couleur à la présence du Graal dans les nappes phréatiques.

La seconde option, qui n'appartient qu'au Bavarois Wolfram von Eschenbach, se présente comme une adaptation, voire une traduction (manifeste pour certains épisodes) du *Conte du Graal* de Chrétien de Troyes. Mais le modèle est largement dépassé et complété par une série d'apports hétéroclites dont les connotations sont indubitablement orientalistes et ésotériques, pour ne pas dire occultistes. C'est la version la plus troublante, la plus énigmatique, mais aussi la plus ambiguë, donc la plus susceptible de susciter les interprétations les plus louches. Autre grand atout du *Parzival* de Wolfram von Eschenbach, il est une œuvre littéraire hors du commun, probablement le plus beau texte médiéval consacré au Graal. Le héros n'y est plus exclusivement le *nice* de Chrétien de Troyes : il est désormais le dépositaire d'une tradition sacrée, même s'il l'ignore au départ, être le mainteneur d'un *sang royal*, d'une lignée sacrée qui remonte à la nuit des temps et qui doit se prolonger dans les siècles à venir. D'ailleurs, sa postérité – légendaire, il va de soi – est on ne peut plus caractéristique : il sera le père de Lohengrin, le Chevalier au Cygne, lui-même ancêtre mythique de Godefroy de Bouillon et de la famille de Lorraine ; les Guise, au XVIe siècle, s'en souviendront lorsqu'ils se présenteront comme les authentiques héritiers du trône de France, face aux Valois dégénérés. Car le concept de race pure apparaît dans toute sa clarté dans le récit de Wolfram von Eschenbach : les gardiens du Graal, qu'il appelle des Templiers (simple actualisation, les Templiers n'ayant rien à voir ni avec le Graal ni avec l'Allemagne), appartiennent en effet à une lignée qui ne tolère pas de mésalliance, et c'est pour avoir enfreint cet interdit qu'Amfortas, le Roi Pêcheur, souffre d'une blessure incurable. Etrange atmosphère que celle de la cour de Montsalvage[1] où est gardé le Graal, et où les Templiers, une élite choisie de façon surnaturelle, ont pour mission d'écarter les intrus éventuels, voire même de les éliminer. Autour du Graal, on n'admet pas de sous-hommes. Et c'est sur ce royaume que régnera Parzival. Assurément, un monde sépare cette conception élitiste et raciste d'un secret jalousement réservé à des privilégiés et la notion d'amour universel des êtres et des choses que suppose la version classique de la Quête du Graal[2].

L'option de Chrétien de Troyes privilégiait un héros ignorant plongé contre son gré dans des marécages et parvenant à s'en sortir pour découvrir des chemins

1. On sait que Wolfram von Eschenbach résidait dans le Wildenberg, territoire qui, en allemand, signifie « mont sauvage », d'où le « Montsalvage » du texte, qui désigne une montagne recouverte de forêts. N'en déplaise à certains, cela n'a strictement aucun rapport avec le Montségur des Cathares.

2. Le récit de Wolfram recèle en germe toutes les aberrations qui surgiront au cours des siècles suivants et qui se traduiront au XIXe siècle par les élucubrations sur le monde souterrain de l'Agartha, sur le mythe de la cité de Shamballah, détentrice des grands secrets de l'univers, sur l'existence du Vril, peuple de l'ombre prêt à envahir la surface de la terre, sur les manuscrits conservés dans une lamaserie du Tibet. Et, malheureusement, en Angleterre, suite à diverses scissions, cela débouchera sur l'énigmatique confrérie de la *Golden Dawn*, responsable en grande partie, par l'intermédiaire d'illuminés démoniaques comme Aleister Crowley, de la société « Thulé », aux racines mêmes des théories nazies. Ce n'est pas par hasard que Hitler prévoyait de faire jouer le *Parsifal* de Wagner pour célébrer la victoire finale du IIIe Reich. Richard Wagner n'y est évidemment pour rien, mais son drame lyrique, chargé de toutes ses motivations personnelles sur la pureté et la chasteté (il était devenu impuissant lors de la composition de l'œuvre), réactualise de façon saisissante – et absolument géniale – toute l'ambiguïté du récit de Wolfram von Eschenbach. Car le nazisme, dans ses fondements philosophiques et métaphysiques, se réfère bien plus au mythe du Graal qu'aux légendes germaniques concernant Siegfried-Sigurd et les Nibelungen. Il faudrait écrire un ouvrage entier pour décrypter le personnage de Par-

conduisant à la lumière. Mais comme Chrétien n'a pas achevé son œuvre, ce sont ses continuateurs qui ont fait du Perceval primitif un héros chrétien, ce qu'il n'était assurément pas au départ. L'option de Wolfram von Eschenbach conserve précieusement le christianisme du héros, mais elle l'altère en y intégrant des notions alchimiques et ésotériques, des réminiscences empruntées aux traditions iraniennes et même bouddhiques, une formulation synchrétique à laquelle participe la mystique musulmane par l'intermédiaire de l'Espagne. Il s'agit là, de toute évidence, d'une version intellectuelle, tandis que la troisième option nous renvoie au cœur même du mythe primitif.

L'option galloise de *Peredur* est incontestablement d'essence populaire. Quelle qu'en soit la date de composition (le manuscrit est du XIIIe siècle, mais les archaïsmes y abondent), quelque influence qu'aient exercée sur lui certains épisodes de Chrétien de Troyes, quelque pesanteur qu'il doive à la civilisation anglo-normande, le roman conserve un schéma typiquement celtique. S'il fait parfois référence au dieu du christianisme, le héros n'en demeure pas moins profondément « païen » au sens strict du terme. Et là, le Graal n'est pas une coupe d'émeraude contenant le sang du Christ mais un plateau sur lequel une tête d'homme coupée baigne dans le sang. D'ailleurs, il n'est jamais dit que Peredur devienne le Roi du Graal : sa quête, fort complexe, et parallèle à celle de Gauvain, le mène à accomplir une vengeance rituelle par le sang. Est-ce l'image du Graal primitif avant l'invasion des spéculations gnostiques et la récupération chrétienne ? Peut-être. En tout cas, le mérite de *Peredur* est de nous renvoyer à une tradition ancrée dans l'inconscient collectif des peuples celtiques d'outre-Manche, au sein même de

zival tel qu'il a été mis en œuvre par Wolfram. Et, il faut le répéter, ce Parzival n'a plus aucun point commun avec le héros primitif de la tradition celtique.

leur cadre originel, cadre qui a vu naître et se développer leur mythologie avant que celle-ci ne fût noyée dans le contexte culturel continental.

En vérité, la version galloise permet, en éliminant les charges prétendument ésotériques accumulées sur le schéma originel, de remettre les choses en place et de mieux comprendre le personnage de Perceval. Celui-ci n'est ni plus ni moins qu'un héros de conte populaire traditionnel dont on retrouve la silhouette, sinon le nom, dans toute la mémoire orale de l'Europe. Le schéma de base est le suivant : un jeune homme pauvre, généralement laid, apparemment peu dégourdi, quitte sa famille pour gagner sa vie dans le vaste monde ; il rencontre les pires difficultés mais, grâce à son bon cœur (ou à un objet magique remis par une bonne fée), surmonte toutes les épreuves et finit par épouser la fille du roi. Très souvent, ce jeune homme est le troisième fils de la famille, et ses deux aînés, partis avant lui, ont piteusement échoué dans leur entreprise. Enfin, il acquiert, au cours de ses aventures, une grande intelligence et une remarquable beauté physique [1].

Comme on sait, tout conte populaire exprime une mentalité rurale : le paysan, confiné sur sa terre et n'en vivant que très chichement, n'aspire qu'à en partir pour trouver une « bonne situation », dans une ville de préférence. Et si Perceval-Peredur est de noble origine, s'il appartient même, sans le savoir, à une lignée sacrée, il se conduit comme un petit rustre jamais sorti de chez lui mais qui, une fois qu'on lui a raconté le monde extérieur, ne peut plus résister à l'appel de l'aventure.

1. On trouvera de nombreux exemples concordants dans mes recueils de contes, *la Tradition celtique en Bretagne armoricaine*, Payot, Paris, 1975 (« La Saga de Yann »), *Contes populaires de toutes les Bretagne*, Ouest-France, Rennes, 1977 (« Le Merle au bec d'or »), *Contes populaires de toute la France*, Stock, Paris, 1980 (« Les Oranges »), *Contes occitans*, Stock, Paris, 1981 (« La grande Bête à tête d'homme »), *Contes de la Mort des pays de France*, Albin Michel, Paris, 1992 (« La Reine des Vipères »).

Dans un « lai breton », c'est-à-dire un de ces courts récits en vers français du début du XIIIe siècle qui sont des transpositions de contes populaires armoricains oraux, on retrouve intégralement, sous le nom de Tyolet, le Perceval-Peredur antérieur à la révélation : « Il connaissait l'art d'attraper les bêtes. Toutes les bêtes qu'il voulait, il les prenait grâce à son sifflet ; c'était le don d'une fée [...]. Sa mère était une noble dame qui demeurait toujours dans une forêt [...]. A dix lieues à la ronde, il n'y avait pas de maison [...]. Il demeurait dans la forêt avec sa mère, jamais il n'en était sorti[1]. » Tous les ingrédients du conte populaire sont ainsi réunis. Et, symboliquement, le héros n'est pas encore né au monde extérieur, confiné qu'il est dans un univers *utérin* douillet, tranquille et rassurant.

C'est assez dire à quel point la « catastrophe de la naissance », pour reprendre l'expression psychanalytique, sera pénible pour le jeune homme projeté brusquement dans le monde des adultes. Certes, il ne doute de rien et ne craint pas le ridicule puisqu'il ignore tout des usages du monde. La façon dont Tyolet se présente au roi Arthur est encore caractéristique. Il entre évidemment à cheval dans la salle royale et s'adresse en ces termes au roi : « Je m'appelle chevalier-bête, j'ai tranché la tête de bien d'autres bêtes, et on m'appelle Tyolet. Je suis très habile à prendre du gibier. Noble seigneur, je suis le fils de la veuve de la forêt[2]. » Cependant, comme il s'agit d'un conte relativement court, les aventures de Tyolet ne se prolongeront guère : après une chasse quelque peu féerique et un contretemps imputable à un rival qui tente d'usurper son propre triomphe, il épousera une belle jeune fille, probablement une fée. C'est le schéma de base mais, intégrée dans l'ensemble du cycle arthurien, l'histoire de Perce-

1. Trad. par Danièle Régnier-Bohler, *le Cœur mangé*, Stock, Paris, 1979, p. 104.
2. *Ibid.*, p. 109.

val-Peredur sera beaucoup plus compliquée et se chargera, au fur et à mesure que divers auteurs se seront emparés du thème, d'éléments de plus en plus intellectuels aux résonances parfois inattendues.

Quelques-uns de ces éléments méritent qu'on s'y attarde. Tyolet a la franchise d'avouer qu'il est un « chevalier-bête ». Comme Peredur, et comme Perceval-Parzival dans une moindre mesure (parce que le texte est déjà plus littéraire), il se reconnaît dans un état primitif qu'on pourrait presque qualifier d'*hominien*. Et sans entrer dans des considérations anthropologiques toujours remises en question, on peut en déduire que le héros en est encore à un stade où seul fonctionne ce qu'on appelle le « cerveau reptilien ». Projeté sur un plan mythologique et métaphysique, cet élément résume la situation de l'Adam primordial qui n'acquiert sa véritable humanité qu'en goûtant au fruit de l'Arbre de la Connaissance. Ce faisant, il transgresse un interdit. Le héros du conte du Graal, confiné dans sa forêt maternelle et élevé à l'écart de la civilisation, transgresse allégrement cet interdit – non sans crainte d'ailleurs – en apprenant des chevaliers qui passent les rudiments de la vie sociale. Dès lors, il n'aura de cesse de partir, mais son apparente volonté n'est en fait que l'impossibilité dans laquelle il se trouve de demeurer en l'état primitif : cette impossibilité est l'équivalent de la malédiction frappant Adam et Eve, à savoir leur élimination du Jardin d'Eden.

Il s'agit donc d'une naissance. Mais le héros n'a pas entièrement coupé le cordon ombilical : il participe encore au monde précédent, celui de la bête. Qu'il soit Tyolet, Peredur ou Perceval, le jeune homme est *maître des animaux sauvages* puisque à l'aide de son sifflet, ou simplement grâce à son habileté, il est capable d'appeler à lui les animaux, prérogative traditionnellement attribuée à Merlin... Or, ce dernier, sous ses aspects d'Homme Sauvage, d'Homme des Bois, ou sous celui du rustre célébré par les épopées irlandaises, est l'incarnation parfaite du druide-chaman originel, célébrant d'étranges rituels au cœur de la forêt dans le *nemeton*, clairière au centre de laquelle se dresse symboliquement l'*Axis Mundi*, l'arbre cosmique : n'est-ce pas dans ses branches que Merlin, fils du diable, se jucha pour prophétiser ? Et « Tyolet », transcription française du moyen-breton *diaoulet* ne signifie-t-il pas littéralement « endiablé » ? Curieuse coïncidence, si toutefois c'en est une...

Perceval ne serait-il pas le fils, c'est-à-dire l'image, de l'Enchanteur disparu après avoir prédit que surgirait un « Bon Chevalier » qui mettrait un terme aux aventures du Graal ? On verra qu'au cours de ses errances, il rencontrera de mystérieux rustres et d'étranges enfants doués de sagesse qui ressembleront fort à Merlin. De toute façon, il y a continuité entre le personnage de l'Enchanteur et celui du Découvreur qu'est Perceval-Peredur.

Cependant, cette naissance concerne le nouvel être. Perceval possède déjà son existence matérielle. Lorsqu'il quitte le domaine maternel, c'est en franchissant un pont, image éminemment symbolique, qu'il coupe définitivement le cordon ombilical. Et, alors qu'il se retourne à peine pour regarder une dernière fois sa mère, celle-ci meurt brutalement, de douleur, nous dit-on, mais en fait d'*inutilité* : elle a accompli son destin qui était de mettre au monde le Fils, ce Fils auquel il appartient de tenter la quête, au risque de se perdre dans les sentiers tumultueux du monde des hommes.

Des hommes, certes, et de leur impitoyable violence, mais aussi des femmes. A peine brisée l'image de la Mère, voici qu'apparaît celle de l'Amante-Maîtresse, à qui revient le devoir de rendre adulte l'adolescent. L'initiation a lieu sous une tente que le héros prend pour une église, donc pour un endroit sacré, un lieu où s'accomplissent des rituels dont il ne comprend pas la portée. Il y dérobe à une jeune femme un baiser, un pâté et un anneau. Désormais parvenu à son état viril[1], il peut se lancer hardiment dans les aventures, car, dans tout récit épique qui se respecte, sexualité et valeur guerrière sont inséparables.

Un autre élément peut prêter à maints commentaires : dans tous les textes, mais particulièrement chez Chrétien de Troyes, Perceval – dont on ignore le nom jusqu'à son premier passage à la cour d'Arthur – est appelé *le Fils de la Veuve Dame*, ce qui correspond à une réalité absolue. Mais il est difficile de ne pas songer à l'expression « Fils de la Veuve » qui désigne les membres de la franc-maçonnerie. Certes, aux environs de l'an 1200, celle-ci n'existait pas, du moins sous sa forme actuelle, et il serait ridicule de prétendre que le *Conte du Graal* est une œuvre maçonnique au même titre que *La Flûte enchantée*. Il est toutefois évident que les commentateurs maçons ont découvert dans ce récit de quoi largement alimenter leur symbolique. Comment ne pas voir que Perceval accomplit un long périple initiatique et que c'est seulement après bien des épreuves qu'il sera admis en présence du Graal ? D'ailleurs, au début de ses aventures, il est bel et bien un *apprenti*, et en tant que tel, il n'a le droit ni d'intervenir dans le débat ni de poser des questions : *ainsi s'explique et se justifie son mutisme lorsqu'il assiste au Cortège du Graal*. Il ne doit ni ne peut encore intervenir. Cette idée est curieusement corroborée par un détail que seul donne Wolfram von Eschenbach : Parzival est en effet le fils d'un certain Gahmuret qui est *prince d'Anjou*. On en a déduit que Wolfram avait eu les rois angevins Plantagenêt parmi ses protecteurs. Il n'en est rien, et Wolfram sem-

1. La connotation sexuelle est fort discrète, tant dans le texte gallois que chez Chrétien de Troyes ; il en va de même chez Wolfram, mais on en comprend la valeur grâce à une allusion grivoise dans un autre épisode du récit. Il est en effet question de l'*anneau magique*, image volontiers provocatrice qu'on retrouve en abondance dans la plupart des contes obscènes de la tradition populaire.

ble ici livrer une information sous forme de jeu de mots : en effet, le mot allemand que l'on interprète généralement par Anjou, *anschaue* dans le texte, provient du verbe *anschauen* qui signifie « fixer du regard ». Si l'on comprend bien, Parzival, qui est lui aussi d'Anjou, n'a pas le droit de parler, et seulement le droit de regarder. En son état d'apprenti, il est seulement le *regardant*. Tout l'aspect initiatique du récit apparaît alors avec une clarté remarquable [1].

Quoi qu'il en soit, le récit des errances et des aventures de Perceval est riche d'épisodes symboliques en tout genre et que l'on peut interpréter sur les plans les plus divers. Indépendamment des versions retenues, ce récit constitue certainement l'une des plus belles œuvres littéraires de l'humanité. Le mystérieux Cortège du Graal n'a pas fini de résonner dans nos mémoires, et l'image poétique, typiquement celtique, grâce à laquelle Perceval évoque la femme qu'il aime, la chevelure noire comme le corbeau, le visage blanc comme la neige et les pommettes rouges comme le sang, n'a pas fini d'étonner et de ravir. Le Château du Graal recèle bien des ombres, et rares sont ceux qui pourront entrevoir dans les ténèbres la fulgurante lumière qui fait éclater l'imaginaire en multiples pluies d'étoiles.

Perceval sera-t-il le Bon Chevalier ?

Il lui reste encore une longue route à parcourir – aussi longue et aussi pénible que celle de Lancelot du Lac et de Gauvain mais d'autant plus longue dans son cas qu'il ne sait rien de ce qu'il cherche, lui.

Là est peut-être le nœud de la quête : quand on cherche, on ne trouve pas, mais quand on ne cherche pas, on peut trouver l'inattendu, le subtil, l'ineffable. Au risque de se perdre.

Poul Fetan, 1995.

1. Je dois ces remarques linguistiques à mon traducteur allemand Wieland Grommes que je remercie pour son amicale et précieuse collaboration.

AVERTISSEMENT

Les chapitres qui suivent ne sont pas des traductions, ni même des adaptations des textes médiévaux, mais une *ré-écriture*, dans un style contemporain, d'épisodes relatifs à la grande épopée arthurienne, telle qu'elle apparaît dans les manuscrits du XIe au XVe siècle. Ces épisodes appartiennent aussi bien aux versions les plus connues qu'à des textes demeurés trop souvent dans l'ombre. Ils ont été choisis délibérément en fonction de leur intérêt dans le déroulement général du schéma épique qui se dessine à travers la plupart des récits dits de la Table Ronde, et par souci d'honnêteté, pour chacun des épisodes, référence précise sera faite aux œuvres dont ils sont inspirés, de façon que le lecteur puisse, s'il le désire, compléter son information sur les originaux. Une œuvre d'art est éternelle et un auteur n'en est que le dépositaire temporaire.

1

L'Enfant des Forêts

Au temps où le roi Arthur régnait sur l'île de Bretagne, une noble comtesse vivait à l'écart du monde, dans la Gaste Forêt, quelque part dans le nord du pays de Galles, non loin de la montagne du Snowdon. On l'appelait la Veuve Dame, mais on savait qu'elle était née dans une grande famille, et que son défunt mari, le comte Evrawc, avait été l'un des plus fidèles compagnons du roi Uther Pendragon dans sa lutte contre les Saxons. Cependant, la terre du comte Evrawc étant trop pauvre pour les nourrir, lui, sa femme et ses trois fils, il lui fallait gagner sa vie dans les tournois, les guerres et les combats ; et comme il advient souvent à qui recherche les aventures, il fut blessé grièvement et succomba après avoir appris la mort de ses deux fils aînés. Le troisième de ses fils était encore un enfant. Sa mère l'élevait avec beaucoup de tendresse. La Veuve Dame était une femme avisée et intelligente : après avoir longuement réfléchi au sujet de son fils et de ses domaines, elle finit par se résoudre à se retirer dans un endroit désert, en pleine forêt, qui lui épargnerait tout contact avec le monde turbulent qu'elle n'avait, pour son malheur, que trop connu. Aussi n'y admit-elle pour compagnie que des femmes et quelques hommes paisibles, aussi incapables de combattre que de guerroyer. De la sorte fut élevé le fils de la Veuve Dame, à l'abri du fracas des armes, dans les solitudes de la Gaste Forêt.

L'enfant allait tous les jours dans les bois pour jouer et lancer des baguettes et des bâtons. Puis, au fur et à mesure qu'il grandissait, il prit l'habitude de chasser. Il s'était fabriqué des javelots avec des branches de houx, et il s'était même taillé un arc et de petites flèches avec lesquels il tuait les nombreux oiseaux qu'il venait à croiser. Mais à peine avait-il abattu l'un de ceux dont le chant retentissait parmi les frondaisons que, désespéré de son forfait, il se mettait à pleurer et s'arrachait les cheveux. Et pourtant, chaque jour, il ne pouvait résister à la tentation. Alors, il redoublait de tristesse et de remords.

C'était néanmoins un fier garçon, bien bâti et musclé, au visage agréable, au teint blanc, avec des sourcils bien dessinés. Tous les matins, il allait se baigner dans la rivière qui serpentait dans la vallée. Rien ne troublait sa paix, sauf le chant des oiseaux dont les doux accents pénétraient son cœur et dilataient sa petite poitrine. Il courait alors tout en larmes vers sa mère. Celle-ci lui disait : « Qui t'a fait de la peine ? Tu es sorti d'ici pour aller dans la vallée : as-tu rencontré quelqu'un qui t'ait manqué de respect ? » Mais l'enfant, loin de répondre, s'enfermait dans un mutisme qui intriguait fort la Veuve Dame.

Ce comportement la rendait souvent songeuse. Or, un jour, elle surprit son fils immobile au pied d'un arbre, les yeux levés vers les branches, et tout au ravissement du ramage des oiseaux. Elle vit qu'à leurs seuls accents, la poitrine du garçon se gonflait à se rompre, tant sa nature était sensible à toutes les émotions. Alors, sans trop savoir pourquoi, la Veuve Dame se prit à haïr les oiseaux. Désirant éliminer leur chant, elle donna l'ordre à ses forestiers et à ses laboureurs de les capturer puis de les étrangler. Mais les oiseaux étaient si adroits et rapides que la plupart échappèrent à la mort et se reprirent de plus belle à chanter.

Cependant, l'enfant, s'étant aperçu qu'on les traquait impitoyablement, dit à sa mère : « Que reproche-t-on à ces petits oiseaux ? Quel mal ont-ils fait qu'on veuille ainsi les prendre ? » Et il la supplia d'ordonner qu'on les laissât en paix. La Veuve Dame en eut les larmes aux yeux. Elle baisa tendrement son fils et lui dit : « Tu as raison, mon enfant, je ne vois pas pourquoi je m'en prendrais aux créatures de Dieu et à l'ordonnancement du monde tel qu'il l'a voulu. Les oiseaux doivent-ils perdre toute joie à cause de moi ? Que Dieu me pardonne ! » Le garçon lui dit alors : « Mère, qu'est-ce donc que Dieu ?

– Mon fils, je vais te le dire en toute vérité : c'est l'être qui a créé le ciel et la terre et tout ce qui existe en ce monde. Mais si tout ce que tu vois sur cette terre est beau, je puis te l'affirmer, Dieu l'est encore davantage. Il est toute splendeur et toute lumière, et rien ne le peut surpasser. Aussi, retiens bien la leçon : quand tu seras dans la peine, implore-le et demande-lui de te donner sa lumière. En revanche, prends garde de jamais écouter l'Ennemi, celui qu'on nomme le Maître de l'Enfer. Celui-là est plus sombre que le charbon, et sa noirceur n'a d'égale que sa méchanceté. Il est laid, et sa laideur est à l'image de sa fausseté. Détourne de lui ta pensée et ne doute jamais de la bonté de Dieu. » Et elle lui apprit également à distinguer les ténèbres de la clarté, lui expliquant que tout ce qui était beau était bon, tout ce qui était laid, mauvais. Sur ce, sans répondre et avec toute la vivacité de la jeunesse, l'enfant s'en fut en bondissant.

Il grandissait de jour en jour. Il apprit par lui-même à si bien lancer le javelot qu'il abattit maint cerf dans la forêt, gibier dont profitaient sa mère et tous ses gens. Qu'il y eût de la neige, de la pluie, du vent, qu'il fît un temps merveilleux, jamais ne manquait la venaison à la table de la Veuve Dame. Et, curieusement, lorsqu'il avait abattu une bête si lourde qu'un mulet aurait eu peine à la porter, le garçon réussissait à la rapporter au manoir sans même la dépecer, tant il était fort et musclé.

Un jour, il aperçut parmi le troupeau de chèvres de sa mère deux chevreaux qui folâtraient, et il s'étonna grandement que ceux-ci fussent dépourvus de cornes, alors que toutes les autres bêtes en étaient munies. Aussi supposa-t-il qu'après s'être longtemps égarés dans la forêt, ils avaient perdu leurs cornes en se heurtant aux troncs des arbres. Se disant en lui-même qu'il fallait les ramener à la petite cabane affectée au troupeau, derrière le manoir, il réussit, à force de vaillance et d'agilité, à les y faire entrer. Puis il alla trouver la Veuve Dame. « Mère, dit-il, je viens de voir ici une chose étonnante : deux de tes chèvres sont devenues sauvages ! Elles se sont égarées si longtemps dans le bois qu'elles en ont perdu leurs cornes ! Je me suis donné une peine infinie à les rassembler ! » A ces mots, la Veuve Dame et ses servantes se levèrent et se rendirent dans l'étable. Mais, quitte à s'apercevoir qu'il s'agissait là de chevreaux nouvellement nés, elles se turent et se contentèrent de féliciter le garçon d'avoir ramené le troupeau tout entier.

Revint l'époque où les arbres fleurissent, où les bocages se couvrent de feuilles et les prés d'herbe verte et où, dès l'aube, les oiseaux chantent doucement en leur latin, tandis que toute créature s'enflamme de joie et de bonheur. Un matin, le fils de la Veuve Dame se leva plein d'enthousiasme, au cœur de la Gaste Forêt solitaire, en saluant les rayons du soleil. Il gagna l'écurie, sella rapidement son petit cheval de chasse et prit trois javelots. Ainsi équipé, il sortit du manoir maternel et se promit d'aller voir les herseurs qui étaient à l'œuvre dans les avoines, avec leurs douze bœufs et leurs six herses. Il entra dans les bois et, tout aussitôt, son cœur redoubla d'allégresse à cause de la douceur du temps et du joyeux ramage des oiseaux qui lui plaisait tant.

Il faisait si beau et si calme qu'ôtant le frein de son cheval, il le laissa errer à sa guise et paître la jeune herbe verdoyante. Quant à lui, qui était si habile à lancer le javelot, il allait, jetant de tous côtés ceux qu'il portait, vers l'avant, l'arrière, le haut, le bas, mettant ensuite pied à terre pour les récupérer. C'est alors qu'il entendit du bruit dans la futaie. C'étaient cinq chevaliers qui approchaient, armés de toutes pièces et menant grand fracas, car leurs armes heurtaient à tout instant les rameaux des chênes et des charmes. Le fer des lances faisait sonner celui des boucliers, leur bois vibrait, les mailles des hauberts cliquetaient ; enfin, c'était un fier tapage qui assourdissait le garçon, mais il ne pouvait encore voir ceux qui le causaient en survenant à si vive allure.

« Sur mon âme, dit-il, m'est avis que je n'ai jamais entendu plus horrible vacarme ! Ma dame ma mère ne m'a pas menti quand elle affirmait qu'il n'y avait rien de plus effrayant que les diables d'enfer ! Elle m'a conseillé de me garder d'eux et, pour cela, de faire sur moi le signe de la Croix. J'en suis bien averti, mais je ne l'entends pas de cette oreille. Se signe qui voudra ! Pour ma part, je vais choisir le plus fort d'entre eux et le frapper d'un de mes javelots. Après quoi, je doute que les autres aient grande envie de m'approcher ! »

Ainsi parlait-il avant de les voir. Mais, quand ils débouchèrent d'entre les arbres, presque à ses côtés, le spectacle des hauberts étincelants, des heaumes brillants, des lances et des boucliers peints de couleurs vives l'éblouit. Jamais il n'avait rien vu de semblable et, ne pouvant s'empêcher d'admirer le vert et le vermeil, l'or, l'azur et l'argent qui brillaient au soleil, il s'écria : « Ah ! seigneur Dieu, pardonne-moi mes mauvaises pensées ! Comme ils sont beaux, ceux que je vois là ! Pour sûr, ce sont des anges ! Quel péché est le mien de les avoir pris pour des diables de l'enfer ! Ma mère, je dois l'admettre, était dans le vrai quand elle me contait que les anges étaient les êtres les plus beaux qui soient, hormis Dieu lui-même, lequel est plus beau et plus lumineux que toutes les créatures réunies. Mais l'un d'entre eux surpasse en beauté tous ses compagnons... Sans doute est-ce Dieu lui-même ! Or, ma mère m'a enseigné qu'on doit croire en lui, l'honorer, le révérer, l'adorer. Je vais donc adorer celui-là, et tous ses anges avec lui. »

Aussitôt dit, aussitôt fait. Il se jeta à terre, récitant son *credo* et toutes les oraisons que sa mère lui avait apprises. En l'apercevant dans cette posture surprenante, celui qui semblait le chef des cavaliers dit à ses compagnons : « Arrêtez-vous et demeurez en arrière. Notre seule vue a causé tant de frayeur à ce garçon qu'il en a été démonté. Si nous l'abordions tous ensemble, il en serait davantage épouvanté, au point peut-être d'en mourir. Et dès lors il ne pourrait répondre aux questions que j'aimerais lui poser. »

Les chevaliers obtempérèrent sur-le-champ, et lui, s'approchant du garçon, le salua et, d'une voix qu'il voulait rassurante, lui dit : « Jeune homme, je t'en prie, n'aie pas peur. – Peur ? Mais je n'ai pas peur, dit le garçon en redressant la tête. Certes non, par le Sauveur en qui je crois. Es-tu Dieu ? » Le chevalier, quelque peu interloqué par cette demande, se retint de rire. « Bien sûr que non, répondit-il enfin. – Dans ce cas, qui es-tu donc ? – Un chevalier. – Un chevalier ? s'écria le garçon. Quelle espèce est-ce là ? Je n'en ai vu de ma vie, et personne ne m'en a jamais parlé. Mais tu es plus beau que Dieu. Ah ! de tout mon cœur, je voudrais te ressembler, être tout brillant et beau comme toi ! »

Le chevalier se rapprocha à le toucher. « Dis-moi, demanda-t-il, as-tu vu passer aujourd'hui en cette lande cinq chevaliers et trois jeunes filles ? » Mais le garçon dédaigna cette question qui, visiblement, ne l'intéressait pas et, tendant la main vers la lance, il s'en empara, l'examina attentivement et dit : « Beau cher seigneur, toi qui as nom de chevalier, dis-moi : qu'est cela ?

– Allons ! dit le chevalier. Je vois que je suis bien tombé ! Je pensais, beau doux ami, apprendre de toi des nouvelles, et c'est toi qui veux en apprendre de moi.

Je vais néanmoins te répondre : ceci est ma lance. – Tu veux dire qu'on la lance, comme moi je fais avec mes javelots ? – Mais non, mon garçon, ne sois pas si sot : elle sert à frapper, comme cela, d'un bon coup. – Oh ! alors, moi, j'ai beaucoup mieux ! Vois-tu ces trois javelots ? Je n'ai qu'à en prendre un, je tue tout ce que je veux, oiseaux ou bêtes, selon le besoin, et je les atteins d'aussi loin que le ferait une flèche lancée par un arc. »

Le chevalier commençait à s'impatienter. « Jeune homme, je n'ai pas de temps à perdre, fais-moi grâce de tes sornettes ! Parle-moi plutôt des chevaliers que je cherche. Sais-tu où ils sont allés ? As-tu vu les jeunes filles qui les accompagnaient ? » Mais le garçon, empoignant le bord du bouclier, demanda sans plus de façons : « Qu'est ceci, et à quoi te sert-il ? – Tu te moques de moi, jeune homme ! Tu me mets sur un chapitre dont je n'ai cure. Par Dieu tout-puissant, je pensais te faire parler, et c'est moi qui dois répondre à tes questions ! Mais tu auras malgré tout une réponse, parce que ta candeur m'agrée. Ce que je porte ainsi est mon bouclier. Et je dois en prendre grand soin, car il m'est très utile : de quelque côté que proviennent coups de lance ou flèches, il y fait obstacle et les arrête tous. Voilà quel service il me rend. »

A ce moment, les chevaliers demeurés en retrait vinrent rejoindre leur chef. « Seigneur, dit l'un d'eux, que te raconte ce Gallois ? – En vérité, il ne connaît guère les bonnes manières. A toutes mes questions, il répond à côté. C'est autre chose qui l'intéresse : tout ce qu'il voit, il en demande le nom et l'usage. – Seigneur, sache-le, les Gallois sont de naissance plus fous que bêtes en pâture[1]. Et celui-ci ne vaut pas mieux que les autres. Il faut être soi-même insensé pour tenter d'en tirer rien de sensé !

1. Ce jugement se trouve à la fois chez Chrétien (dont nous suivons ici la version) et Wolfram. Mais de nos jours encore, nombre d'Anglais considèrent les Gallois comme des « pedzouilles ».

– Je ne sais trop, répliqua son chef, mais, par Dieu tout-puissant, avant de nous engager plus, je veux obtenir de lui qu'il nous renseigne. Aussi dois-je me montrer patient. Je lui dirai tout ce qu'il voudra savoir. Jeune homme, je t'en prie : dis-moi, sans te fâcher, si tu as vu les cinq chevaliers et les trois pucelles dont je t'ai déjà parlé. Et si tu les as vus, indique-moi dans quelle direction ils sont allés. » Le garçon saisit un pan de son haubert et tira dessus. « Dis-moi, beau seigneur, quel est ce vêtement que tu portes ? – Eh quoi ! Ne le sais-tu pas ? – Pas le moins du monde. – Jeune homme, c'est mon haubert, qui est pesant comme le fer. – Il est donc en fer ? – Ne le vois-tu pas ? – Oh ! je n'y entends rien mais, sur la foi que je dois à ma mère, je le trouve bien beau. Qu'est-ce que tu en fais et à quoi te sert-il ? – C'est bien simple. S'il te prenait fantaisie de me lancer un javelot ou de me décocher une flèche, tu ne réussirais pas à me faire la plus légère blessure.

– Seigneur chevalier ! s'écria le garçon, je suis fort heureux que Dieu n'ait point pourvu les biches et les cerfs d'un tel vêtement ! Je n'en pourrais plus tuer un seul, et je perdrais mon temps à leur courir après ! – Jeune homme, reprit le chevalier, laissons cela. Par Dieu tout-puissant, peux-tu me dire si tu sais quelque chose au sujet des chevaliers et des jeunes filles dont je t'ai déjà parlé ? »

Mais le garçon, loin de l'écouter, suivait son idée : « Est-ce que tu es né comme cela ? » demanda-t-il. L'autre ne put se retenir de rire. « Mais non, voyons, répondit-il, personne ne peut naître ainsi ! – Alors, reprit le garçon, qui donc t'a vêtu de la sorte ? – Tu veux vraiment le savoir ? – Bien sûr. – Eh bien, voici : c'est le roi Arthur qui m'a fait chevalier et qui m'a donné les armes que je porte. Mais, je t'en prie, revenons à ma question : que sont devenus les chevaliers qui sont passés par ici et qui conduisaient trois jeunes filles ? Est-ce qu'ils allaient au pas ou avaient-ils l'air de s'enfuir au grand galop ? »

Le garçon répondit alors : « Seigneur, regarde là-bas : vois-tu cette haute futaie qui couronne la montagne ? C'est là que se trouve le col de Valdonne. – Fort bien, jeune homme. Et après ? – C'est là que se trouvent les herseurs de ma mère. Ils labourent et travaillent ses terres. Si les gens que tu dis sont passés par là, les herseurs les auront vus et pourront te le dire. – Mène-nous donc vers eux sans plus tarder. »

Le fils de la Veuve Dame sauta sur son cheval et les conduisit vers les champs d'avoine. Quand les herseurs virent venir leur jeune maître en pareille compagnie, ils se mirent tous à trembler, car on leur avait intimé l'ordre de ne jamais faire la moindre allusion à la chevalerie. Ils craignaient donc qu'ayant vu des chevaliers et ayant parlé avec eux, le jeune homme n'eût envie de devenir lui-même chevalier, pour le plus grand malheur de la Veuve Dame. Ils déploraient aussi tout le mal qu'ils s'étaient vainement donné pour le maintenir dans l'ignorance.

Cependant, le garçon alla vers eux et leur demanda : « Mes amis, avez-vous vu passer par ici cinq chevaliers et trois jeunes filles ? – Certes, répondirent-ils, nous les avons vus se diriger vers le col de Valdonne. » Le fils de la Veuve Dame se retourna vers le chef des chevaliers : « Voilà ta réponse, mais, je t'en prie, avant de partir, parle-moi encore du roi qui fait les chevaliers et dis-moi où il se tient d'habitude, afin que je puisse aller le trouver. – C'est bien simple, jeune homme. Le roi Arthur séjourne à Carduel. Voici moins de cinq jours que je l'y ai vu. Mais si, par hasard, tu ne l'y trouvais pas, il ne manquerait pas de gens pour t'indiquer où il est allé. »

Sur ces mots, le chevalier le salua et, suivi de ses compagnons, s'engagea sur le chemin qui menait au col. Ils disparurent bientôt à la vue du garçon qui demeura tout pensif et immobile, tandis que les herseurs, sans un mot, s'étaient remis au travail. Puis, brusquement, il enfourcha son cheval et galopa vers le manoir.

La Veuve Dame, très inquiète du retard de son fils, était sombre et triste. Dès qu'elle l'aperçut, elle ne put retenir sa joie et, courant à sa rencontre, l'embrassa tendrement. « Beau fils, dit-elle, mon cœur a bien souffert en ton absence, et j'ai cru mourir de chagrin. Où es-tu donc allé ? – Où je suis allé ? Ma mère, je vais te le raconter sans mentir d'un mot. J'ai éprouvé une bien grande joie grâce à un spectacle extraordinaire. Tu m'avais dit maintes et maintes fois, je m'en souviens, que les anges de Dieu sont si beaux que jamais la nature n'a rien créé de semblable, et que nulle beauté au monde ne se peut comparer à la leur. – Certes, répondit-elle, je l'ai dit, et je le répète. – Eh bien, ma mère, force m'est de reconnaître que c'est inexact. Je m'en allais à travers la Gaste Forêt et j'y ai vu des choses absolument merveilleuses, des êtres encore plus beaux, j'en suis convaincu, que tous les anges et que Dieu lui-même. »

A ces mots, la Veuve Dame se mit à trembler. Elle prit son fils entre ses bras. « Dieu te pardonne, mon fils ! s'écria-t-elle. Tu viens de prononcer des paroles abominables, et j'ai grand-peur que tu n'en sois tôt châtié. Tu as dû voir de mauvais anges, de ces anges dont chacun se plaint et qui tuent tout ce qu'ils atteignent ! Ne t'avais-je point averti de te signer chaque fois que tu rencontrerais de tels monstres ? – Si fait, ma mère, mais je n'avais que faire de me signer face à eux, car ils sont les êtres les plus beaux que j'aie croisés dans la Gaste Forêt. Ils m'ont dit qu'on les appelait "chevaliers". »

A ce mot, une atroce douleur saisit la Veuve Dame. Elle porta la main à sa poitrine et tomba évanouie. Mais le jeune homme, tout entier à ses pensées, n'eut même pas l'idée de la relever ou de l'allonger sur un lit. Il sortit de la grande salle et gagna le lieu où se trouvaient les chevaux destinés à porter le bois de chauffage, la nourriture et la boisson. Il entra dans l'écurie et, après mûre réflexion, choisit un cheval gris pommelé, osseux, qui lui parut des plus vigoureux. Il lui serra un bât autour du corps en guise de selle, et, avec du bois flexible, s'ingénia à imiter l'équipement dont il avait vu dotés les destriers des chevaliers. Puis il retourna auprès de sa mère.

Elle venait à peine de reprendre ses esprits et, s'étant traînée jusqu'à un siège tapissé de velours rouge, s'y était affalée. « Hélas ! s'écria-t-elle. Malheureuse que je suis ! Beau fils tendrement aimé, je pensais pouvoir te préserver de tout cela ! J'avais ordonné qu'on ne te parlât point de chevalerie, j'avais exigé qu'on ne te laissât jamais apercevoir aucun chevalier ! Certes, s'il avait plu au seigneur Dieu que ton père pût veiller sur toi, tu aurais été chevalier. Car il n'y eut jamais chevalier de si haut prix et de si grande vaillance que ton père, mon cher fils, ni si redouté des méchants dans toutes les Iles de la Mer. Sache-le, tu n'as pas à rougir de ton ascendance, ni de son côté ni du mien. Je suis née d'une si noble famille de ce pays, et ton père également, qu'aucun autre lignage ne pouvait être comparé au nôtre, tant par la valeur de nos ancêtres que par notre rang dans le monde. Mais la fortune est capricieuse, et bien souvent les plus haut placés se retrouvent à terre dans le malheur et la tristesse...

« Jamais je ne t'ai parlé de tout cela, mon fils, parce que je voulais te préserver, parce que je voulais que tu vives dans la paix et le bonheur, au milieu de la nature que Dieu a créée pour nous, de cette nature qui est bonne quand l'homme ne la pervertit pas. Il faut donc que tu saches ceci, mon fils tendrement aimé : j'ai tant souffert de la méchanceté des hommes que je voulais t'en garantir à tout prix. Ton père était un noble chevalier, toujours prêt à venir en aide aux opprimés, toujours attentif aux malheurs des autres. Il a payé bien cher son dévouement. Au cours d'un combat, il fut cruellement blessé aux jambes et il resta infirme. Ses vastes territoires, l'opulence qu'il avait conquise par sa bravoure, tout alla dès lors en perdition. Il dut vivre dans la solitude et la pauvreté.

« Après la mort du roi Uther Pendragon, père de notre bon roi Arthur, un grand nombre de seigneurs furent déshérités et ruinés, leurs terres dévastées, les pauvres gens réduits à la condition la plus vile. Ceux qui pouvaient s'enfuir étaient les moins atteints. Les autres tombaient sous la coupe de seigneurs indignes qui les maltraitaient et les pressuraient. Ton père possédait ce manoir, ici, dans la Gaste Forêt. En toute hâte, il s'y fit porter en litière, car il n'avait pu fuir et n'avait point d'autre refuge. Tu étais tout petit, à l'époque, tu n'avais que deux ans et n'étais pas encore sevré. Lorsque tes deux frères, deux beaux adolescents, eurent atteint l'âge requis, leur père leur conseilla de se rendre en des cours royales pour obtenir des armes et des chevaux. L'aîné entra au service du roi d'Escavalon, le puîné fit ses premières armes chez le roi Ban de Benoïc. En un même jour, tous deux furent faits chevaliers. En un même jour, tous deux se mirent en route pour regagner notre manoir, apporter de la joie à leur mère et de la fierté à leur père. Hélas ! jamais nous ne les avons revus. Tous deux furent assaillis en chemin, et tous deux tués en combattant bravement.

« Quelle douleur fut la mienne quand j'appris ce qui s'était passé ! Etrange aventure, les corbeaux et les corneilles crevèrent les deux yeux de l'aîné. On les trouva, son frère et lui, étendus sans vie sur le sol. Leur père en mourut de chagrin, et moi, depuis, j'ai mené une existence bien amère : tu étais tout mon bonheur et tout mon bien. Nul autre des miens n'était plus, et Dieu ne m'avait laissé que toi seul pour espérance et pour joie. Hélas, hélas ! je le vois trop, ce temps n'est plus, tôt ou tard il me faudra bien me résoudre à ton départ... »

Le jeune homme n'écoutait même pas ce que disait sa mère, car l'image des chevaliers occupait seule son esprit. « Donne-moi à manger, dit-il brutalement. Je ne comprends rien à ces contes. Je ne sais qu'une chose : je veux aller chez ce roi qui fait les chevaliers et leur donne des vêtements plus brillants que ceux des anges. Rien ni personne au monde ne m'empêchera d'aller trouver le roi Arthur. »

Trop certaine effectivement que rien ne ferait renoncer le jeune homme à son projet, quelque insensé qu'il fût, la Veuve Dame fit servir le repas, et pendant que son fils se jetait goulûment sur la nourriture, elle alla lui préparer une grosse chemise de chanvre et des braies faites à la mode de Galles. Elle y ajouta un manteau très grossier et un chaperon de cuir de cerf fermé tout autour. « Il est des gens qui se plaisent à railler, pensait-elle, et je donnerai à mon fils l'occasion d'essuyer les pires quolibets. Puisqu'il veut s'en aller, qu'il porte des habits de bouffon sur son beau corps. Une fois bien houspillé et rossé, il ne tardera pas à me revenir. » Ainsi œuvra-t-elle pendant qu'il se restaurait.

Quand il eut terminé, il alla trouver sa mère et lui dit : « Maintenant, je vais partir. J'irai jusqu'à Carduel où se trouve le roi Arthur et je lui demanderai de me faire chevalier. » La Veuve Dame lui dit alors : « Ma douleur est bien grande, beau fils, de te voir t'en aller vers les aventures. Rends-toi donc à la cour d'Arthur. Demande-lui de te prendre à son service et de te donner des armes. Tu n'as pas à craindre qu'il te refuse quoi que ce soit. Tu les auras, tes armes, je le sais bien. Mais quand il te faudra les porter et t'en servir, qu'adviendra-t-il ? Comment pourras-tu accomplir ce que tu n'as jamais vu faire par d'autres ? Je crains fort qu'il ne t'arrive beaucoup d'ennuis. – Rassure-toi, ma mère, répondit le jeune homme, si quelqu'un me cherche querelle, je saurai bien me défendre. Et je ferai mordre la poussière à tous ceux qui oseront m'empêcher d'aller où je veux. »

En dépit de son amertume, la Veuve Dame se prit à sourire en entendant son fils s'exprimer avec tant de force et d'audace. Puis elle lui dit : « Avant de t'en aller, écoute encore mes conseils. A la cour d'Arthur, tu rencontreras les meilleurs hommes qui vivent en ce monde, les plus généreux et les plus vaillants. Etudie leur comportement, prends modèle sur eux, et surtout ne leur manque pas de respect. Ils ne t'en respecteront que mieux toi-même. Chaque fois que tu passeras devant une église, arrête-toi et récite tes prières, car tu auras toujours besoin de l'aide de Dieu. Si tu vois quelque part nourriture et boisson alors que tu es affamé et assoiffé, sers-toi toi-même si l'on n'a pas assez de bonté et de courtoisie pour t'en donner. Si tu entends des cris, dirige-toi vers eux, et si c'est une femme qui appelle à l'aide, ne manque pas de la secourir. Si tu vois de beaux bijoux, des pièces d'orfèvrerie, prends-en et donne-les à ceux qui les méritent : tu acquerras ainsi honneur et considération. Si tu rencontres une belle femme, sois aimable avec elle et fais-lui la cour. Quand bien même elle ne voudrait pas de toi, elle n'en aura que plus d'estime pour ta personne.

« Fils, écoute encore cette recommandation : où que tu puisses obtenir l'anneau et le salut de quelque noble femme, prends-les. Ils ôteront de toi tout souci, et tu en auras le cœur allégé. Si cette femme te plaît, hâte-toi d'obtenir son baiser et d'étreindre étroitement son corps : les femmes prisent les hommages qu'on rend à leur beauté, et si celle-ci est chaste et bonne, tu en éprouveras bonheur et allégresse. Sur les chemins que tu parcoureras – et ils seront parfois fort écartés ! –, garde-toi de tout ennemi qui pourrait se cacher derrière les arbres et les buissons. Quand tu devras franchir une rivière, évite les gués où l'eau est trouble. Mais si ces gués sont clairs et peu profonds, n'hésite pas à t'y engager hardiment. Chaque fois que tu rencontreras quelqu'un, applique-toi à le saluer courtoisement, et si un homme sage aux cheveux gris veut t'apprendre les bonnes manières, s'il te donne des avis de prudence et de réserve, s'il t'enseigne à ne jamais poser de questions indiscrètes, sois disposé à le suivre et ne t'irrite pas contre lui, même si ce qu'il te dit peut te paraître surprenant. Les hommes qui ont longtemps vécu sont souvent de bon conseil. Enfin, mon fils, sache-le, tu risques de rencontrer l'un des pires ennemis de ton père, l'homme qui lui a infligé la blessure dont il ne s'est jamais remis, et qui en a profité pour s'emparer de nombreuses terres qui nous appartenaient. Sois sans pitié envers lui, car il est la cause de tous nos malheurs. Je vais te dire son nom : c'est le redoutable Le Hellin. Et plût au Ciel que tous les diables d'enfer se fussent déchaînés contre lui !

– Ma mère, dit le jeune homme, je le jure sur ma tête : si je rencontre Le Hellin, je vengerai sur lui toutes les infamies dont il s'est rendu coupable envers nous. »

Sur ce, il s'en fut à l'écurie et en revint, tirant par la bride son cheval gris pommelé. Les larmes aux yeux, la Veuve Dame le regarda enfourcher sa monture, accoutré qu'il était à la mode galloise et chaussé de gros brodequins. Où qu'il allât, il avait l'habitude d'emporter trois javelots ; aussi ne négligea-t-il pas cette fois d'en prendre tout un faisceau à la pointe très aiguë. « Beau fils, dit encore la Veuve Dame, que Dieu te conduise, et puisse-t-Il, en quelque lieu que tu te trouves, te donner plus de joie que je n'en conserve ! »

Quand le garçon se fut éloigné d'un jet de pierre, il se retourna et là-bas, derrière, vit que sa mère était tombée à l'entrée du pont qu'il venait de franchir. Elle gisait là, comme morte. Mais il ne crut pas devoir revenir vers elle. D'un coup de baguette, il cingla la croupe de son cheval qui hennit et, d'un bond, prit le triple galop à travers la forêt ténébreuse.

Durant deux jours et deux nuits, ils cheminèrent dans la solitude des forêts et en divers lieux déserts, sans rencontrer aucune habitation ni pouvoir ni manger ni boire. Au matin du troisième jour, alors que les oiseaux s'égosillaient à qui mieux mieux, le garçon parvint à une clairière où se dressait un pavillon aux couleurs rutilantes. Celui-ci était véritablement magnifique : vermeil d'un côté, vert soutaché d'orfroi de l'autre. A son faîte était perché un aigle doré qui s'empourprait aux rayons du soleil. Quant à l'herbe de la clairière, elle était émaillée par les mille reflets moirés du pavillon. « Dieu tout-puissant ! s'écria le fils de la Veuve Dame, voici quelque chose que je n'avais jamais vu ! D'après ce que m'a dit ma mère, cela ne peut être qu'une église ! » Il s'arrêta, descendit de cheval, s'agenouilla et récita pieusement son *Pater*. Puis, curieux de ce qu'il ne connaissait pas, il eut envie de pénétrer dans ce qu'il prenait pour un sanctuaire.

L'entrée du pavillon était ouverte. Au milieu, il aperçut un lit recouvert d'une riche étoffe de soie et sur lequel dormait une jeune femme. Elle eût inspiré de l'amour à n'importe quel homme, même au plus indifférent. Sa bouche était d'un rouge ardent, et comme ses lèvres étaient entrebâillées, on apercevait ses dents éclatantes qui semblaient ciselées dans un ivoire blanc comme neige. Dans son sommeil, la belle avait repoussé la courtepointe de soie et découvert une grande partie de son corps délicat et fin. Le fils de la Veuve Dame qui, en dehors de sa mère et de quelques vieilles servantes, n'avait jamais approché de femme, se sentit tout retourné en contemplant ce spectacle. Et comme il était entré à cheval dans le pavillon, sa monture buta contre un coffre. Le tapage réveilla la jeune femme en sursaut.

Le garçon, sans penser à mal, lui dit spontanément : « Dame, je te salue, ainsi que ma mère me l'a appris. Elle m'a en effet enseigné que je devrais saluer toutes les dames et toutes les jeunes filles que je rencontrerais, en quelque lieu que je fusse et à quelque heure du jour et de la nuit. » Toutefois, en apercevant ce jeune sauvage à cheval devant elle, la jeune femme se mit à trembler de peur, se reprochant de s'être ainsi laissé surprendre dans son sommeil. « Valet ! s'écria-t-elle, passe ton chemin et laisse-moi en paix ! Fuis donc avant que mon ami ne te voie et ne te fasse payer bien cher ton audace et ta témérité ! – Pas avant de t'avoir pris un baiser, répondit le garçon. Tant pis pour qui s'en fâchera. Ma mère me l'a ainsi enseigné, et je ne vois pas pourquoi je ne suivrais pas son conseil. »

La jeune femme ramena vivement la couverture sur son sein. « C'est un fou ! » pensa-t-elle. Puis elle reprit, d'un ton plein de colère : « Valet, sache que je ne me laisserai jamais prendre un baiser par un rustre tel que toi. Je te le répète : fuis pendant qu'il en est temps. Si mon ami te trouve, tu es un homme mort ! – A Dieu ne plaise que je m'enfuie ! Ma mère m'a enseigné qu'il fallait être brave et toujours satisfaire les dames et les jeunes filles ! »

Le fils de la Veuve Dame avait des bras vigoureux. Il sauta à bas de son cheval et saisit la belle sans ménagement, l'étreignant contre sa poitrine d'une façon très gauche, mais avec tant de force qu'elle pensa défaillir. Il la plaqua sous lui, tout étendue, bien qu'elle se défendît de son mieux en se démenant bras et jambes. Peine perdue, car le jeune homme l'embrassa malgré elle une bonne vingtaine de fois, y prenant visiblement goût. Il ne cessa son jeu que lorsqu'il aperçut au doigt de la jeune femme un anneau où brillait une magnifique émeraude. « Ma mère m'a enseigné, dit-il, qu'il me fallait prendre cet anneau qui est à ton doigt. Donne-moi donc cet anneau, et je m'en irai. Il me le faut. – Mon anneau ? Certainement pas ! s'écria la jeune femme avec colère. Ah non ! tu ne l'auras pas, sache-le bien, à moins que tu ne me l'arraches de vive force ! » Le fils de la Veuve Dame ne se le fit pas dire deux fois. Il prit la jeune femme par le poing, lui étendit le doigt, en fit glisser l'anneau et, sans plus de façons, l'enfila au sien.

« Dame, dit-il, je vais m'en aller pleinement satisfait. Je te souhaite tous les biens que tu peux désirer. Décidément, il était autrement plaisant de t'embrasser que de frôler les servantes de ma mère : il faut bien avouer qu'elles sont laides, peu engageantes, et que leur bouche sent mauvais. Toi, au moins, tu es fraîche comme une rose que la brume du matin rend plus odorante encore. » Mais la jeune femme se tordait les mains et pleurait abondamment. « Valet stupide, s'écria-t-elle, je veux bien oublier que tu m'as serrée contre toi et que tu t'es emparé de ma bouche mais, je t'en prie, rends-moi mon anneau ! Sa perte risque de me coûter fort cher, et toi, de toute façon, tu y perdras la vie, tôt ou tard, je te le promets ! »

Les menaces de la jeune femme ne semblaient guère émouvoir le fils de la Veuve Dame. A vrai dire, il ne les écoutait même pas. Il se sentait plutôt tenaillé par la faim et la soif, car depuis près de trois jours il n'avait rien mangé ni bu. En regardant autour de lui, il aperçut sur une table un flacon empli de vin et, à côté, une coupe d'argent. Sur une botte de joncs se trouvait une serviette bien blanche et bien propre. Il souleva celle-ci et, dessous, découvrit trois beaux pâtés de chevreuil tout frais, et ce mets-là n'était pas fait pour lui déplaire. « Ma mère m'a dit que si l'on n'avait pas assez de bonté et de courtoisie pour m'offrir à boire et à manger, je devrais me servir moi-même. Tel est le cas, ce me semble ! » Et, sans plus tergiverser, il attaqua l'un des pâtés, y mordit à belles dents, puis il se versa de longues et fréquentes rasades d'un vin qui n'était pas des plus mauvais. Il en éprouva tout de suite un puissant réconfort.

« Dame ! dit-il alors, je ne puis venir à bout à moi seul de ces pâtés qui sont vraiment délicieux. Viens donc m'aider, tu ne le regretteras pas. Chacun de nous aura le sien, et il en restera un entier pour quiconque viendra ici. » Mais, toute à ses pleurs, la jeune femme ne répondit rien. Quant à lui, loin de s'en émouvoir, il acheva de dévorer son pâté et but tout son content. Cela fait, il reposa la serviette sur les mets restants et dit en guise de conclusion : « Eh bien, voici, que Dieu te garde, belle dame. Je suis bien heureux de posséder ton anneau, et je t'assure qu'avant de mourir je saurai t'en récompenser. Maintenant, avec ta permission, je vais m'en aller. »

Il s'inclina devant elle et lui déposa un baiser sur le front. Elle continuait à se lamenter, disant qu'elle ne le recommanderait pas à Dieu, eu égard à sa mauvaise action, car elle devrait à présent subir une honte telle que jamais nulle femme n'en avait subie. Elle ajouta qu'elle n'attendait rien de lui, car il n'était qu'un lâche et l'avait violentée par surprise. Mais ces reproches ne firent aucun effet sur lui. Enfourchant à nouveau son cheval gris pommelé, il sortit du pavillon et disparut dans les bois, le cœur léger et le ventre plein.

La jeune femme demeura seule dans le pavillon, et ses sanglots la secouaient encore quand survint son ami, un redoutable chevalier qu'on appelait l'Orgueilleux de la Lande. Dans le bois et autour du pavillon, il avait relevé les empreintes laissées par le cheval du fils de la Veuve Dame. Aussi se rua-t-il, ulcéré, dans le pavillon en criant : « Dame ! à ce que je vois, un chevalier est venu jusqu'ici ! » La jeune femme releva son visage rougi de larmes. « Non pas un chevalier, seigneur, répondit-elle, je te le jure, mais un simple valet, un misérable valet gallois dépourvu de manières, un sot et un impudent rustre qui mériterait le fouet ! Il a bu de ton vin tant et plus et a mangé l'un de tes pâtés ! – Et c'est pour cela que tu te lamentes ? dit l'Orgueilleux. Quand bien même il aurait tout bu et tout mangé, cela ne vaudrait pas la peine de pleurer !

– C'est que, ajouta la jeune femme en sanglotant, il ne s'est pas contenté de cela. Il a pris de force mon anneau et l'a emporté. J'aurais mieux aimé mourir que de me le voir ainsi arracher ! – Effectivement, dit l'Orgueilleux, voilà qui passe la mesure. Mais, puisqu'il l'a, qu'il le garde. Je t'en donnerai un autre, beaucoup plus riche et beaucoup plus beau. Seulement, une idée me vient : n'aurait-il pas commis d'autre forfait ? Est-ce que je me trompe ? Je t'en prie, ne me cache rien. – Tu as raison, seigneur, il y a autre chose. » Elle demeura silencieuse, tant elle avait honte de raconter l'affaire. Comme l'Orgueilleux insistait, elle finit par dire : « Seigneur, il m'a embrassée plus de vingt fois et volé un baiser. – Comment cela ? s'écria l'Orgueilleux avec colère. – Oui, reprit-elle, et, je te le jure, contre mon gré. Il avait beau être jeune et sans éducation, il était fort, et je n'ai pu l'en empêcher ! »

L'Orgueilleux de la Lande en parut de fort méchante humeur. « Vraiment ? cria-t-il. Dis plutôt que tu y as pris grand plaisir. Je suis même persuadé que tu ne lui as rien refusé. Crois-tu que j'ignore la fausseté des femmes ? Penses-tu que je ne te connaisse pas ? Je ne suis pas aveugle, et je sais trop jusqu'où tu peux aller. En vérité, tu as pris un mauvais chemin, et bien des désagréments t'y attendent. Ton cheval ne mangera d'avoine ni ne sera soigné que je ne me sois pas vengé. Qu'il perde ses fers, on ne lui en remettra pas. S'il meurt, tu me suivras à pied, et tu ne séjourneras jamais plus d'une nuit dans le même endroit. Jamais non plus tu ne porteras d'autres vêtements que ceux d'aujourd'hui, non, tu me suivras à pied et en guenilles jusqu'au jour où j'aurai tranché la tête à l'insolent qui s'est permis d'abuser de ta faiblesse. Tel est le châtiment que j'en tirerai et je jure sur ma propre tête que tout se passera comme je l'ai dit. » Et là-dessus, sans s'occuper davantage de la jeune femme qui se lamentait de plus belle, l'Orgueilleux de la Lande s'assit à une table et se mit à manger les pâtés qui restaient.

Pendant ce temps, le fils de la Veuve Dame se dirigeait vers la cour d'Arthur. Il galopait à travers landes et vallées mais se désespérait de n'y croiser âme qui vive. On eût dit un désert abandonné aux bêtes sauvages. Et le soir commençait à tomber. Accablé de fatigue, le jeune homme se demandait s'il n'allait pas devoir passer la nuit sous un arbre, dans la froidure de la nuit, quand il aperçut une maison de bonne taille. Un ladre, comme il en existe encore dans notre monde, y logeait, qui exerçait le métier de pêcheur et avait la réputation d'être dénué de toute pitié, de toute bonté. La faim le poussant, le fils de la Veuve Dame dirigea ses pas vers cette demeure. Le pêcheur, qui était assis par terre devant la porte, se leva pour entendre la requête du jeune Gallois mais, au seul mot d'hospitalité, il répondit sèchement : « Tu pourrais me supplier trente années durant, je ne te donnerais pas la moitié d'un pain d'orge. Celui qui prétend, sans bourse délier, me voir généreux perd son temps. Je ne me soucie de personne que de moi-même d'abord, puis de mes enfants. Tu n'entreras pas ici et n'obtiendras nulle nourriture. En revanche, si tu avais des écus ou des gages, je t'accueillerais volontiers. »

Ce discours surprit fort le jeune homme. « Comment ? pensa-t-il. Cet homme me refuse le gîte et le couvert parce que je suis un voyageur errant ! Ma mère ne m'a pas dit que de telles gens existaient. Il faut croire que le monde est mal fait. » Cependant, comme la faim, la soif et le sommeil le tenaillaient, il retira de son doigt la bague qu'il avait ravie à l'amie de l'Orgueilleux de la Lande et la tendit au pêcheur. Celui-ci la reçut avec un large sourire. « Jeune homme, dit-il, si tu veux rester chez moi, tous ceux qui vivent sous ce toit te feront honneur. – Je ne te demande pas grand-chose : seulement de me nourrir et de m'héberger ce soir, et de m'indiquer ensuite le chemin qui conduit à la cour du roi Arthur. – Ainsi ferai-je, dit le vilain, et sois sûr que tu ne te plaindras pas de mon accueil. »

Le fils de la Veuve Dame passa donc la nuit entière dans la demeure du pêcheur. Le lendemain matin, il se leva très tôt. Son hôte était déjà prêt, et tous deux montèrent à cheval et, après avoir parcouru une grande plaine traversée par plusieurs rivières, parvinrent à une colline qui dominait tout le pays. Le pêcheur s'arrêta. « Te voici presque arrivé, dit-il. Si tu veux te rendre à la cour que le roi Arthur tient dans sa forteresse de Carduel, il te suffit de suivre ce chemin qui s'ouvre sous nos pas. – Pourquoi ne m'accompagnes-tu pas ? demanda le jeune homme. – Dieu m'en garde ! s'écria le pêcheur. Jamais roturier de mon espèce ne saurait entrer dans la maison du roi. D'ailleurs, je me demande ce qu'un valet gallois comme toi peut avoir de commun avec cette engeance de chevaliers arrogants qui croient que tout leur est dû. Néanmoins, puisque tu tiens à t'y rendre et à t'exposer à la honte, ce n'est pas moi qui te retiendrai. Je te souhaite bonne chance, et que Dieu te protège. » Là-dessus, il fit faire demi-tour à son cheval et, piquant des deux, s'en retourna vers sa maison.

Le fils de la Veuve Dame emprunta le chemin que lui avait indiqué l'autre et comme, au petit trot, son cheval gris pommelé le menait à travers landes et bosquets, il croisa un charbonnier qui conduisait un âne. « Vilain, dit-il, enseigne-moi la voie la plus courte pour aller à Carduel chez le roi Arthur. On dit qu'il y fait des chevaliers. – C'est la vérité, répondit l'homme. Tu n'as qu'à suivre le sentier par où j'arrive, et tu aboutiras à la forteresse de Carduel, non loin de la mer. Mais je te préviens, bel ami, tu y trouveras le roi Arthur triste et joyeux. – Pourquoi le roi est-il à la fois triste et joyeux ? J'aimerais bien que tu me le dises. – Ce n'est pas difficile : le roi Arthur vient, avec toute son armée, de combattre le roi des Iles qui s'était révolté contre lui. Celui-ci a été défait, et voilà pourquoi le roi Arthur est si joyeux. Mais il est également fâché que ses compagnons, l'ayant quitté pour aller séjourner à leur aise dans leurs domaines, le laissent sans nouvelles, et voilà ce qui explique sa tristesse. »

Mais le jeune Gallois se souciait fort peu de l'humeur du roi Arthur. Après avoir remercié le charbonnier, il s'engagea dans le sentier que celui-ci lui avait indiqué, et, bientôt, il aperçut, dominant la mer, une forteresse dont les toitures étincelaient au soleil.

Or, avant qu'il ne l'eût atteinte, un autre cavalier y avait pénétré. Celui-ci fixa un grand et massif anneau d'or contre la porte de l'entrée pour attacher son cheval, puis il se rendit dans la salle où se trouvaient Arthur et tous ses gens, ainsi que la reine Guenièvre et ses suivantes. Un valet était en train de servir à boire à Guenièvre dans une magnifique coupe d'or ciselée. Le nouveau venu se précipita vers le valet, lui arracha la coupe des mains et en jeta le contenu à la face et sur la poitrine de la reine. Après quoi, il donna à celle-ci un grand soufflet en s'écriant : « S'il est ici quelqu'un d'assez intrépide pour me disputer cette coupe et venger l'outrage que je viens d'infliger à Guenièvre, qu'il me suive sur le pré, devant la forteresse. Je l'y attendrai, prêt à l'affronter. » Sur ce, l'homme sortit tranquillement de la salle et se dirigea vers l'endroit où piaffait son cheval.

Sur ces entrefaites arriva le fils de la Veuve Dame. Il vit un individu qui tenait dans sa main droite une coupe d'or finement ciselée et, dans la gauche, sa lance et son bouclier. Il remarqua aussi que l'inconnu portait une armure vermeille qui lui allait à ravir. « Sur ma foi ! se dit-il, voici des armes qui me conviendraient. Je vais les demander au roi. S'il me les donne, je m'en contenterai et je n'en chercherai pas d'autres ! »

Il se disposait à entrer dans la salle quand le chevalier à la coupe lui barra le passage. « Où vas-tu de ce pas ? lui demanda-t-il. – Je ne te le cacherai pas : je vais à la cour prier le roi Arthur de me donner tes armes. » Le chevalier à la coupe d'or ne put se retenir de rire, vu l'accoutrement du jeune Gallois. « Tu as bien raison, lui répondit-il. Va donc et reviens vite. Au fait, tu en profiteras pour dire au roi, un mauvais roi que Dieu maudisse, que, s'il ne veut tenir sa terre de moi, il me la rende ou envoie quelqu'un la défendre. Car, je le déclare solennellement, tout ce que le roi Arthur s'imagine posséder m'appartient.

– Je ne comprends rien à tes paroles, répondit le jeune homme. Tout ce que je sais, c'est que je veux tes armes et que je vais de ce pas les demander au roi Arthur. » Alors, sans plus attendre, il pénétra dans la forteresse. Il eut tôt fait d'y repérer le logis le plus vaste et, le supposant devoir être celui du roi, en franchit le seuil sans prendre la peine de descendre de cheval.

Tous les hommes qu'il trouva là demeuraient immobiles, la tête baissée, de peur d'être désignés pour aller venger l'outrage fait à Guenièvre. Il leur semblait en effet que jamais personne n'aurait accompli forfait si insolent sans la garantie de pouvoirs magiques susceptibles de le protéger. Kaï se tenait debout, au milieu de la salle, plongé dans ses pensées. « Hé ! toi, l'Homme Long[1] ! l'apostropha le fils de la Veuve Dame, où est Arthur ? » Kaï dévisagea d'un air abasourdi celui qui l'interpellait de la sorte : en vérité le garçon, vêtu comme un rustre et monté sur un bidet gris pommelé passablement mal attifé, détonnait fort parmi les courtisans. « Que veux-tu donc à Arthur ? demanda Kaï. – Ma mère m'a recommandé de venir vers lui pour me faire armer chevalier. » Kaï se mit à rire : « Par ma foi, dit-il, tu es trop jeune, trop mal monté, et trop mal équipé ! »

Tous les gens de la cour jetèrent alors les yeux de son côté, et l'accoutrement de l'intrus leur parut si bizarre qu'ils éclatèrent de rire et, en signe de dérision, se mirent à lui lancer des baguettes. Mais, à ce moment, entra un nain qui, un an auparavant, était venu avec une naine demander refuge au roi Arthur. Le roi lui avait accordé sa requête mais, depuis, de toute l'année, ni le nain ni la naine n'avaient prononcé la moindre parole. Or, celui-ci, en apercevant le fils de la Veuve Dame, s'écria : « Dieu te bénisse, Perceval, beau fils d'Evrawc, chef des guerriers, fleur des chevaliers ! – En vérité, dit Kaï, il faut être malavisé et complètement fou pour demeurer une année entière muet à la cour d'Arthur, malgré la liberté de parler à qui bon vous

1. Cette appellation, empruntée au récit de *Peredur*, fait allusion au surnom que porte Kaï dans la tradition galloise, *Kaï Hir*, c'est-à-dire « Kaï le Long ». La même tradition lui attribue le pouvoir magique de se hausser jusqu'aux cimes des arbres.

semble, et pour oser ainsi, à la face du roi et de tous ses gens, déclarer qu'un individu de cet acabit est un chef de guerriers, la fleur des chevaliers ! »

Sur ce, Kaï donna au nain un tel soufflet qu'il l'étendit sur le sol, évanoui. Au même moment, la naine entra dans la salle. « Ha ! ha ! s'écria-t-elle en apercevant le jeune homme, Dieu te bénisse, Perceval, beau fils d'Evrawc, fleur des guerriers et lumière des chevaliers ! – En vérité, femme, dit Kaï, c'est être bien malavisée que de rester une année entière sans souffler mot à la cour d'Arthur et puis d'appeler ainsi un tel rustre ! » Et il donna à la naine un coup de pied si violent qu'elle tomba à terre, évanouie.

« Toi, l'homme long, reprit celui que le nain et la naine avaient appelé Perceval, indique-moi où est Arthur. – Laisse-nous en paix, répondit Kaï. Va donc à la poursuite du chevalier qui est sorti d'ici pour aller sur le pré, enlève-lui la coupe d'or, renverse-le, prends son cheval et ses armes. Cela fait, peut-être obtiendras-tu d'être armé chevalier. – Et ainsi ferai-je, rétorqua Perceval, mais toi, l'Homme Long, sur ma foi, tu paieras très cher tes insultes au nain et à la naine. » Et, sans plus attendre, il tourna bride, sortit de la salle et se dirigea vers le pré.

Le chevalier attendait patiemment son heure, et, pour être plus à l'aise, il avait posé la coupe d'or sur un perron de pierre bise et caracolait tout autour comme pour montrer qu'il ne craignait personne. Quand le jeune homme se fut approché, le chevalier lui cria : « Valet ! as-tu vu quelqu'un de la cour d'Arthur venir par ici ? – Je n'ai vu personne, répondit Perceval. Mais un Homme Long qui se trouvait là-bas m'a commandé de te renverser, de te ravir la coupe, ainsi que ton cheval et tes armes. – Tais-toi, valet, et retourne d'où tu viens. Tu commanderas à Arthur, de ma part, de venir, lui ou un autre, m'affronter. S'il n'obtempère pas immédiatement, je n'attendrai pas davantage et j'irai partout clamant que le roi Arthur est un lâche et que les chevaliers de la Table Ronde ne sont capables que de pérorer parmi les dames de la cour. – Tu n'as pas compris ce que je disais, reprit Perceval. Je t'ordonne de me donner la coupe, ton cheval et tes armes. Si tu ne me les accordes de ton plein gré, je te les prendrai par la force. – Je ne t'obéirai certes pas. Quant à me battre avec un valet, il n'en est pas question. Mon honneur ne me le permet pas. – Je ne suis pas un valet, seigneur chevalier. On m'appelle Perceval, fils d'Evrawc, et l'on me prétend même chef des guerriers. » Le chevalier se mit franchement à rire. « Par ma foi ! s'écria-t-il, tu as besoin d'une bonne leçon, ce me semble. Eh bien, tu l'auras voulu. » Là-dessus, le chevalier chargea Perceval avec violence et lui assena, du pied de sa lance, un grand coup douloureux entre les épaules et le cou.

Perceval chancela et faillit tomber de cheval. « Homme, dit-il, ce n'est pas de cette façon que jouaient avec moi les valets de ma mère. Je vais jouer avec toi, maintenant, et à ma façon. » A ces mots, il lui darda un javelot à la pointe aiguë qui lui creva l'œil, ressortit par la nuque et le renversa raide mort. Puis, descendant de sa monture, il prit la lance et la mit de côté, et s'empara du bouclier. Mais lorsqu'il voulut retirer le heaume de son adversaire, il n'y put parvenir. De même lui fut-il impossible d'arracher l'épée du fourreau, quelque effort désespéré qu'il fît, et l'insuccès l'ennuyait fort.

Cependant, dans la salle où se tenaient Arthur et Guenièvre, les conversations allaient bon train. Prenant la parole d'une voix puissante, Yvain, fils du roi Uryen, s'en prit violemment à Kaï : « En vérité, dit-il, tu as été mal inspiré d'envoyer ce jeune fou contre le chevalier. Ce rustre n'a visiblement aucune expérience et, de plus, il me paraît étonnamment naïf. Ainsi, de deux choses l'une : ou bien il a été tué, ou bien il a été culbuté. Et, de toute manière, le chevalier aura beau jeu de clamer partout qu'il a vaincu un compagnon d'Arthur, et de cela résultera une honte éternelle pour Arthur et pour nous tous. Au surplus, si le jeune homme a été tué, outre le déshonneur, retombera sur nous la faute d'avoir envoyé un innocent à la mort[1]. Par ma foi, je vais me rendre au pré pour savoir ce qui s'est passé. – Tu as raison, intervint Arthur. Je m'en veux de ne pas avoir coupé court à la méchanceté de Kaï. Va, et vois si tu peux faire quelque chose en faveur de ce jeune fou. »

Yvain s'en alla donc dans le pré. Et comme il s'attendait au pire, il ne fut pas peu surpris de voir le jeune Gallois s'acharner sur le cadavre de son adversaire. « Que fais-tu là ? demanda-t-il. – Par Dieu tout-puissant, répondit Perceval, je ne sais trop... Je veux prendre les armes de ce chevalier, puisque l'Homme Long m'en a donné l'ordre. Mais j'aurai plutôt déchiqueté son corps pour en faire des grillades que mis la main sur une seule de ses armes. Elles tiennent à lui si étroitement que le dedans et le dehors m'ont tout l'air de ne faire qu'un : l'un ne veut pas venir sans l'autre ! »

Yvain ne put s'empêcher de rire en voyant la mine déconfite du jeune homme. « Mon ami, dit-il enfin, ne t'inquiète de rien. Je me chargerai de la besogne, si tu le veux bien. » Et, sans plus de commentaires, Yvain dépouilla le mort de ses armes et de ses habits. « Tiens, reprit-il, tu peux maintenant quitter ta méchante vêture pour celle-ci : elle est digne d'un prince. » Mais le Gallois ne l'entendait pas de cette oreille. Yvain avait beau dire, il ne voulait pas se défaire des vêtements et des brodequins que lui avait donnés sa mère. « Comment ? s'écria-t-il. Est-ce une plaisanterie ? Echanger ma grosse chemise de chanvre contre celle-ci qui est molle et tendre, et qui ne me protégerait même pas du froid et des épines ? Honni soit le fou qui troquerait ses bons habits contre les mauvais d'autrui ! »

1. Ce passage, qui ne se trouve que dans le *Peredur* gallois, met nettement en valeur le sens de la responsabilité collective qu'ont les compagnons d'Arthur à propos des actions individuellement engagées par l'un ou l'autre des leurs.

Yvain n'insista pas. Il se contenta de lui faire endosser l'armure, lui laçant les chausses et lui fixant les éperons sur ses brodequins. Puis il lui enfila le heaume et le ceignit de l'épée. Après quoi, il lui mit le pied à l'étrier et lui fit enfourcher le cheval de bataille. Jamais le jeune Gallois n'avait vu d'étrier, et il ignorait à quoi servent les éperons : il ne connaissait guère que les baguettes ou les liens d'osier. Enfin, Yvain lui tendit la lance et le bouclier en disant : « Maintenant que te voici à peu près correctement vêtu, suis-moi auprès du roi Arthur afin de te faire armer chevalier. M'est avis que tu l'as amplement mérité !

– Que je perde mon honneur si j'y vais ! s'écria Perceval. Je te remercie de ton aide. Prends mon cheval gris pommelé. Il est robuste et te rendra service, j'en suis sûr. Et si tu retournes auprès du roi Arthur, emporte la coupe : tu la donneras de ma part à la reine Guenièvre. Dis aussi à Arthur qu'en quelque endroit que je me trouve, je serai son homme, et si je puis agir pour son service et profit, je n'y manquerai pas. Tu ajouteras enfin que je n'irai pas à la cour que je n'aie d'abord rencontré l'Homme Long et vengé l'outrage subi par le nain et la naine. » Après avoir salué le jeune Gallois, Yvain s'en retourna auprès d'Arthur. Il remit la coupe à Guenièvre qui en fut tout heureuse, et il raconta l'aventure à toute l'assistance, et sans omettre la menace proférée à l'endroit de Kaï.

Revenu de son évanouissement, le nain se tenait près du foyer. Quand il eut entendu le récit d'Yvain, il se redressa d'un bond et se précipita devant le roi, manifestant une telle joie qu'il se mit à danser et à trépigner. « Seigneur Arthur ! s'écria-t-il, voici qu'approche l'heure des aventures prophétisées par le sage Merlin à propos du Graal. Ces aventures seront pénibles et redoutables, et nombre de tes compagnons n'en reviendront pas. Le jeune homme que tu as vu ici tout à l'heure, et dont tout le monde s'est moqué, sera l'un des héros qui les accompliront, car il est vraiment le chef des guerriers et la fleur de la chevalerie de ce temps. Quant à Kaï, crois-moi sur parole, il se repentira fort d'être en vie et d'avoir si mauvais caractère ! Avant qu'il ne soit quarante jours, celui que vous preniez pour un jeune fou lui aura fait payer très cher le soufflet que j'ai reçu et le coup de pied qu'il a donné à la naine. Entre le coude et l'aisselle, il aura le bras droit brisé. Qu'il en fasse son deuil dès maintenant : il devra porter son bras suspendu à son cou pendant une bonne moitié de l'année. Je te l'affirme, seigneur roi, et je veux bien être brûlé si telle n'est pas la vérité. »

En entendant le nain parler de la sorte, Kaï était tout gonflé de colère. Il avait grande envie de courir sus à l'insolent et de le châtier devant tout le monde si rudement qu'il l'eût étendu mort sur place. Mais Arthur, qui devinait l'humeur du sénéchal, lui dit sèchement : « Kaï ! voilà où nous mènent tes paroles blessantes ! Nous avons perdu aujourd'hui un compagnon qui eût fait merveille parmi nous, et ce par ta faute. S'il était resté, on l'aurait instruit à l'emploi de la lance, du bouclier et de l'épée. Mais il ignore tout des armes, sans compter le reste, et ne saurait pas même tirer son épée en cas de besoin. Or, voici qu'il chevauche maintenant au hasard : vienne à passer un gaillard en quête d'aventure, ne va-t-il pas se jeter, pour gagner le cheval, sur le cavalier et le tuer ou l'estropier ? Ce jeune homme ne saura pas se défendre, tant il est simple et de pauvre entendement. Que n'est-il pas demeuré parmi nous... »

Et, tandis que le roi se lamentait, tous ceux qui étaient présents baissaient la tête, tant les accablait le tort d'avoir abandonné le jeune Gallois aux pires dangers, pour leur grande honte à tous [1].

1. Synthèse entre Chrétien de Troyes (édition complète bilingue, coll. La Pléiade, Gallimard, Paris, 1994) et *Peredur* (trad. intégrale dans J. Loth, *les Mabinogion*, Paris, 1913), avec des emprunts à Wolfram von Eschenbach (trad. partielle d'Ernest Tonnelat, Paris, 1934).

2

Les Epreuves nécessaires

Perceval chevauchait tout au fond des vallées, longeant les rivières jusqu'à des gués qu'il franchissait sans encombre. Puis il s'engageait à travers des forêts qui lui paraissaient désertes. Il atteignit ainsi une grande plaine au milieu de laquelle brillaient au soleil les eaux calmes d'un lac, lorsqu'il rencontra un chevalier armé de pied en cap qui lui dit : « D'où viens-tu ? – De la cour du roi Arthur, répondit le fils de la Veuve Dame. – Es-tu donc des hommes d'Arthur ? reprit l'autre avec arrogance. – Oui, par ma foi, j'en suis ! dit fièrement Perceval. – J'en suis ravi, dit le chevalier, tu ne pouvais mieux tomber ! – Pourquoi donc ? – Ce n'est pas difficile : je passe mon temps à piller les terres du roi Arthur, et tous ceux de ses hommes que j'ai rencontrés, je les ai tués. Et le même sort t'attend, sois-en certain ! »

Sans ajouter un seul mot, ils commencèrent à se battre. Mais, en un rien de temps, Perceval projeta à terre, par-dessus la croupe de son cheval, son adversaire qui demanda grâce. « Tu l'auras, dit Perceval, à condition que tu me jures d'aller à la cour d'Arthur. – Je le ferai, promit l'autre. – Tu lui diras aussi, ajouta Perceval, que c'est moi qui t'ai renversé pour son honneur et son service, et que je ne regagnerai sa cour que lorsque j'aurai trouvé le moyen de venger l'outrage infligé au nain et à la naine. » Après qu'il eut juré d'accomplir point par point sa mission et que Perceval l'eut laissé reprendre sa monture, le chevalier se rendit tout droit auprès du roi Arthur. Là, il raconta sa mésaventure sans omettre les menaces proférées contre l'Homme Long qui avait outragé le nain et la naine. A ce récit, le nain se dressa et dit : « Seigneur roi, que Dieu m'ait en sa sainte garde, il sera bien vengé le soufflet que j'ai reçu ! Sache-le, je ne plaisante pas : Kaï aura beau faire, il ne s'en tirera qu'il n'ait le bras rompu et la clavicule démise ! – Ah, Kaï ! conclut le roi, vois où te mènent tes folles paroles ! Et combien je regrette que ce jeune homme ne soit pas avec nous aujourd'hui ! »

Cependant, Perceval s'était remis à cheminer par bois et vallées. Au cours de la même semaine, il rencontra seize chevaliers qui le défièrent et qu'il démonta tous honteusement, ne leur faisant grâce qu'à condition qu'ils allassent à la cour d'Arthur conter leur mésaventure. Ils s'y rendirent donc tous, y tenant les mêmes propos que le premier chevalier, notamment la menace contre l'Homme Long. Et Kaï fut chaque fois si bien morigéné par Arthur qu'il en devint lui-même triste et soucieux.

Quant à Perceval, il traversa un jour une prairie où paissaient de beaux troupeaux, puis se dirigea vers une rivière qui la parcourait en grondant. Celle-ci était si large qu'un trait d'arbalète n'eût pu la franchir, et elle roulait des eaux noires et profondes. Ne pouvant la traverser, car il n'existait ni pont ni gué dans les alentours, le jeune homme longea la rive et aperçut bientôt une vaste forteresse bâtie au flanc d'une colline qui descendait vers la mer. Au milieu de cette forteresse s'élevait une haute et puissante tour. Une solide barbacane commandait le point de l'estuaire où la rivière mêlait ses eaux tumultueuses aux flots de la mer, dont les vagues venaient se briser contre les remparts. Aux quatre coins de ceux-ci, quatre tours basses et trapues, de fort belle allure, constituaient une défense redoutable contre tout assaillant, qu'il vînt de la terre ou de la mer. Devant un portail fortifié, un robuste pont de pierre, bâti à sable et à chaux, flanqué de tourelles sur toute sa longueur, et pourvu d'une poterne en son milieu, enjambait la rivière. C'est vers lui que se dirigea le fils de la Veuve Dame.

Or, il aperçut un homme assez âgé, à en juger par ses cheveux blancs, et vêtu d'une robe d'hermine qui s'y promenait nonchalamment. Par contenance, celui-ci tenait en sa main une badine, et, près de lui, marchaient deux valets sans manteau. Le jeune Gallois, qui n'avait pas oublié les leçons de sa mère, salua le vieil homme en précisant : « Ainsi m'a enseigné ma mère.

– Dieu te bénisse, jeune homme », lui répondit le vieillard qui avait bien compris, à son langage et à sa gaucherie, que le nouvel arrivant était naïf et quelque peu sot. Perceval mit pied à terre. « D'où viens-tu donc ? reprit le vieillard. – De la cour du roi Arthur, répondit Perceval. – Qu'y es-tu allé faire ? – Le roi m'a fait chevalier, que Dieu le protège ! – Chevalier ? répliqua le vieillard en souriant. Que Dieu me pardonne ! Je ne pensais pas que le roi se souvînt encore des chevaliers ! Je le croyais au contraire seulement occupé à se distraire ! – Le roi Arthur ne se distrait pas, affirma sérieusement Perceval. Il est au milieu de sa cour et ordonne aux chevaliers d'aller partout dans le monde faire régner l'ordre et la justice ! »

Le vieil homme se rendait bien compte que, si son interlocuteur avait la fougue de la jeunesse, il était totalement inexpérimenté. « Qui t'a donné cette belle armure vermeille ? demanda-t-il. – C'est le roi qui m'en a fait présent, répondit Perceval. – Vraiment ? reprit le vieil homme d'un ton ironique. Je voudrais bien savoir comment et en quelles circonstances le roi Arthur t'a donné ces armes. » Sans plus attendre, le jeune Gallois lui raconta tout ce qui s'était passé et comment il avait vengé l'honneur d'Arthur et de la reine Guenièvre. « Fort bien, dit l'autre. Je vois que tu es courageux et loyal. Mais que sais-tu faire de ton destrier ? – Je le fais galoper où je veux et comme je veux, de même qu'autrefois mon cheval de chasse. Celui-ci était gris pommelé et très robuste. Je l'ai donné au chevalier qui m'a aidé à revêtir cette armure. – Par Dieu tout-puissant, ta réponse me satisfait pleinement. Mais, dis-moi encore : pourquoi es-tu venu jusqu'à moi ?

– Seigneur, ma mère m'a enseigné de prendre conseil de quiconque a les cheveux gris ou blancs car, m'a-t-elle assuré, ce sont des gens généreux et qui ont une grande expérience de la vie. Et elle a ajouté que, dans ce cas, je devais m'efforcer de les servir le mieux que je pourrais. – Mon garçon, bénie sois ta mère de t'avoir prodigué de si bons avis. Mais n'as-tu plus rien à me dire ? – Seigneur, simplement ceci : je te prie de bien vouloir m'héberger ce soir. – Très volontiers, mais à condition que tu m'accordes un don. – Quel est ce don, seigneur ? – Que tu te fies autant en mes conseils qu'en ceux de ta mère. – Sur ma foi, dit Perceval, voilà une chose que je t'accorde de grand cœur.

– Eh bien, repartit le vieil homme, puisque tu es en de si bonnes dispositions, je veux que tu apprennes tout de suite certaines façons de te comporter. Je suis en effet persuadé que tu les ignores. » Sur un geste de sa part, les deux valets désarmèrent Perceval. Il ne lui resta plus que les braies de rustre, les gros brodequins et le manteau en peau de cerf mal taillée que sa mère lui avait donnés avant son départ de la Gaste Forêt. Aussitôt, le vieil homme se fit chausser les éperons d'acier tranchant du jeune Gallois, enfourcha le cheval de celui-ci, suspendit le bouclier à son propre cou et saisit la lance. « Mon ami, dit-il, il faut que tu apprennes à te servir de tes armes. Regarde bien ce que je vais faire, comment on doit tenir sa lance, éperonner son cheval et retenir son allure quand on se mesure à un adversaire. »

Là-dessus, il déploya l'enseigne et lui montra comment porter le bouclier : « Laisse-le pendre un peu en avant, de façon qu'il touche l'encolure du cheval. » Puis, la lance en arrêt, il fit tâter de l'éperon au fougueux coursier qui bondit en avant pour s'arrêter quelques foulées plus loin. Le vieillard semblait un maître en ces exercices, et il est probable qu'il avait appris l'art de la chevalerie dès son plus jeune âge. Le fils de la Veuve Dame se plut grandement à le regarder, et il suivit de l'œil chacun de ses mouvements. Son galop terminé, le vieil homme revint, lance levée, et dit à Perceval : « Mon ami, saurais-tu jouter ainsi de la lance et du bouclier, et gouverner ainsi ton cheval ? – Seigneur, répondit Perceval, je ne veux posséder nulle terre avant de savoir faire ce que tu fais devant moi ! – Ce que l'on ne sait pas, on peut toujours l'apprendre, répondit le vieil homme. L'essentiel est de s'en donner la peine. Tout métier réclame des efforts, du courage et de la persévérance. Une fois tous ces ingrédients réunis, il n'est obstacle qu'on ne puisse dominer. Aussi vais-je te prier de monter sur ton cheval et de répéter ce que je viens de te montrer. – Bien volontiers, seigneur, répondit Perceval. Non seulement je dois suivre tes conseils, mais je dois aussi accomplir ce qui est mon plus cher désir. Ordonne, et j'agirai comme tu le souhaites. »

Aussitôt que le vieil homme l'eut aidé à se mettre en selle, Perceval détala, maniant la lance et le bouclier avec autant de dextérité que s'il avait passé sa vie entière à tournoyer, se battre et à vagabonder par le monde en quête d'aventures et d'exploits. Son mentor, qui le regardait attentivement, en fut tout émerveillé. « Sur ma foi, se disait-il, quand bien même je me serais adonné autant de jours que j'ai vécus aux armes et à l'équitation, je serais incapable de surpasser ce jeune Gallois qui n'a probablement jamais rien appris ! » Et quand, son tour achevé, Perceval revint, lance levée comme il avait vu faire, en demandant : « Seigneur, qu'en penses-tu ? Crois-tu que je puisse atteindre au but si je m'en donne la peine ? Mes yeux n'ont encore vu chose dont j'aie plus ardent désir. Comme j'aimerais posséder science égale à la tienne ! », le vieillard s'écria : « Ah, mon ami ! Si ton cœur est toujours aussi vaillant, il est inutile que tu te tourmentes ! Tu sauras très vite tout ce qu'il convient de savoir. » Puis il le pria de reprendre son exercice. Ainsi, par trois fois, lui prodigua-t-il ses conseils avant, par trois fois, de l'envoyer prouver qu'il avait compris la leçon. Cela fait, il l'interrogea en ces termes : « Si tu rencontrais un chevalier et qu'il te frappât, que ferais-tu ? – Seigneur, répondit Perceval, je le frapperais à mon tour. Cela m'est déjà arrivé à plusieurs reprises, et j'ai toujours démonté l'adversaire ! – Admettons... Mais si ta lance se rompait ? – Alors, je lui décocherais mes javelots ! – Mais si tu n'avais pas de javelots ? – Alors, il ne me resterait plus qu'à lui courir sus et à le frapper avec mes poings ! » Le vieil homme se mit à rire : « Avec tes poings ? Tu ne manques pas d'audace ! Mais tu te briserais les poings contre son armure ! – Alors, demanda Perceval, que devrais-je faire ? – Cela va de soi : tu l'affronterais avec ton épée. »

Fichant la lance toute droite dans le sol, il s'empara de l'épée et, afin de pousser la leçon jusqu'au bout, se mit en garde comme pour attaquer Perceval puis lui montra comment se défendre. « Oh ! s'écria Perceval, à cet égard, que Dieu me protège ! J'en sais plus que quiconque car, chez ma mère, je me suis si souvent escrimé contre des coussins ou contre des planches que j'en étais parfois rompu de fatigue ! – Fort bien, conclut le vieillard, puisqu'il en est ainsi, suis-moi dans ma demeure, tu seras mon hôte.

– Très volontiers, seigneur, répondit Perceval, mais ma mère m'a enseigné de ne jamais faire longue compagnie à un homme sans connaître son nom. Il me faut donc apprendre le tien. – Je n'ai nulle raison de le cacher, je suis Gornemant de Goort, pour te servir, mon garçon. Et toi, ne veux-tu pas me dire le tien ? – En vérité, je ne sais trop que te répondre. De tout le temps que j'ai passé chez ma mère, on m'appelait Beau Fils, ou encore Fils de la Veuve Dame. Cependant, il paraît que je suis Perceval, fils d'Evrawc, mais je ne le sais que depuis que je suis allé à la cour d'Arthur. – Eh bien, Perceval, fils d'Evrawc, tu es assurément d'une noble famille, et je suis trop heureux de t'accueillir dans ma maison. »

Traversant le pont, tous deux entrèrent dans la forteresse, main dans la main. Devant la tour, auprès du perron, un autre valet accourut avec un manteau court dont il s'empressa de revêtir Perceval, de peur qu'après l'échauffement des exercices, le froid ne le saisît et ne lui causât mal. Gornemant conduisit ensuite son hôte dans une salle richement ornée où des tables dressées portaient un repas bien préparé et bien servi. Après s'être lavé les mains, ils prirent place. Gornemant installa Perceval près de lui et le fit manger dans son écuelle. Comme le jeune Gallois était affamé, il se jeta sur la nourriture et, sous l'œil amusé de son hôte, dévora gloutonnement tous les mets qu'on lui présentait. Quand il se fut rassasié et eut bu tout son soûl, il sentit le sommeil s'emparer de lui.

Alors, tous deux se levèrent de table, et Gornemant le mena vers les chambres afin qu'il pût reposer à loisir. Cependant, tout en marchant, il le pria vivement de demeurer chez lui un mois entier, voire, s'il était possible, une année pleine. Il pourrait ainsi, disait-il, lui apprendre, si tel était son désir, bien des choses qui lui seraient fort utiles, le cas échéant. « Seigneur, répondit Perceval, je te remercie, mais une chose me tourmente : j'ignore à quelle distance je me trouve du manoir de ma mère, mais je prie Dieu qu'il me conduise vers elle et me permette de la voir encore. Quand je l'ai quittée, je l'ai vue tomber sur le sol, devant la porte, à l'entrée du pont, et je ne sais si elle est vivante ou si elle est morte. Assurément, la raison de sa chute est le chagrin que lui causait mon départ. Et voilà pourquoi, tant que je serai dans l'ignorance de son sort, aucun long séjour ne me sera possible nulle part. Avec ta permission, je te quitterai demain, au lever du jour. »

Gornemant comprit que son insistance n'entamerait

nullement la détermination du jeune Gallois dont l'entêtement semblait égal à la naïveté. Aussi, sans ajouter une parole, introduisit-il Perceval dans une chambre où l'on avait dressé un bon lit à son intention. Et aussitôt couché, celui-ci sombra dans un profond sommeil.

Le lendemain, dès les premiers rayons du soleil, Gornemant se leva et s'en alla droit dans la chambre du jeune Gallois. Il y fit apporter une chemise et des braies de fine toile de lin, ainsi que des chausses teintes en rouge et un manteau de soie violet. « Ami, dit-il à Perceval, si tu m'en crois, tu prendras ces vêtements-ci. – Certes non, répliqua Perceval. Regarde les vêtements que m'a donnés ma mère : ils sont solides et valent bien mieux que ceux que tu m'offres. Pourquoi voudrais-tu que j'en change ? – Mon ami, dit Gornemant, je ne me disputerai pas avec toi là-dessus. Souviens-toi seulement que tu as promis, en pénétrant dans ma demeure, d'observer tout ce que je te commanderai. – Il est vrai, dit le jeune homme, et je vois qu'il faut me résoudre à endosser ces vêtements. »

Il revêtit donc les habits qu'on lui présentait, puis Gornemant s'inclina pour lui fixer l'éperon droit, ainsi qu'alors le voulait la coutume de l'adoubement. Les valets se pressaient nombreux tout autour pour armer le jeune homme. Quand ils eurent terminé, Gornemant prit l'épée, la lui ceignit et lui donna l'accolade. « En te remettant l'épée, dit-il, je te confère l'ordre de chevalerie qui ne souffre aucune bassesse. Frère, souviens-t'en chaque fois qu'il te faudra combattre. Si ton adversaire vaincu implore sa grâce, tu dois l'écouter et la lui accorder. Il serait ignominieux pour toi de tuer un homme qui reconnaît ta supériorité. S'il t'arrive de rencontrer un homme ou une femme dans la détresse, tu devras l'aider par tous les moyens, soit en lui prodiguant les conseils qu'il attend, soit en combattant afin que justice soit faite. Il faut que toujours la pitié soit la compagne de l'audace. Et chaque fois que tu passeras près d'une église, arrête-toi pour y prier afin que Dieu te garde des démons de l'enfer.

– Sur ma foi, seigneur, s'écria Perceval, sois béni pour tous ces conseils ! Ma mère m'a toujours parlé comme tu le fais ! » A ces mots, le vieillard manifesta quelque agacement : « Frère, dit-il, arrête de parler sans cesse de ta mère, de répéter que c'est elle qui t'a donné des conseils. Tu es un homme et, en tant qu'homme, il t'appartient d'être responsable de tous tes actes. – Ainsi ferai-je, répondit Perceval. Chaque fois que je devrai agir, je le ferai selon la dictée de mon cœur.

– Méfie-toi de ton cœur, repartit Gornemant, trop souvent ses impulsions t'empêcheront de réfléchir. Ne te laisse pas aller à des actes inconsidérés. Surveille aussi ton comportement vis-à-vis des femmes, mon ami. Si tu es vaillant et débonnaire, les dames et les jeunes filles tourneront les yeux vers toi, et tu en éprouveras beaucoup d'agrément. Mais garde-toi d'être inconstant avec elles. Si tu en viens à leur mentir, tu pourras en tromper beaucoup mais, sache-le, ruse et fausseté ne procurent que gloire éphémère. Le rôdeur maudit le bois sec qui, dans les fourrés, se brise et craque alors qu'on s'avance en tapinois, réveillant le dormeur qu'on voulait surprendre. Applique à l'amour cette image. Le noble amour n'est pas dépourvu d'esprit, il sait user de ruse contre la mauvaise foi, mais attire sa défaveur et tu seras déshonoré, tu en porteras longuement la honte. Sache, mon ami, que l'homme et la femme sont une seule et même chose, comme le soleil qui brille aujourd'hui et qu'on nomme le jour. L'un et l'autre ne se peuvent séparer. Ils sont fleurs issues d'une même graine, comprends-le bien. »

Bien que Perceval fût impatient de prendre congé, Gornemant lui dit encore : « Ecoute un dernier conseil. Le silence est parfois préférable à la parole, et les bavards sont souvent incapables d'accomplir les actes dont ils jacassent. Ne te mêle pas des affaires d'autrui, ne pose pas de questions qui risqueraient de t'attirer la haine et le mépris. En revanche, lorsqu'on t'en posera une, il ne faudra pas l'ignorer mais, avant d'y répondre, réfléchis avec soin, car c'est à leurs réponses que l'on juge du bon sens des gens. Maintenant, frère, j'ai assez parlé. Tu peux partir. Souviens-toi seulement de Gornemant de Goort, et que Dieu te protège !

– Seigneur, dit Perceval, je te le promets de grand cœur : aussi longtemps que je vivrai, je me souviendrai de toi et j'agirai selon tes conseils. Que Dieu te récompense des bontés dont tu m'as comblé ! » Alors, sans plus s'attarder, le jeune Gallois sauta sur son cheval, piqua des deux et, traversant le pont, se mit à galoper le long de la rivière.

Il lui tardait de revoir sa mère, et cette pensée le harcelait si fort qu'il ne pouvait trouver de joie à contempler le paysage sous le soleil qui brillait avec tant d'éclat. Il chevaucha toute la journée et, alors que le soir tombait, il aperçut devant lui une vaste forteresse fièrement campée sur un promontoire au-dessus de la mer, et à l'entour de laquelle il n'y avait rien que l'eau et la terre déserte. Il se hâta donc dans sa direction et parvint enfin devant l'entrée. Mais il fallait d'abord traverser un pont, et ce pont semblait si fragile qu'il hésita à s'y engager, craignant qu'il ne s'effondrât sous son poids et sous celui de son cheval. Il s'y hasarda cependant, non sans d'infinies précautions, et n'y éprouva aucune mésaventure.

Seulement, il trouva la porte soigneusement close et se mit à la marteler de ses poings. En haut de la poterne qui la surmontait, s'ouvrit une fenêtre où apparut le visage d'une jeune fille. « Qui es-tu, toi qui t'acharnes ainsi contre cette porte ? – Belle amie, répondit Perceval, je suis un chevalier qui demande l'hospitalité pour la nuit. – Soit, dit la jeune fille, mais tu n'en auras guère de reconnaissance. Enfin, nous te recevrons aussi bien que nous le pourrons. »

Sur ces paroles qui lui parurent fort mystérieuses,

Perceval vit la jeune fille quitter la fenêtre et craignit qu'on ne le fît attendre très longtemps. Il se remit donc à frapper de plus belle contre le vantail. Alors, quatre sergents, la hache pendue au cou et l'épée à la ceinture, vinrent lui ouvrir. « Entre, seigneur », dirent-ils simplement. Perceval les regarda : tous quatre étaient si maigres qu'ils faisaient pitié, et leurs traits tirés témoignaient de leurs veilles et de leurs fatigues. A leur suite, il avança cependant à l'intérieur de la forteresse.

Si la terre, au-dehors, lui était apparue nue et désolée, l'intérieur de la forteresse n'avait rien de plus réjouissant. Partout il ne vit que rues désertes et noires et masures délabrées. Visiblement, celles-ci étaient inhabitées. Leurs murs étaient lézardés, leurs tourelles sans toit, leurs portes béantes. Nulle part ne s'apercevait trace de four, nulle part d'écuries peuplées de bons chevaux, nulle part de celliers ou de granges. On le conduisit ainsi vers une demeure plus haute que les autres et qui avait conservé sa toiture d'ardoises et, après l'avoir fait descendre de cheval, on le désarma. Sortant du manoir, un valet accourut, portant un manteau gris qu'il jeta sur les épaules du jeune Gallois. Un second survint à son tour, qui s'empara du cheval et le mena vers une écurie apparemment fort pauvre en paille et en foin. Deux autres enfin l'introduisirent dans la demeure jusqu'à une belle salle où deux vieillards et une jeune fille vinrent l'accueillir.

La jeune fille s'approcha, plus gracieuse, plus élégante et plus vive que le plus bel oiseau du monde. Son manteau et sa chemise étaient d'un tissu de pourpre sombre, étoilé de fourrure grise et bordé d'hermine. Un col de zibeline noire et blanche, ni trop long ni trop large, parait son manteau.

A cette vue, Perceval se sentit défaillir. Sa mère ne lui avait-elle pas dit que l'être le plus beau qui existât au monde ne pouvait être que Dieu lui-même ? Or la femme qui se présentait devant lui était le plus bel être qu'il eût jamais vu. Ses cheveux flottaient sur ses épaules, et il semblait bien qu'ils fussent d'or fin, tant leur blondeur en était lustrée et chatoyante. Son front blanc, haut, uni, avait l'air ciselé dans le marbre le plus pur, l'ivoire le plus rare ou le bois le plus précieux. Ses sourcils étaient noirs comme la plume du corbeau [1]. Ses yeux étaient gris, bien fendus, riants et clairs. Son nez était droit et, sur son visage, le vermeil le disputait mieux à la blancheur de la neige que sinople sur argent. Nul n'aurait pu rester indifférent devant semblable beauté, et Perceval, conscient qu'il ne pouvait s'agir là de Dieu lui-même, se disait que cette jeune fille était un ange envoyé par Dieu sur son chemin pour le guider hors des ténébreuses fondrières de l'enfer.

Dominant son trouble, le jeune Gallois la salua aimablement, et elle lui rendit son salut avec infiniment de grâce. Les deux vieillards s'inclinèrent à leur tour. Puis la jeune fille prit Perceval par la main et lui dit d'une voix empreinte de douceur : « Beau seigneur, notre hôtel ne sera pas ce soir tel que le mériterait un homme de ton rang. Si je te disais dès maintenant à quelles extrémités nous sommes réduits, tu soupçonnerais sans doute une manœuvre de ma part et croirais que je désire te voir partir. Dieu sait pourtant qu'il n'en est rien ! Mais, je t'en prie, viens avec moi, accepte ma maison telle qu'elle est, et que Dieu te donne un meilleur lendemain. »

Toujours le tenant par la main, elle le conduisit alors en une autre salle, belle, longue et large, dont le plafond était orné de sculptures d'une finesse remarquable. Ils s'assirent tous deux sur un lit recouvert d'une magnifique étoffe de brocart. Autour d'eux, une dizaine de chevaliers observaient un profond silence, mais leurs yeux ne lâchaient pas le nouvel arrivant. Quant à

1. Communs à toutes les versions, ces détails prouvent que les canons de la beauté féminine, au Moyen Age comme à l'époque celtique, reposaient sur l'opposition entre la teinte naturelle, brune, et la décoloration des cheveux.

lui, intimidé par la beauté de la jeune fille, et conformément aux conseils de Gornemant, il se gardait aussi de souffler mot. De sorte que, tout bas, les chevaliers s'en étonnaient. « Comment ? se disait chacun, se peut-il qu'un homme de si belle prestance soit réellement muet ? Cela serait grande pitié, car jamais si beau chevalier ne naquit d'une femme. Comme il a bon air à côté de ma dame, et comme ma dame est belle à côté de lui ! Si seulement ils consentaient à ne pas se taire ainsi ! Ah ! par Dieu tout-puissant, ces deux-là sont si beaux, lui et elle, que jamais deux êtres ne furent mieux faits l'un pour l'autre. Oui, Dieu fasse qu'ils s'unissent l'un à l'autre, car jamais on ne verra couple mieux assorti ! »

Ainsi songeaient, chacun pour soi, les chevaliers, tandis que la jeune fille attendait de son hôte qu'il voulût bien lui dire un mot. Comprenant à la fin qu'elle n'en tirerait rien si elle ne prenait elle-même les devants, elle demanda : « Seigneur, d'où viens-tu donc en ce jour ? » Derechef, il se rappela les paroles de Gornemant : afin de répondre le mieux possible à une question, il fallait auparavant dûment méditer la phrase convenable. Au bout de quelques instants, il répliqua donc : « J'ai passé la nuit chez un chevalier fort sage et de bon conseil en un manoir où j'ai trouvé le meilleur accueil. Il est cinq tours en sa forteresse, cinq tours solides et bien construites, une grande et quatre petites. Mais je n'y ai pas suffisamment séjourné pour te décrire l'ensemble, et je n'en sais même pas le nom. En revanche, je sais que mon hôte était le vénérable Gornemant de Goort.

– Ah ! s'écria la jeune fille, toute joyeuse. Je suis bien heureuse que tu sois venu chez moi ! Comme tu as raison de dire que Gornemant est sage et de bon conseil ! Que le roi du Ciel t'en sache gré ! Car jamais homme ne fut plus sage et plus avisé que Gornemant de Goort. Je le sais bien : je suis sa nièce, je me nomme Blodeuwen, et ma forteresse s'appelle Caerbeli[1]. Certes, j'en suis certaine, depuis que tu as quitté ta maison, tu n'as jamais rencontré chevalier plus accompli. Il t'a reçu avec joie et allégresse, selon sa coutume, le brave et noble chevalier, lui qui est si riche et si puissant. Mais si tu as pu chez lui te restaurer à ta faim et boire à ta soif, sache bien que nous n'avons rien de tel ici : seulement quelques miches de pain qu'un saint homme de moine nous a envoyées, ainsi qu'un tonnelet de vin cuit. Nous n'avons rien d'autre, hormis un chevreuil qu'un de mes sergents a tué ce matin d'une flèche. »

Le jeune homme n'eut garde de faire le moindre commentaire sur ce que venait de lui révéler son hôtesse et demeura aussi coi qu'auparavant. « Et toi, demanda-t-elle encore, dis-moi ton nom, si toutefois tu le veux bien. – Volontiers. Autrefois, j'étais le fils de la Veuve Dame et, maintenant, on m'appelle Perceval, fils d'Evrawc. – Eh bien, Perceval, fils d'Evrawc, sois le bienvenu dans ma demeure, quelque indigne de toi que puisse être mon hospitalité. »

Là-dessus, elle commanda qu'on dressât les tables et, peu d'instants après, tous s'assirent pour le souper. Ils mangèrent de fort bon appétit, mais le repas ne fut pas long. Les hommes qui devaient veiller pendant la nuit – ils étaient au nombre de cinquante – se levèrent pour aller prendre leur faction. Les autres, qui avaient veillé la nuit précédente et espéraient dormir celle-ci,

1. Chez Wolfram von Eschenbach, la jeune fille se nomme *Condwiramur* et son château *Pelrapeire*. Chrétien de Troyes les appelle respectivement, lui, *Blanchefleur* et *Belrepaire*. L'épisode est absent de *Peredur*, mais j'ai cru bon de restituer ici des noms celtiques. Ainsi Blanchefleur devient-elle *Blodeuwen* (en gallois, mot à mot : « blanches fleurs », le singulier *blodeuwyngwen* étant trop lourd) et Beaurepaire *Caerbeli*, mot à mot, en gallois, « forteresse de Beli ». Car le préfixe Bel (devenu beau en français) est une abréviation de la divinité solaire celtique *Belenos* (« brillant »), en gallois Beli. Cette transposition me semble justifiée par le caractère solaire et lumineux de Blanchefleur-Condwiramur.

s'empressèrent autour de Blodeuwen et de Perceval. Ils préparèrent pour le jeune Gallois un lit confortable avec des draps bien blancs, une riche couverture et un oreiller moelleux. Seule lui manquerait la compagnie d'une agréable fille, mais ce passe-temps-là, Perceval en ignorait tout. On le conduisit donc à sa chambre où, à peine couché, il s'endormit sans plus de façons.

Cependant, son hôtesse, qui s'était allongée dans sa propre chambre, ne parvenait pas, elle, à trouver le sommeil. Non seulement elle s'inquiétait de son propre sort et de celui de toute sa maisonnée, mais elle se sentait infiniment troublée par le jeune Gallois à qui elle avait accordé de bon cœur l'hospitalité. Elle tournait et retournait dans sa tête bien des pensées contradictoires ; elle sursautait et s'agitait si bien qu'elle finit par choir de sa couche et prit alors sa décision. Après avoir vérifié que ses servantes et ses valets dormaient, elle sortit silencieusement de sa chambre et gagna furtivement celle de Perceval.

L'air frais de la nuit la faisait frissonner, bien qu'elle eût couvert d'un manteau de soie écarlate sa chemise d'une blancheur immaculée. Au demeurant, son audace aussi la rendait tremblante : comment réagirait son hôte en la voyant ainsi à sa merci et presque sans pudeur à côté de sa couche ? Et toutefois, l'enjeu de sa démarche n'était pas mince, puisqu'elle entendait confier au jeune chevalier ses alarmes et ses angoisses. Au fait, qu'attendait-elle de lui ? Qu'il prît sa défense et la protégeât contre ses ennemis acharnés à sa perte ? Ou bien autre chose... ? Son cœur de femme en était tout bouleversé, et, après qu'elle se fut introduite dans la chambre et agenouillée sur le tapis, près du lit, elle ne put retenir ses larmes.

Elle pleurait avec tant d'abondance et avec des sanglots si bruyants que Perceval ne tarda pas à se réveiller. Tout surpris de sentir son visage mouillé, il se redressa et aperçut la jeune fille qui, toute proche, s'inclinait sur sa propre poitrine. Sa première réaction fut de tendre les bras et de la serrer encore plus étroitement contre lui. « Douce amie, dit-il, qu'as-tu donc à pleurer ainsi ? » Les sanglots de Blodeuwen redoublèrent. Il lui était impossible de parler tant elle tremblait et rougissait de son attitude. Perceval se sentait étrangement ému, et les frissons de la jeune fille se communiquaient à son propre corps. « Belle amie, reprit-il, ne reste pas ainsi au froid de la nuit, tu vas prendre mal. Je t'en prie, viens t'allonger près de moi, que je te réchauffe. » Tout étourdie, la jeune fille se défit de son manteau et, sans autres manières, se glissa entre les draps tout contre Perceval.

« Ah ! gentil chevalier, aie pitié de moi ! dit-elle. Au nom de Dieu et de son fils qui fut mis sur la Croix, je t'en prie, ne me tiens pas rigueur de mon attitude. Et si je suis vêtue comme tu le vois, je n'ai pas envisagé un seul instant de commettre la moindre folie. Sache-le, il n'est pas au monde de créature plus triste et plus désemparée que moi qui te parle ! »

Perceval était au comble de la perplexité. Que voulait son hôtesse ? Mais les paroles de sa mère et de Gornemant lui revinrent à l'esprit : « Par Dieu tout-puissant, se dit-il, j'ai promis d'aider de toutes les façons les dames et les jeunes filles qui seraient en détresse. Or celle-ci me paraît avoir cruellement besoin de moi. » Et, sans penser à mal, il l'étreignit encore plus étroitement.

Ce contact eut pour effet d'apaiser quelque peu l'angoisse de Blodeuwen. Elle cessa de pleurer et, après avoir hésité un instant, reprit : « Je ne sais si je dois te conter mes malheurs, car j'ai peur de troubler ton repos. – Parle, je t'en prie, douce amie, répondit Perceval qui se sentait envahi d'une étrange langueur. – Voici, seigneur : sache que je vis en ce moment ma dernière nuit. Je ne verrai pas d'autre jour que celui qui vient, car je compte me tuer de ma propre main. Des trois cent dix chevaliers qui tenaient garnison dans cette forteresse, il ne m'en reste que cinquante. Les autres, c'est Kengrun, le sénéchal du perfide Clamadeu des Iles, qui les a tués ou les a emmenés pour les jeter dans d'obscurs cachots. Je déplore tout autant le sort des prisonniers que celui des morts, car, de toute manière, ils mourront un jour ou l'autre, je le sais. Et comme c'est pour moi que ces braves gens ont péri ou subissent tant d'avanies, comment n'en serais-je pas désespérée ? Voilà un long hiver et un long été que, sans jamais s'éloigner, Kengrun nous tient assiégés. Il a déjà dévasté toutes les autres forteresses que je tiens de mon père, et il ne lui reste plus à soumettre que Caerbeli. De jour en jour, ses forces se sont accrues, tandis que les nôtres s'amenuisaient. Hélas ! nos vivres sont épuisés : il n'en reste même pas pour le déjeuner d'une abeille. Et demain, si Dieu ne nous vient en aide, nous devrons rendre la place, car nous ne pouvons plus nous défendre. Tel est le sort qu'il nous faudra subir. Et moi, infortunée, je serai livrée avec la forteresse, car Clamadeu des Iles a proclamé partout qu'il ferait de moi son amie, que je le veuille ou non. Mais cela ne se fera pas. On ne me prendra pas vivante, car je me tuerai avant, ne lui laissant que mon cadavre. Clamadeu, qui me veut, n'embrassera jamais qu'un corps sans âme et sans vie. Dans un écrin, je conserve un couteau à fine lame d'acier dont je saurai bien me servir. Voilà, je t'ai tout dit, seigneur. Maintenant, je vais regagner ma chambre et te laisser reposer.

– Non pas, dit Perceval, reste avec moi, s'il te plaît, douce amie. Il n'est pas l'heure de faire triste visage. Remets-toi, sèche tes pleurs et viens te blottir dans mes bras. Je t'en prie, plus de larmes. Dieu, crois-moi, te donnera un meilleur lendemain que tu ne le prévois. Il ne sera pas dit que je t'aurai laissée dans ta détresse sans entreprendre de te défendre contre les persécuteurs et contre l'homme qui veut posséder ta beauté. » Et, ce disant, Perceval la couvrait de baisers. Blodeuwen se laissait faire, et l'ardeur croissante des baisers ne manqua point de la réconforter et de lui rendre l'espérance. Après les baisers vinrent les caresses, et après les caresses le jeu coutumier aux amants qui s'accordent. Ainsi furent-ils toute la nuit, flanc contre flanc, bouche contre bouche, jusqu'au matin, lorsque le soleil émergea par-dessus les montagnes.

Alors Blodeuwen se leva, remit son manteau et regagna sa chambre sans réveiller personne. Sans aucune aide, elle se vêtit de ses plus beaux atours tandis que, dehors, ceux qui avaient veillé toute la nuit réveillaient ceux qui avaient dormi afin qu'ils prissent la relève sur les murailles. Blodeuwen s'en retourna vers la chambre du jeune Gallois. « Seigneur, dit-elle, que Dieu te donne le bon jour. M'est avis que tu ne t'attarderas pas ici : ce serait perdre ton temps. Tu vas nous laisser et je n'aurais garde de m'en attrister : je manquerais en effet à la courtoisie si je montrais regrets de ton départ. Et nous t'avons reçu si pauvrement ! Mais je prie Dieu qu'il te prépare pour ce soir un gîte meilleur, où tu puisses à discrétion trouver pain, vin, sel et toutes sortes de bonnes choses.

– Par ma foi ! s'écria Perceval, ce n'est pas aujourd'hui que je m'en irai chercher un autre logis que le tien ! Quand je le quitterai, j'aurai ramené la paix en tes domaines, si toutefois Dieu me le permet. Et si je trouve ton ennemi sous tes murs, je serai bien fâché de l'y voir rester plus longtemps. Il n'y est pas chez lui, que je sache, et s'il persiste dans son projet, je jure de le combattre jusqu'à ce qu'il soit tué ou qu'il s'avoue vaincu ! »

Blodeuwen vit que le jeune Gallois lui était tout acquis, et aussitôt l'espérance envahit son cœur. Mais, en fine mouche qu'elle était, elle n'en laissa rien paraître, et pour mieux s'assurer de la détermination de Perceval, elle tint à exprimer toutes ses réserves. « Certes, dit-elle, ce serait là une chose magnifique, et c'est de grand cœur que je deviendrais ainsi ton amie. Mais je ne veux pas que tu meures à cause de moi. Ce serait une grande pitié. Tu n'es pas d'âge, il me semble, ni de force à tenir contre un chevalier si grand, si fort et si expérimenté que celui qui attend sous nos murs. – Voire, riposta Perceval, et je t'en ferai instamment témoin, car je vais le combattre immédiatement, et nulle remontrance ne m'en empêchera. »

Il réclama ses armes, et les valets s'empressèrent autour de lui. Quand il fut vêtu, on l'aida à monter en selle et on ouvrit la porte. Personne, parmi ceux qui se trouvaient là, ne pouvait s'empêcher de redouter l'avenir. « Seigneur, disaient-ils, que Dieu t'assiste en ce jour et châtie Kengrun, le maudit sénéchal qui a saccagé tout notre pays ! » Et tous de pleurer en le conduisant à la porte puis, une fois Perceval dehors, de s'écrier : « Beau seigneur ! que la Croix sur laquelle Jésus souffrit tant de maux te garde aujourd'hui de la mort ou de la prison et te ramène sain et sauf en tel lieu qu'il te plaise ! »

En voyant approcher Perceval, les assiégeants le désignèrent à Kengrun qui était assis devant sa tente, convaincu qu'on lui rendrait la forteresse avant la nuit, si quelqu'un n'en sortait pour le combattre corps à corps. Déjà, il avait lacé ses chausses, et ses gens menaient grande joie, car ils pensaient achevée leur conquête du pays. Kengrun se fit donc armer à la hâte, enfourcha un cheval puissant et nerveux et, se dirigeant vers Perceval, lui cria : « Valet ! que viens-tu faire ici ? Qui t'envoie, et dans quelle intention ? Viens-tu demander la paix ou la bataille ? »

Perceval s'arrêta devant le sénéchal. « Et toi, que fais-tu ici ? Tu n'as aucun droit d'y rester, car cela n'est pas ton domaine. Pourquoi as-tu tué les chevaliers de Blodeuwen et pourquoi as-tu ravagé sa terre ? – Je n'ai que faire de te répondre sur ce point. Je veux qu'aujourd'hui même on vide la forteresse et me livre la terre. J'ai déjà trop attendu. Quant à Blodeuwen, elle doit revenir à mon seigneur. – Au diable pareil discours, et au diable qui le prononce ! s'écria Perceval, fort irrité par l'arrogance du sénéchal. Il n'en ira pas comme tu le crois. Tu n'auras ni la terre ni la forteresse, et Blodeuwen ne sera pas soumise à ton maître. Renonce à tes folies, rassemble tes hommes et va-t'en d'ici au plus tôt ! – Certes, dit avec rage Kengrun, voilà des paroles bien déplacées, par saint Pierre ! Je ne t'ai jamais vu par ici. Je me demande bien pourquoi tu viens me narguer. Disparais de ma vue si tu ne veux que l'innocent paie pour le coupable ! – En voilà assez ! », s'écria Perceval en abaissant sa lance.

Alors, les deux hommes se précipitèrent l'un sur l'autre de toute la vitesse de leur cheval, l'un et l'autre en proie à une vive irritation. Leurs lances volèrent en éclats. Malgré son bouclier, Kengrun fut blessé au bras et à l'épaule. Ressentant une violente douleur, il tomba de son cheval. Le jeune Gallois, qui était resté ferme sur sa monture, fut un instant embarrassé, mais il sauta bientôt à terre, tira son épée et la brandit sur le sénéchal. Celui-ci tenta de se relever, mais Perceval le pressait si rudement qu'il retomba. « Grâce ! », cria-t-il. Perceval se trouvait dans un tel état de fureur qu'il n'était guère disposé à lui accorder la vie. Mais, se souvenant de ce que lui avait dit Gornemant, il releva son épée, après une seconde d'hésitation.

« Seigneur, reprit le sénéchal, ne sois pas cruel envers moi. Je reconnais que tu es un bon chevalier et que tu as eu le dessus. Mais qui nous a vu lutter et nous connaît tous deux, comment croirait-il qu'à toi seul, et à l'aide de tes seules armes, tu m'aies tué en combat singulier ? Personne n'y ajouterait foi. Tandis que si je témoigne en personne que tu m'as vaincu par les armes en présence de tous mes gens, devant ma propre tente, on en croira ma parole, et ta valeur sera reconnue de tous, car jamais chevalier n'aura pu à plus juste titre s'enorgueillir de sa prouesse. Si tu as un seigneur qui t'ait fait quelque bien ou t'ait rendu service, sans que tu aies pu jusqu'à présent reconnaître ses bienfaits, envoie-moi à lui : je lui dirai ta victoire et m'en remettrai à lui de mon sort.

– Par ma foi, dit Perceval, c'est probablement la première fois de ta vie que tu prononces des paroles sensées. Au diable qui demanderait mieux ! Eh bien, soit ! Je te fais grâce, à condition que tu ailles dans cette forteresse te jeter aux pieds de celle qui la possède en toute justice et que tu prétendais dépouiller de tous ses biens. Et tu lui jureras que, plus jamais, tu ne lui causeras le moindre dommage. A elle de décider de ton sort ! – Mais c'est ma mort que tu veux ! gémit le sénéchal. Elle me fera tuer. C'est son désir le plus ardent. J'étais de ceux qui ont tué son père, et j'ai moi-même tué ou fait prisonniers bon nombre de ses chevaliers. Je sais qu'elle me hait plus que tout au monde. Je t'en prie, si tu as un autre ami, envoie-moi à lui, et je ferai comme je t'ai dit ! »

Après avoir réfléchi, Perceval lui désigna Gornemant de Goort, dont il lui décrivit la forteresse mieux que n'eût fait un maçon, lui en vantant les eaux profondes, le pont, ainsi que les tourelles et la tour. Mais le sénéchal se récria : « Certes, tu prétends me faire grâce, mais tu n'as qu'un désir, m'envoyer à la mort. Dieu me pardonne, mais tu veux me mettre en de très mauvaises mains. L'homme auquel tu me pries d'aller confier mon sort, j'ai tué l'un de ses frères en combat singulier. Seigneur, tue-moi tout de suite plutôt que de m'envoyer chez lui. Aussi sûr que je te parle, il me fera exécuter.

– Dans ce cas, dit Perceval, tu iras te constituer prisonnier chez le roi Arthur. Tu salueras de ma part le roi et la reine, et tu leur demanderas de te montrer le nain et la naine qu'a injuriés l'Homme Long qui se trouve toujours à leur cour. Et, après leur avoir conté comment je t'ai vaincu, tu ajouteras que je ne regagnerai la cour que je n'aie vengé l'outrage fait au nain et à la naine. – Qu'il en soit ainsi, répondit Kengrun. Je le jure sur mon âme, je t'obéirai en tout point, dût-il m'en coûter fort cher. » Le sénéchal se releva péniblement et, après avoir ordonné à ses gens d'emporter son étendard et de lever le siège, il enfourcha son cheval et s'en fut.

Quant au vainqueur, il retourna vers la forteresse d'où, en son honneur, étaient sortis à sa rencontre les chevaliers assiégés. Au comble de la joie, ils le démontèrent et entreprirent de le désarmer. Cependant, ils ne pouvaient s'empêcher de déplorer que Perceval eût épargné le vaincu. « Ah ! seigneur, dirent-ils, si tu ne voulais pas nous livrer le sénéchal, pourquoi ne lui avoir pas fait voler la tête ? – Vous le livrer, seigneurs ? répondit Perceval, j'aurais mal agi, sur ma foi, car il a tué nombre de vos compagnons, et je n'aurais pu le garantir de votre colère. Vous l'auriez tué, j'en suis sûr, et ce en dépit de moi. Aussi m'en serais-je voulu toute ma vie, puisque je lui avais fait grâce après l'avoir vaincu. Du reste, savez-vous à quelle condition il a obtenu la vie sauve ? En me donnant sa parole d'aller se livrer au roi Arthur. »

A ces mots, les chevaliers reconnurent qu'il avait raison, et ils l'escortèrent avec force démonstrations de liesse jusqu'au moment où Blodeuwen, sortant de son manoir, vint à sa rencontre et, lui ouvrant les bras, le pressa contre sa poitrine. Elle l'entraîna aussitôt dans sa chambre afin qu'il pût se délasser et se restaurer. A la vérité, il ne se reposa guère, car elle ne lui refusa ni baisers ni caresses. Peu lui importait d'ailleurs le boire et le manger ! Il préférait de beaucoup l'étreindre et sentir la douceur de son corps contre le sien. Quelle plus douce récompense eût-il pu espérer ?

Cependant, dans sa propre forteresse, Clamadeu des Iles s'était levé de bon matin, persuadé que ce jour-là était celui de son triomphe, et que la nuit suivante lui livrerait Blodeuwen. Aussi réclama-t-il ses armes et son destrier puis, sitôt équipé, se dirigea-t-il vers Caerbeli. Or, il était à peine en vue de la forteresse qu'un valet, le visage inondé de larmes, se précipita vers lui en criant : « Ah ! seigneur, les choses vont très mal ! Ton sénéchal a dû se rendre à plus fort que lui, et il est parti pour la prison du roi Arthur ! – Comment ? Que dis-tu là ? s'ébahit Clamadeu. D'où peut venir un chevalier capable de contraindre un aussi vaillant guerrier que mon sénéchal à demander grâce ? – J'ignore qui il est, dit le valet. Je sais seulement que je l'ai vu sortir de Caerbeli dans une armure vermeille. – Que dois-je faire ? demanda Clamadeu. Que me conseilles-tu ? – Seigneur, renonce à ton entreprise. Il serait folie d'aller plus avant ! »

A ce moment s'avança un chevalier tout chenu, qui avait jadis été le maître de Clamadeu. « Valet ! s'écria-t-il avec colère, tu ne dis rien de bon. Il nous faut en ce moment un meilleur conseiller que toi, et plus sage. S'il te croyait, Clamadeu se rendrait coupable de la pire des folies ! Il doit poursuivre son entreprise, tel est mon avis. » Puis, prenant Clamadeu à part, il ajouta : « Seigneur, sais-tu comment tu pourras te rendre maître du chevalier et de la forteresse qu'il prétend défendre ? – La chose est facile. A l'intérieur des murs de Caerbeli ne reste ni à boire ni à manger. Les chevaliers de sa garnison sont affaiblis, tandis que nous, nous sommes forts et en bon état. Nous n'avons faim ni soif, et nous sommes capables de mener le plus dur assaut qui soit. Voyons si nos adversaires osent sortir pour nous affronter. Nous enverrons devant la porte vingt chevaliers prêts à se jeter dans la mêlée. Le chevalier dont j'ignore le nom et qui coule d'agréables moments auprès de la belle Blodeuwen voudra fatalement montrer sa vaillance à celle qu'il s'est mis en tête de défendre. Mais il risque fort d'y perdre la vie ou la liberté, car, certes, ses débiles compagnons seront bien incapables de le secourir. Nos vingt chevaliers se borneront à les amuser jusqu'à ce que, surgissant à l'improviste par cette vallée, nous les cernions de toutes parts. Ils seront alors bien forcés de se rendre !

– Par ma foi, dit Clamadeu, tout réconforté par ce discours, ton plan me semble excellent. Nous allons l'exécuter sans tarder. Nous avons ici quatre cents chevaliers bien armés, tous gens d'élite, ainsi que mille sergents grassement payés ; rassemblons-les, nos ennemis ne tiendront pas mieux que mannequins de paille ! »

Clamadeu des Iles envoya donc devant la grande porte de Caerbeli vingt chevaliers qui déployèrent au vent leurs bannières multicolores. Aussitôt, les gens de la forteresse ouvrirent la porte toute grande, sur ordre de Perceval, car celui-ci voulait s'élancer le premier afin d'accueillir les assaillants comme il convenait. En chevalier hardi et fier, il se rua sur eux et les attaqua tous ensemble. A l'un, il transperça la poitrine, à l'autre, il rompit le bras, à un troisième, il brisa la clavicule, et il en renversa plusieurs qui, rampant à terre, imploraient sa grâce. En quelques instants, la plupart de ceux qui se croyaient vainqueurs furent faits prisonniers, tandis que les autres s'enfuyaient de toute la vitesse de leurs montures.

C'est alors qu'apparurent, au sommet de la colline qui dominait le vallon, les quatre cents chevaliers et les mille sergents de Clamadeu des Iles. En voyant la débâcle des leurs, ils se lancèrent en une masse furieuse vers la porte de la forteresse qui était demeurée grande ouverte. Là se tenaient les assiégés, en rangs serrés, prêts à recevoir durement leurs adversaires. Mais comme ils n'étaient qu'une poignée, force leur fut de reculer sous la poussée des cavaliers que secondaient les gens de pied, et ils rentrèrent dans la forteresse sans avoir le temps d'en fermer la porte. Aussi les assaillants se précipitèrent-ils à l'intérieur. Mais alors, depuis le haut des murailles, les défenseurs firent retomber si lourdement la lourde herse que celle-ci écrasa et tua tous ceux qui se trouvaient dessous, tandis que les archers vidaient leurs carquois sur les hommes de Clamadeu. Jamais celui-ci n'avait vu spectacle plus douloureux : assuré de son triomphe quelques instants auparavant, il prit brusquement conscience que ses gens étaient tombés dans un piège mortel. Quant à la porte qui lui avait massacré tant de valeureux chevaliers, elle était désormais si solidement refermée qu'aucun assaillant n'aurait pu la franchir. Aussi Clamadeu ordonna-t-il à ses troupes de ne pas insister et de regagner leur camp.

Là, il réunit ses conseillers pour les consulter sur la meilleure tactique à suivre. Le chevalier chenu qui avait été son maître prit le premier la parole et dit : « Seigneur, ce n'est pas merveille s'il advient malheur à un homme plein de sagesse. Selon qu'il plaît à Dieu, chacun a la chance pour lui ou contre lui. Tu as perdu la partie, manifestement, mais il n'est pas de saint qui n'ait sa fête. L'orage s'est abattu sur toi aujourd'hui. Les tiens ont beaucoup souffert, et ceux du dedans raflé le gain de la journée. Mais fais-moi confiance : un temps viendra où ceux-ci perdront à leur tour. Fais-moi crever les yeux si, dans deux jours, ils ne se voient contraints de solliciter ta clémence. Demeure seulement ici aujourd'hui et demain sans cesser d'encercler la forteresse, et tout le pays t'appartiendra. Quant à la femme qui a refusé si longtemps de partager ta couche, elle te suppliera au nom de Dieu de l'y accueillir. – Tu as raison, répondit Clamadeu. Je ne vois pas pourquoi j'abandonnerais la partie quand ceux du dedans sont faibles et ne peuvent compter sur aucun ravitaillement. »

Clamadeu fit alors dresser les tentes et disposa ses hommes autour de la forteresse. A l'intérieur, Perceval fit désarmer les prisonniers, mais il refusa de les enfermer dans des cachots : de chacun d'eux, il exigea qu'il prêtât serment de ne pas chercher à s'enfuir et de ne plus jamais prendre les armes contre les hommes de Blodeuwen. Tous jurèrent avant de se regrouper en un lieu d'où ils pouvaient observer la suite des événements.

Or, ce même jour, un grand vent avait égaré sur la mer un navire alourdi de blé et de vivres divers. Et le sort voulu qu'il vînt aborder intact sur le rivage, juste en face de la forteresse. Dès qu'on s'en aperçut, chacun courut au port pour savoir de quoi il retournait. « Seigneurs, répondirent les gens du bateau, nous sommes des marchands qui apportons des provisions. Nous avons à vendre du pain, du lard salé et, s'il en était besoin, quantité de bœufs et de porcs bien gras, ainsi que du vin en abondance. » Les gens de Blodeuwen ne se tinrent plus de joie. « Béni soit Dieu qui a donné au vent la force de vous pousser jusqu'ici ! s'écrièrent-ils. Débarquez vos marchandises ! Nous les achetons toutes, quel que soit votre prix, nous vous les paierons en belles pièces d'argent et en lingots d'or pur. Car, grâce au Ciel, si nous manquons de nourriture, nous avons encore des réserves, tant en espèces qu'en bijoux ! Comptez votre dû, vous aurez fort à faire, pendant que nous-mêmes chargeons nos chars de victuailles ! »

Ainsi fut fait. Comprenant que l'affaire était bonne, les marchands débarquèrent les vivres que l'on emporta dans la forteresse où, sans perdre un instant, le dîner fut mis en train. Clamadeu des Iles, qui déambulait au-dehors, le long des murs, pouvait bien séjourner là tant qu'il voudrait ! Les assiégés s'en moquaient, eux qui avaient à profusion des bœufs, des porcs et des viandes salées, ainsi que du froment, de quoi tenir jusqu'à la saison nouvelle ! Les garçons allumèrent les feux dans les cuisines, et les cuisiniers s'empressèrent de préparer de quoi rassasier tout le monde.

Quant à Blodeuwen et à Perceval, ils s'étaient encore une fois retirés dans la chambre de la jeune femme. L'un contre l'autre, et sans souci du lendemain, ils pouvaient mener leur jeu tout à loisir, et chacun était heureux de la joie de l'autre. Rien n'importait à Perceval, hormis son amie qu'il tenait embrassée. Il avait l'impression de n'avoir jamais vécu jusqu'à ce jour.

Clamadeu et ses gens ne furent pas sans apprendre la nouvelle. Quelque ivres de fureur qu'ils fussent, que pouvaient-ils là contre ? Ils savaient bien qu'il leur faudrait se retirer, maintenant qu'ils ne pouvaient plus réduire la forteresse par la famine. Cependant, Clamadeu renâclait encore à abandonner son entreprise. Son orgueil était si démesuré que rien au monde n'eût pu l'empêcher de tenter l'aventure jusqu'au bout. Aussi envoya-t-il un messager proposer qu'un combat singulier l'opposât au chevalier vermeil dont il ignorait le nom : il viendrait seul et l'attendrait le lendemain jusqu'à midi.

Lorsque Blodeuwen apprit l'offre de l'ennemi, elle éprouva une peine d'autant plus cruelle que Perceval fit répondre qu'il serait au rendez-vous le lendemain. Elle eut beau pleurer, se lamenter, déployer tout son charme, rien n'y fit, Perceval demeura inébranlable. Et lorsque tous les gens de Blodeuwen vinrent à leur tour le supplier de renoncer à ce combat qui s'annonçait désastreux pour lui, car jamais Clamadeu des Iles n'avait encore été vaincu par quiconque, il leur répliqua : « Seigneurs, je vous sais gré de votre sollicitude, mais je ne veux plus entendre un mot à ce sujet. Sur ma foi, jamais je ne reculerai devant un ennemi, quelles que soient sa force et son audace ! »

Chacun se le tint donc pour dit. Mais Blodeuwen, elle, n'en revint pas moins à la charge pendant la nuit. A quoi rimait ce duel-là ? Pourquoi ne pas rester tranquillement dans la forteresse ? On n'avait plus rien à craindre de Clamadeu ni de ses gens ! Ce n'est pas de sitôt qu'ils lanceraient un nouvel assaut et, tôt ou tard, en constatant l'inutilité de leurs efforts, ils seraient bien forcés de lever le siège... Peine perdue. Le jeune Gallois n'en démordit pas, malgré l'étrange suavité des paroles qu'elle lui adressait, et bien que chaque mot que prononçait sa bouche fût accompagné d'un baiser si prenant et si délicieux qu'elle lui mettait la clef d'amour en la serrure du cœur[1]. Hélas, rien n'y fit : Perceval ne voulut jamais renoncer à combattre Clamadeu des Iles.

1. Cette belle image appartient à Chrétien de Troyes.

Le matin venu, il s'arracha donc des bras de Blodeuwen et demanda ses armes. On les lui apporta en toute hâte et, aussitôt prêt, il recommanda tous les habitants de la forteresse à Dieu tout-puissant, puis se fit ouvrir la porte, enfourcha un cheval norrois et, d'un seul bond, se retrouva hors de l'enceinte.

En le voyant arriver, Clamadeu se réjouit grandement : il ne doutait pas le moins du monde de lui faire, en un tournemain, vider les étriers. Sur la lande unie et couverte de rosée, les deux hommes étaient seuls, car Clamadeu, conformément à sa promesse, avait renvoyé tous ses gens. Sans un mot de défi, lance en arrêt, ils fondirent l'un sur l'autre. Malgré leur grosseur, leurs lances étaient des plus maniables, hampe de frêne et fer tranchant. Les chevaux allaient au triple galop ; les cavaliers étaient vigoureux et savaient qu'ils combattaient à mort. Ils se heurtèrent avec une telle violence que les pans des boucliers volèrent en éclats tandis que se froissaient les lances. Chacun des adversaires fut jeté à bas de son cheval mais tous deux, se relevant d'un bond, tirèrent leur épée et s'attaquèrent en hommes bien décidés à ne pas reculer. Le combat dura longtemps, car ils étaient, semblait-il, tous deux d'égale force. Cependant, profitant d'une hésitation de Clamadeu, Perceval finit par le jeter au sol et bondit sur lui, prêt à lui trancher la tête. « Grâce ! », s'écria Clamadeu.

Alors, à l'instar de son sénéchal, il dut accepter les conditions dictées par son vainqueur. Mais, pas plus que Kengrun, il ne voulut se rendre à Blodeuwen ni à Gornemant. Il accepta néanmoins d'aller se constituer prisonnier auprès du roi Arthur. Il promit aussi de voir le nain et la naine qu'avait insultés l'Homme Long et de leur dire qu'ils seraient incessamment vengés. Il dut également jurer de libérer, le lendemain avant le jour, les chevaliers prisonniers dans sa forteresse et de les laisser revenir sains et saufs, ainsi que de ne plus jamais chercher à inquiéter d'une manière ou d'une autre la belle Blodeuwen.

Sur ce, Perceval le laissa partir. Clamadeu se rendit directement à sa forteresse, et son premier geste fut de relâcher les prisonniers. Ceux-ci, qui avaient perdu tout espoir, ne se sentirent plus de joie. Ils s'en allèrent sur-le-champ, ne tarissant pas d'éloges sur le chevalier aux armes vermeilles qui avait vaincu Clamadeu et l'avait obligé à les libérer. Quant à ce dernier, quelque honte qu'il éprouvât de sa défaite, il tint sa parole et se dirigea vers Carduel, où résidait le roi Arthur, en suivant le même chemin qu'avait suivi auparavant son sénéchal Kengrun. Celui-ci avait parcouru la distance en trois étapes et s'était déjà présenté devant le roi. Après avoir loyalement conté comment le chevalier aux armes vermeilles l'avait vaincu, il avait de même transmis le message concernant le nain et la naine. Et Arthur, après l'avoir écouté attentivement, le retint à son service et au nombre de ses compagnons.

Or, le matin suivant, en sortant du logis où il avait passé la nuit, Kengrun, qui se trouvait au milieu d'un groupe de chevaliers, vit arriver un homme qui chevauchait péniblement dans son armure maculée de sang. Il reconnut immédiatement Clamadeu des Iles. « Seigneurs, seigneurs ! s'écria-t-il. Voici une aventure surprenante ! Ce chevalier aux armes vermeilles qui m'a moi-même terrassé est encore une fois vainqueur. Sachez-le, le chevalier que vous voyez est mon seigneur, Clamadeu des Iles. Par ma foi, je ne puis en croire mes yeux ! Je le tenais en effet pour le meilleur guerrier qui fût dans toute l'île de Bretagne. Assurément, les meilleurs sont parfois victimes de leurs faiblesses, tout comme les autres. » Et, là-dessus, Kengrun s'en fut à la rencontre de Clamadeu des Iles.

C'était un dimanche, et Arthur avait convié ses compagnons à tenir cour plénière. La reine occupait avec lui le haut d'une table. Autour d'eux avaient pris place ceux de la Table Ronde qui n'étaient pas partis en de lointaines expéditions : se trouvaient là, notamment, Girflet, fils de Dôn, Yvain, fils du roi Uryen, Bedwyr, l'un des plus anciens compagnons d'Arthur, Gauvain, fils du roi Loth d'Orcanie, et son frère Agravain, tous deux neveux d'Arthur, ainsi que bien d'autres guerriers qui devisaient joyeusement avec les dames et les jeunes filles. Quant à Kaï, le sénéchal et frère de lait d'Arthur, il fit une entrée remarquée : sans manteau, un chapeau de feutre blond sur la tête, ses cheveux noués en une tresse, il tenait à la main une baguette. Dans tout le royaume, nul chevalier n'avait si belle allure que lui, grâce à sa haute taille et à sa démarche souple et élégante. Néanmoins, chacun s'écarta de lui. On redoutait en effet ses sarcasmes, et l'on préférait ne point s'exposer à ses remarques perfides. Aussi personne ne lui adressa-t-il la parole. Kaï traversa la salle, s'approcha d'Arthur et lui dit : « Roi, ne crois-tu pas qu'il est temps de commencer à manger ? – Kaï, répondit Arthur, laisse-nous en paix. La cour est rassemblée, je le sais, mais par les yeux de ma tête, je ne toucherai à nul plat que nous n'ayons d'abord appris quelques nouvelles dignes de ce nom. Telle est la coutume quand mes compagnons sont rassemblés autour de moi. »

C'est alors que survint Clamadeu des Iles. Toujours revêtu de son armure maculée de sang, il alla s'incliner devant Arthur et Guenièvre. « Dieu sauve et bénisse le meilleur roi qui soit au monde ! dit-il, car on n'en connaît assurément pas de plus noble ni de plus généreux. Ainsi en témoignent tous ceux qui ont entendu narrer ses grandes prouesses et celles des chevaliers de la Table Ronde. Or, écoute-moi, seigneur roi, j'ai un message à te transmettre : il m'en coûte beaucoup de le faire, mais j'ai donné ma parole et je ne saurais m'en dédire. On me nomme Clamadeu des Iles, et je me croyais jusqu'à ces derniers jours le meilleur guerrier de toute l'île de Bretagne. Jamais aucun adversaire ne m'avait renversé. Mais la vérité m'oblige à avouer ceci : je suis envoyé par un jeune chevalier aux armes vermeilles dont j'ignore le nom, mais dont la vaillance est telle qu'il a réussi à me vaincre. Il veut que je me rende à toi comme ton prisonnier, et je n'y puis rien. Fais donc de moi ce que tu veux.

– Ami, lui répondit Arthur, que Dieu te donne aide et assistance ! Mais, dis-moi, ce jeune chevalier est-il dispos, de bonne humeur et en bonne santé ? – Oui, seigneur roi, sois-en certain. Il est le plus vaillant de tous les chevaliers que j'aie rencontrés de ma vie. Il m'a prié également de faire savoir au nain et à la naine naguère injuriés par l'Homme Long qu'il ne reviendra pas à la cour qu'il ne les ait vengés. » En entendant ces paroles, la naine, qui se trouvait dans l'assistance, ne se tint plus de joie : « Béni soit Perceval, chef des guerriers et fleur de la chevalerie ! s'écria-t-elle. Ah ! seigneur roi, je t'assure que Kaï paiera chèrement l'outrage qu'il nous a infligé. Ce n'est pas une plaisanterie, crois-le bien, il ne s'en tirera que le bras rompu et la clavicule démise ! »

Kaï faisait grise mine. Certes, il bouillait de bondir sur la naine et de lui fracasser la tête, mais il savait trop qu'en donnant libre cours à sa colère il serait honni de tous. Aussi baissa-t-il la tête sans prononcer le moindre mot. Quant au roi, il frappa la table de son poing en s'exclamant : « Ah ! vois où nous mène ta méchanceté, Kaï. Non seulement tu paieras très cher l'injure faite au nain et à la naine, mais tu nous as privés du jeune chevalier qui accomplit tant de prouesses. C'est toi qui, par tes folles paroles et ton attitude méprisante, l'as chassé d'ici ! Je ne m'en consolerai jamais. »

Sur un ordre du roi, Girflet et Yvain se levèrent et désarmèrent Clamadeu des Iles, tandis qu'un valet lui apportait un manteau de soie brochée d'or. « Puisqu'il en est ainsi, dit Arthur à Clamadeu, et puisque tu t'es acquitté de ton serment, sois des nôtres et prends place parmi nos compagnons. » Et c'est ainsi que Clamadeu des Iles, abandonnant tout orgueil et toute prétention à être le meilleur guerrier de l'île de Bretagne, fut admis à la cour d'Arthur.

Pendant ce temps, Perceval était rentré dans la forteresse de Caerbeli, et il y reçut l'accueil le plus magnifique qui fût. Blodeuwen alla à sa rencontre et l'embrassa avec une fougue qu'elle ne cherchait pas à dissimuler. « Perceval ! s'écria-t-elle, sois béni entre tous les hommes ! Tu nous as libérés de l'odieuse oppression de Clamadeu et de son cruel sénéchal, et moi, tu m'as rendue libre de toute contrainte ! Aussi est-ce en toute liberté que je te donne maîtrise et possession de mes domaines et de ma personne. Sois mon époux, Perceval, et demeure avec moi pour gouverner cette terre de mes ancêtres dans la joie et le bonheur de tous ceux qui sont ici ! – Je le voudrais bien, répondit Perceval, mais auparavant, il faut que j'aille chez ma mère. Je ne sais si elle est morte ou vivante car, lorsque je l'ai quittée, je l'ai vue tomber devant la porte, à l'entrée du pont. Je vais partir, car je ne puis vivre plus longtemps sans nouvelles d'elle. De plus, j'ai promis au nain et à la naine qui se trouvent à la cour d'Arthur de venger l'affront qu'ils ont subi de la part de l'Homme Long qui prononce des paroles méprisantes à l'égard de chacun. Je perdrais mon honneur si je n'accomplissais ma promesse. »

Blodeuwen se mit à pleurer d'abondance. « Hélas ! gémit-elle, il me faut te perdre aussitôt après t'avoir pris dans mes bras ! Tu es bien cruel, Perceval ! Que deviendrai-je sans toi, et que deviendront mes gens qui comptent sur toi pour les défendre de quiconque s'aviserait à nouveau de les menacer ? » Le jeune Gallois se trouva d'autant plus embarrassé que tous les habitants de la forteresse joignaient leurs plaintes à celles de leur maîtresse. Mais ils le suppliaient en vain : il s'était mis en tête de partir sans délai, et rien ne pourrait l'en faire démordre. « Je veux savoir ce qu'est devenue ma mère, dit-il. Si elle est vivante, je reviendrai avec elle, et je tiendrai cette terre comme tu le souhaites. Et si elle est morte, je reviendrai de même : je ferai dire des messes pour elle, et je serai pour toi le plus fidèle des compagnons. »

Sur ce, il donna un doux et long baiser à Blodeuwen puis, recommandant à Dieu tous les gens de la forteresse, il sauta sur son cheval, franchit la porte et se mit à galoper en direction de la Gaste Forêt où sa mère devait languir dans la solitude et le désarroi [1].

1. L'essentiel de ce chapitre suit Chrétien de Troyes, non sans emprunts au *Peredur* gallois. Wolfram von Eschenbach a également fourni quelques détails.

3

L'Occasion perdue

Tout le long du jour, Perceval chevaucha, suivant des chemins qui traversaient des forêts désertes et des landes interminables, mais il n'y croisa personne qui pût le renseigner sur la direction qu'il fallait prendre pour rejoindre la Gaste Forêt. Il ne cessait d'adresser à Dieu de ferventes prières et de le supplier de le mener près de sa mère, tant l'angoissait de plus en plus l'idée qu'elle eût pu mourir tandis qu'il franchissait le pont. Au bas d'une colline, il atteignit une rivière dont les eaux profondes et rapides le dissuadèrent de s'y engager. « Par ma foi ! s'écria-t-il, si je pouvais la franchir, je suis sûr qu'au-delà je trouverais ma mère, si du moins elle vit encore ! » Mais il eut beau longer la berge en quête d'un gué, il n'en trouva point. Et il commençait à désespérer quand il aperçut, en face de lui, les tourelles d'une forteresse qui, depuis un monticule, surplombait les flots.

Aussi se dirigea-t-il de ce côté. La porte en était ouverte, mais personne ne la gardait. Il entra et, une fois à l'intérieur, se dirigea droit vers la maison qui lui semblait la plus haute et la plus vaste et, sans plus de façons, y pénétra. Il découvrit une grande salle qu'éclairaient des torches résineuses qui dégageaient d'épaisses volutes noires. Un homme aux cheveux blancs s'y trouvait, assis sur les coussins d'un fauteuil placé près d'un foyer où brûlaient d'énormes bûches. Des valets surgirent de l'ombre et abordèrent Perceval en lui adressant d'aimables paroles de bienvenue. Le jeune Gallois descendit de son cheval qu'un valet prit par la bride pour le conduire à l'écurie. Deux autres valets s'empressèrent de lui ôter son armure, et le vieillard le pria de venir partager son siège. Après s'être incliné devant son hôte, Perceval prit la place que celui-ci lui indiquait, et tous deux se mirent à causer de choses et d'autres sans qu'aucun priât l'autre de se nommer.

La journée s'avançait, et, le moment venu, on dressa les tables, puis le vieillard invita Perceval à partager le repas qu'on avait préparé. Perceval s'assit auprès de son hôte, et l'on commença à servir les mets, tout en versant les boissons dans des coupes d'or. Une fois qu'ils furent rassasiés et désaltérés, l'homme aux cheveux blancs demanda à Perceval s'il savait bien manier l'épée. « Je me crois, répondit le jeune Gallois, capable de me défendre quand on m'attaque. Mais je sais aussi que si l'on m'enseignait tout ce qui est nécessaire, je deviendrais encore plus habile. – Assurément, dit le vieillard, mais j'aimerais que tu me montres ce que tu sais faire. Sache d'abord, mon garçon, que celui qui peut jouer habilement du bâton prouve qu'il peut encore mieux se battre à l'épée. »

Le vieillard avait deux fils, l'un blond, l'autre brun. « Levez-vous, jeunes gens, dit-il, afin de jouer du bâton et du bouclier. » Une fois debout, ils saisirent chacun un bouclier et un bâton qui se trouvaient fixés au mur de la salle, et, sans un mot, jouèrent du bâton l'un contre l'autre. Mais ils les maniaient si habilement qu'aucun ne fut atteint. « Dis-moi, mon âme, demanda le vieillard à Perceval, à ton avis, quel est celui qui joue le mieux ? – Je pense, répondit le Gallois, que le blond pourrait tirer du sang à l'autre, à condition du moins qu'il le voulût vraiment. – Voilà qui dénote de ta part un bon sens de l'observation. Eh bien, va toi-même, mon âme, prends le bâton et le bouclier du brun, et essaie de tirer du sang au blond, si tu le peux. »

Perceval se leva, prit le bâton et le bouclier du jeune homme brun et s'en fut jouer contre le blond. Brandissant le bras, il lui assena un tel coup sur le visage qu'un des sourcils lui tomba sur l'œil et que le sang se mit à couler sur ses joues. « Fort bien, mon âme, dit le vieillard. Je sais désormais que tu seras le plus habile au maniement de l'épée dans toute l'île de Bretagne. Cependant, je voudrais que tu m'en fournisses la preuve. – Qu'il en soit selon ton désir », dit Perceval.

Il y avait, fixé au sol de la salle, un grand crampon de fer que la main d'un homme de guerre aurait à peine pu étreindre tant il était large et robuste. « Prends ton épée, dit le vieillard, et frappes-en l'anneau de fer. » Perceval se fit apporter son épée et, quand il l'eut en main, en frappa l'anneau qui se rompit en deux morceaux, de même que l'épée. « Mets les deux morceaux bout à bout et réunis-les », dit l'homme aux cheveux blancs. Perceval rassembla les deux morceaux de l'anneau, puis ceux de l'épée, et les uns et les autres se ressoudèrent comme par enchantement.

« Recommence, mon âme », reprit le vieillard. Perceval frappa l'anneau qui, comme la première fois, se brisa, de même que l'épée. A nouveau, il joignit les morceaux, et ceux-ci se ressoudèrent encore, sans qu'il pût comprendre comment. Le vieillard lui commanda de frapper une troisième fois, mais Perceval le fit avec tant de force que ni les morceaux de l'anneau, ni ceux de l'épée ne purent plus se ressouder. Perceval en fut fort ennuyé, car son épée était devenue inutilisable. « Ne sois pas chagriné, lui dit le vieillard. Viens t'asseoir près de moi et reçois ma bénédiction. Je sais maintenant que tu es le meilleur joueur d'épée de tout le royaume de Bretagne. Tu n'as encore cependant que les deux tiers de ta force, et il te faut acquérir le troisième. Quand tu la posséderas tout entière, personne ne pourra plus lutter contre toi. Quant à ton épée, ne la regrette pas, elle était indigne de toi. Tu t'en iras demain sans épée, mais ne t'inquiète pas pour si peu, bientôt quelqu'un t'en donnera une qui accomplira des prouesses, pour peu que tu ne l'utilises qu'à bon escient. »

Ils devisèrent encore un moment puis, la nuit étant venue, allèrent se coucher. Perceval dormit profondément dans le bon lit qu'on lui avait préparé. Dès que le soleil apparut à l'horizon, le jeune homme se leva, se fit armer et, avec la permission de son hôte, il sortit de la forteresse, bien décidé à franchir la rivière et à retrouver le manoir de sa mère.

A force de longer la rive, il s'approcha d'un énorme rocher que l'eau venait baigner et qui barrait le passage dans la vallée. A ce moment, il aperçut une barque qui descendait le courant et dans laquelle étaient assis deux hommes. Il resta immobile et les attendit, souhaitant qu'ils vinssent jusqu'à lui. Mais ils s'arrêtèrent soudain au milieu de la rivière et y ancrèrent solidement leur barque. Celui qui se tenait à la proue pêchait à la ligne et amorçait son hameçon d'un petit poisson pas plus gros qu'un menu vairon. Fort embarrassé et ne sachant comment passer le cours d'eau, le jeune Gallois se décida à les saluer. « Seigneurs, leur dit-il, que Dieu vous donne joie et bonheur ! Je vous prie de m'indiquer s'il existe un gué ou un pont en cette rivière. » Au son de sa voix, le pêcheur se retourna et lui répondit : « Non, frère. Pour autant que je sache, il n'existe, à vingt lieues en amont ou en aval, ni gué ni pont. De plus, les eaux de cette rivière sont si violentes qu'elles ne permettraient pas à un bac de les traverser. Seule, une petite barque peut résister au courant. Il est donc impossible de traverser cette rivière avec un cheval.

– Me voici bien ennuyé, dit Perceval, car je voudrais passer de l'autre côté. Et comme le soir tombe, seigneur, je te prie de m'indiquer où je pourrais trouver un logis pour la nuit. – Tu aurais en effet bien besoin d'un logis et d'autre chose, répondit le pêcheur. Eh bien ! c'est moi qui t'hébergerai ce soir, sois-en persuadé, et je me ferai une joie de t'accueillir en mon manoir. Ecoute-moi bien, frère : tu vas monter par cette brèche ouverte dans la roche et, une fois au sommet, tu verras devant toi, en un vallon, près d'un étang, la forteresse où j'habite avec mes gens, juste au-dessus de la forêt. A ceux qui seront là et qui pourraient te demander ce que tu cherches, tu diras que c'est le Pêcheur qui t'envoie et que tu es son hôte. »

Sans plus attendre, le Gallois poussa sa monture jusqu'à la cime et, de là, il examina l'horizon. Mais il n'y discerna que le ciel et la terre. « Que suis-je venu chercher ici ? s'écria-t-il. La niaiserie et la sottise, sans aucun doute. Et je n'ai même plus d'épée pour me défendre si l'on m'attaque dans ce désert ! Maudit soit le vieillard qui m'a obligé à frapper cet anneau, fixé au sol de la salle ! Il est trop certain qu'il voulait mon malheur ! Me voici désarmé et sans ressources dans un pays que je ne connais pas et je ne puis même pas traverser la rivière pour regagner la terre de ma mère ! Quant au pêcheur qui a prétendu vouloir m'héberger ce soir et qui m'a fourvoyé sur ce chemin, que la male mort le saisisse ! Vraiment, il est bien déloyal, celui qui trompe ainsi un pauvre chevalier errant ! »

Il avait à peine prononcé ces paroles furieuses qu'il aperçut, au creux du vallon qui s'ouvrait devant lui, le faîte d'une tour qu'embrasait le soleil couchant. Carrée, construite en pierre grise et surmontée d'une toiture d'ardoise fine, flanquée de deux tourelles, elle rendit espoir au Gallois qui, piquant des deux, ne tarda guère à parvenir au bas de la forteresse. De sorte que, sans plus penser aux vilaines paroles qu'il avait prononcées, il louait maintenant le pêcheur de lui avoir indiqué le bon chemin.

Il trouva le pont-levis relevé, et l'aspect du château qui, fortifié à merveille, se dressait là d'un bloc, droit vers le ciel, le ravit. Certes, en voilà un qui n'a à craindre nul assaut, à moins que ses assaillants ne fussent munis d'ailes ou portés par les vents ! D'innombrables tours protégeaient tant de demeures grandes et belles que Perceval, faute d'avoir jamais rien vu de pareil, se perdait en admiration, quand un sergent l'aperçut et lui demanda ce qu'il voulait et d'où il venait. « C'est le Pêcheur qui m'envoie. Espérant découvrir un gîte pour la nuit, je me suis adressé à lui alors qu'il était dans sa barque sur la rivière. Il vous prie de baisser le pont et de me faire bon accueil en cette forteresse. – Seigneur, répondit le sergent, sois le bienvenu, puisque tel est l'ordre du Pêcheur. Nous t'accueillerons pour l'amour de lui avec autant de soin que de respect. »

Ayant ainsi parlé, il fit abaisser le pont-levis, et le jeune Gallois pénétra dans une vaste et large cour qui ne portait nulle trace de joutes chevaleresques, car le gazon en était partout vert, égal et dru. Jamais ne l'avait foulé, tel celui des forteresses royales, une troupe de cavaliers, bannières en tête. Cependant, quoique depuis fort longtemps on n'y eût plus pratiqué ni tournois ni divertissements, que tous, là-dedans, parussent mélancoliques et même brisés de douleur, les gens se portèrent à la rencontre de Perceval afin de le saluer et de lui souhaiter la bienvenue au nom de leur maître. Une troupe de valets s'élança pour saisir la bride de son cheval, et chacun désirait le servir le premier. Après qu'on lui eut tenu l'étrier pour lui permettre de se démonter plus facilement, les chevaliers le prièrent avec courtoisie d'entrer dans la grande maison, et ils le conduisirent à une chambre où il pût prendre quelque repos. En un tournemain, on le libéra de son armure et, au spectacle de l'adolescent imberbe dans toute la grâce de sa jeunesse, les assistants se dirent que la fortune les favorisait en leur envoyant un jeune homme si manifestement destiné à accomplir de grands exploits pour leur bien à tous.

Perceval demanda de l'eau et nettoya soigneusement les taches de rouille dont la sueur avait maculé son visage et, une fois qu'il se fut ainsi rafraîchi, jeunes et vieux trouvèrent qu'il resplendissait comme le soleil au lever du jour. On lui apporta un riche manteau taillé dans une soie précieuse qu'il jeta sur ses épaules sans en attacher les lacets. Il suscitait l'admiration générale, et l'un des chevaliers lui dit : « Ce manteau-là, notre maîtresse, la fille du Pêcheur, l'a porté. Sache, seigneur, qu'elle te le prête, aussi longtemps qu'on n'aura pas taillé de nouveaux vêtements pour toi. Elle ne pouvait te refuser semblable privilège, car tu es, si je ne me trompe, un homme d'un très grand mérite, et nous nous réjouissons tous de te recevoir. – Dieu vous récompense tous de vos soins, répondit Perceval. J'espère me montrer digne de la confiance dont vous m'honorez. »

On lui servit à boire dans une belle coupe d'or et on prit grand soin de lui. Mais il s'étonnait malgré tout de la grande tristesse dont semblaient affligés tous les gens de la forteresse. Il eût bien aimé leur en demander la raison, mais les conseils de Gornemant hantaient sa mémoire : ne jamais poser de question indiscrète, ne jamais parler sans y être invité, ne jamais se mêler des affaires d'autrui. Aussi décida-t-il de garder le silence. Mais, alors qu'il commençait à sentir le sommeil lui appesantir les paupières, un homme bouffi d'une folle arrogance parut, qui lui cria : « Paresseux ! Qu'attends-tu pour te présenter devant notre maître ? »

Perceval bondit sur ses pieds. S'il avait eu son épée, nul doute qu'il ne l'eût brandie et n'en eût tranché la tête de l'impudent. Il serra son poing droit avec une telle violence que le sang lui jaillit des ongles et inonda toute sa manche. « Seigneur ! dirent les chevaliers qui l'entouraient, calme-toi ! Cet homme est le bouffon de notre maître, et il a le droit de faire toutes les plaisanteries qui lui traversent la cervelle, quel que soit l'abattement dont nous soyons nous-mêmes tous frappés. Daigne, par courtoisie, seigneur, lui pardonner, car il ne pensait pas mal faire. Il voulait seulement te dire que le Pêcheur, ton hôte en cette forteresse, était arrivé et qu'il te recevrait sitôt que tu jugerais bon de l'aller trouver. Nous t'en prions, calme-toi et va le rejoindre, car il désire te prodiguer les marques de sa bienveillance. » Perceval comprit qu'il s'était mis en colère pour peu de chose. « Désormais, se dit-il, je ne manifesterai plus rien de mes émotions. » Et il emboîta le pas au bouffon.

Ils pénétrèrent ainsi dans une grande salle. En haut des murs brillaient cent lustres où étaient fichées d'innombrables chandelles, tandis que plus bas palpitaient de petits candélabres. On voyait aussi trois cheminées carrées, ciselées dans le marbre, et où flambaient des bûches si colossales que Perceval n'en avait jamais vu de semblables. De bronze massif, les hautes colonnes qui soutenaient les cheminées étincelaient comme de l'or pur, tant les faisait resplendir la clarté du foyer. Enfin, au milieu de la salle, Perceval aperçut, assis sur un lit drapé d'une couverture à la blancheur immaculée, un vieillard dont la tête était recouverte d'un chaperon de zibeline noire comme la mûre, où s'enroulait une torsade pourpre. Quelques touffes de cheveux blancs émergeaient de cette coiffure, et le vieillard, un coude appuyé sur la couche, avait un air pensif que Perceval reconnut tout de suite : c'était le Pêcheur qui, de sa barque, sur la rivière, l'avait invité pour la nuit dans sa demeure. Aussi s'inclina-t-il devant lui.

« Mon garçon, dit le Pêcheur, j'espère que tu ne m'en voudras pas de ne pas me lever pour te faire honneur mais, ainsi que tu peux le constater, je ne suis guère libre de mes mouvements : voilà longtemps que ma jambe me fait souffrir d'une blessure inguérissable. – Au nom de Dieu, seigneur, répliqua le Gallois, ne te soucie pas de cela. C'est très bien ainsi. » Le Pêcheur pourtant s'en souciait quelque peu, car il se souleva et se redressa le plus qu'il put sur sa couche. « Mon garçon, dit-il, approche-toi sans crainte et assieds-toi près de moi, je te le demande par grande amitié. » Perceval s'assit à côté du Pêcheur. « Mon garçon, reprit celui-ci, d'où viens-tu aujourd'hui ? – Seigneur, je suis parti ce matin d'une forteresse dont j'ignore le nom, où j'ai été reçu par un vieil homme et ses deux fils, l'un très blond, l'autre très brun. – Sur ma foi, tu as fait là un long voyage, car la forteresse dont tu me parles ne se trouve guère tout près d'ici. Mais, dis-moi : d'où vient que tu n'aies pas d'épée ? – Mon hôte m'a fait jouer du bâton contre un de ses fils puis il m'a prié de frapper de mon épée un crampon de fer qui se trouvait fixé dans le sol de la salle. Deux fois mon épée s'y est brisée en deux morceaux que j'ai pu néanmoins ressouder. Mais, la troisième fois, il m'a été impossible de la réparer. Voilà pourquoi je n'en ai plus.

– Comment feras-tu, demanda le Pêcheur, si l'on t'attaque ? – Je puis utiliser mes poings, répondit Perceval, ce ne sera pas la première fois. » Ils continuèrent à deviser de choses et d'autres jusqu'au moment où pénétra dans la salle une jeune femme revêtue d'un long manteau de voyage en lin vert soutaché de rouge et qui, sur ses deux paumes, portait une épée en son fourreau. Elle se dirigea droit vers le Pêcheur, s'inclina devant lui et lui remit l'épée. Celui-ci la prit dans ses mains et en examina attentivement le fourreau richement orné. Puis il tenta d'en tirer la lame et n'y put parvenir. Après plusieurs essais infructueux, il dit à Perceval : « Mon garçon, essaie de tirer cette épée. » Perceval s'empara du fourreau, le tint solidement dans sa main gauche, et sans difficulté, de sa main droite, en retira l'épée : faite d'un acier qui semblait très dur, la lame étincela des mille feux des lustres et des candélabres.

« Seigneur roi, dit la jeune femme, s'adressant au Pêcheur, j'ai accompli un long trajet pour venir t'apporter cette épée. C'est ta nièce, la Dame du Lac, qui t'en fait présent. Tu ne verras jamais d'épée plus légère pour sa taille. Elle a été forgée et trempée par le plus habile forgeron que l'on connaisse, et je puis te dire son nom : Govannon, fils de Dôn, dont les pouvoirs magiques sont reconnus de tous. Il n'a jamais forgé que trois épées. La première est celle que possède le roi Arthur. La seconde, celle-ci, seul l'homme à qui elle est destinée peut la dégainer. Quant à la troisième, je n'en puis parler. Mais sache, seigneur roi, que l'épée que tient ce jeune homme ne peut se briser qu'une seule fois, et que seul peut la réparer celui-là même qui l'a fabriquée. Encore devra-t-il en mourir. Voilà le message dont m'a chargée ma maîtresse, la Dame du Lac. – Il me semble, dit le Pêcheur, que ce garçon est en effet celui à qui revenait l'épée, puisqu'il n'a eu aucun mal à la retirer du fourreau. – Tel est aussi mon avis », dit la jeune femme.

Alors, le Pêcheur se tourna vers Perceval. « Mon garçon, dit-il, cette épée est maintenant à toi. Prends-la, mais souviens-toi qu'il te faudra t'en montrer digne, et qu'elle ne peut se briser qu'une seule fois, cela sans qu'il te soit possible de savoir ni quand ni comment. – Seigneur, répliqua Perceval, je m'en souviendrai, sur ma foi. » Et, tout fièrement, le Gallois remit l'épée au fourreau, l'en retira une seconde fois et brandit la lame qui, dans la lumière des lustres et des candélabres, jeta mille irisations. Enfin, il la rengaina et la confia au valet qui gardait ses armes.

Puis il se remit à deviser avec le Pêcheur. Les flambeaux qui illuminaient la salle répandaient une telle clarté qu'on se serait cru en plein jour. De nombreux chevaliers de belle prestance étaient assis tout autour, par petits groupes et, semblait-il, sans aucune préoccupation que de se divertir. C'est alors que, franchissant une petite porte, un valet survint, tenant par le milieu de la hampe une lance éblouissante de blancheur. Il passa entre les foyers et le lit où se trouvaient Perceval et son hôte, et chacun put voir qu'une goutte de sang perlait à la pointe du fer de la lance et ruisselait jusqu'à la main de l'homme qui la portait. Sur-le-champ, tous les assistants se mirent à pleurer et si fort que la salle retentit de gémissements et de lamentations. Fort intrigué par ce spectacle et par la désolation qui s'était emparée de tous, Perceval aurait bien voulu savoir de quoi il retournait. Mais, se souvenant des recommandations de Gornemant, il n'eut garde de poser la moindre question, de peur de paraître indiscret ou inconvenant. « Sans doute, se dit-il, sont-ils bouleversés par le souvenir d'un événement malheureux. »

Après avoir porté la lance jusqu'au bout de la salle, le valet revint sur ses pas, passa derechef entre les foyers et Perceval puis disparut par la porte d'où il avait surgi. Aussitôt, les cris et les lamentations cessèrent, et les conversations reprirent leur train. Alors, Perceval dit au Pêcheur qu'il partirait très tôt le lendemain matin à la recherche du chemin de la Gaste Forêt afin de retrouver sa mère et de savoir si elle était morte ou vivante.

Or, sur ces entrefaites, apparurent par la même petite porte, au-delà de laquelle se devinait l'ombre d'une chambre basse, deux nouveaux valets, tenant chacun en son poing un chandelier d'or fin serti de pierres précieuses, et où brûlaient au moins dix cierges qui flamboyaient avec tant d'éclat que Perceval en fut tout ébloui. Derrière les deux hommes marchait une jeune fille vêtue de velours noir. Des cheveux dorés lui ondoyaient sur les épaules, et elle portait en ses mains un tailloir d'argent. Juste sur ses talons se présenta une seconde jeune fille à la beauté plus remarquable encore. Sa chevelure encore plus blonde jouait sur sa robe d'un blanc immaculé, et ses paumes arboraient, tel un objet rare et précieux, une coupe d'émeraude. Aussitôt qu'elle fut entrée avec cette coupe, une si grande clarté se répandit dans la salle que les cierges pâlirent, de même que pâlissent, au lever du soleil, la lune ainsi que les étoiles. Et de même qu'était passée la lance entre les foyers et le lit, de même passèrent les jeunes filles, lesquelles, aussitôt parvenues au bout de la salle, revinrent sur leurs pas et, à leur tour, disparurent elles aussi par l'issue d'où elles avaient surgi. Et Perceval qui, de tous ses yeux, avait regardé le cortège, était dévoré par la curiosité. Mais, fidèle aux leçons de Gornemant, il n'eut garde de poser la moindre question, de peur d'indisposer son hôte.

Alors, celui-ci commanda de présenter l'eau et de mettre les nappes. Les serviteurs s'empressèrent et, pendant que le Pêcheur et Perceval se lavaient les mains dans une eau chaude à point, deux valets apportèrent une large table d'ivoire, toute d'une pièce, qu'ils tinrent un instant devant le seigneur et son hôte, tandis que deux de leurs semblables installaient deux tréteaux faits d'un bois d'ébène plus dur et plus solide que de la pierre de volcan. Une fois la table posée sur ceux-ci, une nappe vint la recouvrir et l'on servit, en guise de premier mets, un cuissot de cerf assaisonné au poivre et cuit dans sa graisse, avant de verser du vin clair dans des coupes d'or. Un valet trancha la venaison sur un tailloir d'argent et plaça les morceaux sur de larges tranches de pain.

Alors réapparut dans la salle la jeune fille aux cheveux blonds qui, vêtue de sa longue robe blanche, portait la coupe d'émeraude dans ses mains. A nouveau, elle traversa la salle qui en fut tout inondée de lumière, puis elle repartit par où elle était venue. Perceval, de plus en plus intrigué par ce qu'il voyait, se refusa néanmoins à demander au service de qui était affectée la coupe merveilleuse. Le souvenir de Gornemant l'obsédait, lui interdisant de poser la moindre question avant qu'on ne l'interrogeât lui-même. Et l'étonnement du jeune Gallois fut à son comble quand il constata que la jeune fille parcourait la salle avec sa coupe lumineuse chaque fois qu'était servi un nouveau plat.

Le Pêcheur et lui ne dînaient pas seuls dans la salle. Aux autres tables s'étaient installés les chevaliers qui composaient la suite du maître des lieux. Et près de chacune d'elles se tenaient quatre valets qui servaient les convives avec empressement : deux d'entre eux, à genoux, découpaient les viandes, tandis que leurs deux compagnons veillaient au boire et au manger. Tous s'acquittaient avec zèle de leur tâche, et nul convive n'eût pu se plaindre de manquer de rien. Quatre chariots servaient à véhiculer de précieuses coupes d'or remplies du meilleur vin. On roulait ceux-ci le long des quatre murs, et quatre chevaliers déposaient les coupes sur les tables. Et l'on puisait aussi dans de petits récipients d'or les condiments qui convenaient à chaque plat : bouillon salé, poivres, sauces où avaient macéré des baies sauvages. Ainsi chacun des convives, qu'il eût un petit ou un gros appétit, trouvait de quoi le satisfaire ; tous étaient servis avec une parfaite courtoisie. « Ce Pêcheur doit être très riche, pensa Perceval, pour faire montre d'une pareille générosité, d'une telle magnificence ! Tout à l'heure, la jeune fille qui apportait l'épée l'a salué en le nommant roi. L'est-il vraiment et, dans ce cas, sur quel royaume règne-t-il ? Certes, je brûle de le savoir ! Mais mon maître Gornemant m'a bien mis en garde, je ne dois pas me mêler des affaires qui ne me concernent pas. » D'ailleurs, tout à sa joie d'être reçu avec tant d'honneur, le fils de la Veuve Dame vivait chaque instant comme s'il se fût agi de l'éternité.

Pourtant, vers la fin du repas, comme la jeune femme repassait avec la coupe devant lui, il eut un brusque éblouissement. Dans son ardent désir de savoir ce que contenait la coupe, il se souleva imperceptiblement de son siège, de manière que personne dans l'assistance ne pût s'aviser de son geste, et examina avec attention l'intérieur de la coupe, ou du moins ce qu'il en pouvait discerner, en dépit de l'intense luminosité qui en émanait. Et il sursauta en y voyant une tête d'homme baignant dans son sang. Cette vision dura à peine l'espace d'un instant, de sorte que lorsque la jeune fille eut regagné la chambre d'où elle était venue, Perceval se persuada qu'il avait eu une simple hallucination, vraisemblablement due à l'abondance et à la richesse des vins qu'on lui avait fait boire.

Or, le repas s'achevait. Les gens à qui incombait cette charge entreprirent d'emporter la vaisselle, de retirer les nappes et de ranger soigneusement les tables. Bientôt, Perceval se retrouva quasiment seul en compagnie du Pêcheur. Tous deux passèrent une partie de la soirée à bavarder, tandis que d'autres valets leur préparaient des dattes, des figues et des noix muscades, des girofles et des grenades, ainsi que des pâtes de gingembre gelées aux aromates. Après quoi, ils burent encore de nouveaux breuvages, du vin au piment où n'entrait ni miel ni résine, et du vin de mûres au goût délicieux. N'étant guère fait à pareil régime, le jeune Gallois s'émerveillait de tout cela, et il sentait son esprit s'alourdir de plus en plus.

Le Pêcheur ne manqua pas de s'apercevoir que son hôte commençait à être fatigué. « Mon garçon, lui dit-il, il est temps maintenant d'aller nous coucher. Si tu le permets, je vais retrouver mon lit dans ma chambre. Quant à toi, je te ferai conduire dans une autre pièce où tu pourras te reposer tout à loisir. » Quatre valets s'approchèrent et, saisissant le Pêcheur par les épaules, le menèrent pas après pas vers une porte que Perceval n'avait pas encore vue. Auprès du jeune homme étaient demeurés deux valets chargés de le servir et de prendre soin de lui. Ceux-ci le conduisirent dans une chambre basse mais somptueuse et richement ornée de tentures. En son centre se trouvait un lit drapé d'une étoffe de soie aux couleurs lumineuses. Fixées aux murs, des torches et des chandelles rivalisaient d'éclat avec la luminosité naturelle du teint de Perceval. Quand il vit qu'un seul lit occupait cette chambre, il congédia ses guides et s'assit sur une banquette placée devant le lit.

Alors entrèrent quatre servantes, toutes plus jeunes et plus belles les unes que les autres, qui s'inquiétèrent de savoir s'il se trouvait assez bien logé et si son lit lui paraissait suffisamment moelleux. Elles portaient chacune un chandelier d'argent qui nimbait d'une douce lumière leurs formes gracieuses. En les voyant, Perceval, qui venait de se dévêtir, se glissa prestement sous la couverture, mais elles avaient eu le temps d'apercevoir sa nudité. Elles en furent émerveillées, tant le corps du jeune homme était souple et imberbe. Et sa bouche vermeille avait jeté dans leur esprit un trouble qu'elles réprimaient difficilement. « Seigneur, dirent-elles, demeure un moment éveillé par égard pour nous. – Certes, répondit-il, rien ne me ferait un plus grand plaisir. »

Et, de fait, il était dans le ravissement de se voir ainsi entouré. Trois des jeunes filles portaient dans leurs blanches mains un plateau chargé de coupes, ainsi que des flacons d'eau fraîche et de sirops aux senteurs agréables. La quatrième tenait un linge blanc qu'elle étendit sous la nuque de Perceval. Or, lorsqu'elle se pencha vers lui et qu'il entrevit les deux globes qui tendaient son corsage, il ne put résister au désir qui le tenaillait et la pria de s'allonger près de lui. « Que non ! riposta-t-elle. N'essaie pas de me troubler, sans quoi je serais incapable de te servir au gré de mon seigneur. » Perceval n'insista pas. Il se sentait un peu las. Il but quelques coupes d'un breuvage exquis tout en bavardant aimablement avec les charmantes jeunes filles. Puis elles prirent congé et sortirent de la chambre en lui souhaitant un bon repos, mais en déplorant au fond d'elles-mêmes de devoir quitter si tôt ce jeune homme qui les faisait rêver. Alors, Perceval prit ses aises et, sans plus penser à rien, il s'endormit profondément.

Ce n'est pas à l'aube que se réveilla le jeune Gallois, mais alors que le soleil brillait déjà haut dans le ciel. Quand il ouvrit les yeux et qu'il vit la lumière du jour, il commença par se demander où il se trouvait. Puis, la mémoire lui revenant, il appela à haute voix les valets. Mais personne ne répondit. Alors, se soulevant sur sa couche, il aperçut, sur le tapis qui couvrait le sol, ses armes et l'épée que l'envoyée de la Dame du Lac avait apportée et que le Pêcheur lui avait remise. Aussi lui parut-il qu'il devrait s'habiller et s'armer tout seul, sans l'aide de quiconque, et sitôt qu'il fut en tout point équipé, il sortit de la chambre et se retrouva dans la grande salle où le Pêcheur l'avait reçu avec tant de magnificence.

Celle-ci était vide, et on l'eût crue inhabitée depuis des années. Une poussière épaisse jonchait les meubles et le plancher. Perceval se dirigea vers la porte d'où il avait vu surgir la jeune fille blonde qui portait la coupe d'émeraude et, l'ayant ouverte, découvrit une espèce de cave ténébreuse d'où émanait une horrible odeur de moisi. Il appela néanmoins, et bien que l'écho de sa voix se répercutât longuement de mur en mur, il n'obtint aucune réponse. Poussait-il une porte ? Elle ne révélait que de sombres réduits. Où était donc la brillante compagnie qu'il avait vue la veille au soir ? Où était donc le mystérieux Pêcheur qui lui avait procuré une hospitalité digne d'un prince ? Où étaient donc les gracieuses jeunes filles qui l'avaient entouré et pour lesquelles il s'était subitement senti tant d'attrait ? Il se demandait s'il n'avait pas rêvé, s'il ne s'était pas endormi dans une demeure déserte, comme en un refuge ultime à sa détresse avant la nuit profonde. Mais non, l'épée qu'il portait à son flanc lui confirmait la réalité de ce qu'il avait vécu. Il tira celle-ci de son fourreau, la brandit fièrement et sortit dans la cour, prêt à fondre sur quiconque se dresserait contre lui.

Mais la cour était elle-même déserte et, au lieu du gazon superbe qui la parait la veille au soir, elle était encombrée d'herbes folles qui poussaient à travers des pavés disjoints. « Qu'est-ce donc que cette tromperie ! » s'écria Perceval, dont l'angoisse ne cessait de croître sourdement. Apercevant près du montoir son cheval tout sellé qui piaffait d'impatience, il se mit en selle et eut beau inspecter successivement toutes les cours, il n'y découvrit personne, ni chevalier, ni écuyer, ni valet, ni servante. Il poussa vers la porte de la forteresse. Mais, là non plus, il ne rencontra âme qui vive. Alors, voyant le pont-levis baissé, il se dit que les habitants de la forteresse s'en étaient tous allés dans la forêt relever leurs pièges. Aussi les y suivrait-il et, après les avoir rattrapés, les interrogerait-il à propos de la Lance qui saignait et de la coupe d'émeraude que portait la jeune fille aux cheveux d'or. Car cette fois-ci, il n'hésiterait pas à poser des questions ! Il abandonnerait toute réserve, toute prudence, dût-il s'attirer les pires ennuis ! A présent qu'il tenait une bonne épée, il se sentait capable de tenir tête seul contre mille adversaires acharnés à sa perte.

Il s'engagea donc résolument sur le pont, mais avant qu'il ne l'eût entièrement franchi, il sentit fléchir les jarrets de son cheval, lequel se tira d'affaire par un bond prodigieux. Sans cela, lui-même et son cavalier se fussent retrouvés en fâcheuse posture. Aussitôt parvenu de l'autre côté, Perceval s'arrêta pour jeter un regard en arrière et constata que l'on avait relevé le pont. Dans sa stupeur et sa colère, il s'écria : « Dis-moi, toi qui as levé le pont ! Montre-toi ou dis quelque chose ! Où es-tu ? Je ne te vois pas ! Viens çà, que je te pose des questions ! » Mais aucune voix ne lui répondit, et il ne vit personne dans les parages. « De quel sortilège suis-je le jouet ? » soupira-t-il, le sourcil froncé.

Ayant décoché un dernier coup d'œil à la forteresse inconnue qui, après l'avoir régalé d'étranges spectacles, paraissait maintenant déserte et comme abandonnée depuis des années, il piqua des deux et se dirigea vers la forêt en quête d'un chemin qui pût le conduire au manoir de sa mère.

Mais plus il avançait, plus le jour baissait, plus un brouillard dense l'enveloppait à telle enseigne qu'il eut soudain l'impression que le ciel venait de crouler sur la terre[1].

1. L'essentiel de ce chapitre est tiré de *Peredur*. Toutefois, nombre de détails et de descriptions proviennent de Chrétien de Troyes et, dans une moindre mesure, de Wolfram von Eschenbach.

4

Les Routes de nulle part

Après avoir longtemps erré par les bois, sans savoir où il allait, en se heurtant sans cesse aux branches, Perceval parvint enfin dans un lieu où le ciel éclairci lui révéla une clairière. Il se demandait néanmoins avec angoisse quelle direction prendre pour retrouver le manoir de sa mère quand il entendit retentir, dans l'un des chemins qui partaient de la clairière, des gémissements et des pleurs et, à travers les dernières écharpes de brume, il aperçut une femme qui, la tête parée d'une coiffe magnifique, se tenait près d'un cheval tout harnaché. Elle soulevait entre ses bras le corps sans vie d'un homme qu'elle essayait de placer sur le dos de l'animal, mais elle n'y parvenait pas : à chacune de ses tentatives, le cadavre retombait à terre et, chaque fois, la femme poussait de grands cris.

Perceval s'approcha. « Douce amie, dit-il, que se passe-t-il ? Ne puis-je rien faire pour t'aider dans la détresse où je te vois plongée ? – Comment se peut-il que quelqu'un se soit égaré dans ce désert ? répondit-elle sans se retourner. Si tu m'en croyais, tu partirais d'ici au plus vite, car des choses bien fâcheuses y menacent l'étranger qui ne connaît pas les lieux. Nombre d'hommes, dans ces parages, ont perdu la vie, j'en sais quelque chose. Aussi, éloigne-toi, je t'en conjure, si tu ne veux périr comme ce chevalier ! – Femme, je n'ai jamais fui devant le danger. Dis-moi, qui a tué ce chevalier que tu tiens entre tes bras ? »

Elle se retourna alors et vit le jeune Gallois fièrement campé sur sa monture. « Perceval l'excommunié ! s'écria-t-elle. En vérité, j'ai peu de secours à attendre de toi, et je serais fort aise que tu t'écartes de moi au plus vite ! – Excommunié ? s'ébahit Perceval. Pourquoi me traites-tu d'excommunié ? Et comment sais-tu qui je suis ? » Après avoir reposé le corps du chevalier sur l'herbe jonchée de rosée, la femme regarda Perceval droit dans les yeux. « Je vais te le dire, reprit-elle. Tu es excommunié pour avoir causé la mort de ta mère. – Tu mens ! s'écria Perceval. Ma mère est l'être au monde auquel je tiens le plus ! – Tu n'en es pas moins responsable de sa mort, Perceval. Quand, malgré ses prières et son chagrin, tu l'as quittée, un glaive de douleur s'est plongé dans son cœur, et elle a succombé sitôt que tu eus franchi le pont. Au surplus, lorsque tu t'es retourné et l'as vue gisante à terre, à l'entrée du pont, tu n'as même pas esquissé le geste de revenir. Voilà pourquoi tu es excommunié. »

Eperdu de chagrin, le Gallois descendit de son cheval. « Douce amie, finit-il par dire, comment sais-tu tout cela ? – Je sais bien des choses qui te concernent, Perceval, car je suis ta cousine germaine, la fille d'un frère de ta mère. A ma naissance, on m'a donné le nom d'Onnen, mais on me connaît désormais seulement sous un autre nom. Celui-ci n'est guère flatteur, et je devrai le supporter aussi longtemps que les aventures ne seront pas accomplies. Mais, toi-même, Perceval, pourquoi te trouves-tu ici, et d'où viens-tu ? Je vois que tu portes au côté une épée qu'il me semble reconnaître. Qui te l'a donnée ? – Un vieil homme aux cheveux blancs, boiteux et qui m'a reçu la nuit dernière dans sa forteresse. Il me l'a remise en assurant qu'elle me conviendrait. – Comment, s'écria Onnen, oses-tu prétendre que tu as été la nuit dernière l'hôte du Riche Roi Pêcheur ? – Par ma foi, chère cousine, j'ignore s'il est roi, mais j'ai pu constater qu'il est riche et d'une parfaite courtoisie. Hier soir, alors que j'errais à la recherche d'un gîte pour la nuit, j'ai aperçu deux hommes dans une barque qui glissait doucement sur l'eau : l'un d'eux ramait, et l'autre pêchait à la ligne. C'est ce dernier qui m'a indiqué le chemin de sa demeure et m'y a hébergé pour la nuit.

– Certes, il est roi, sois-en certain, et je puis te dire qu'il a nom Pellès, tandis qu'on appelle sa forteresse Corbénic. Mais le roi Pellès a été blessé lors d'une bataille, et si grièvement qu'il en a presque perdu l'usage de ses jambes. Le coup douloureux porté par une lance l'a réduit à ce triste état. Il en souffre male mort de sorte qu'il ne peut monter à cheval. On est obligé de le transporter dans une litière. Et quand il veut se distraire, il se fait mettre en une barque et s'en va pêcher dans son étang ou dans la rivière qui s'y jette. Et voilà pourquoi on l'appelle le Roi Pêcheur. Mais, comme il est blessé, on l'appelle aussi parfois le Roi Méhaigné. Il ne peut supporter nul autre exercice. Il lui est impossible de chasser dans les champs ou le long des berges. Toutefois, il a ses fauconniers, ainsi que ses archers et ses veneurs, et ceux-ci vont en forêt tirer à l'arc. Et voilà pourquoi il se plaît tant ici. Dans tous ses domaines, il ne saurait trouver d'endroit qui lui convienne mieux. Aussi y a-t-il fait bâtir une demeure digne du puissant roi qu'il est.

– Par ma foi, chère cousine, tu ne te trompes pas. Hier soir, j'en ai été tout émerveillé. Dès que je suis entré dans la forteresse, on m'a reçu avec grand honneur et, quoique ma réserve me retînt d'oser l'aborder, il m'a fait approcher et m'a prié de ne pas lui tenir rigueur s'il ne pouvait se lever pour me saluer. J'ai pris alors place à ses côtés, et l'on nous a servi le plus somptueux repas que j'aie jamais pris. – Je n'en doute pas, dit la femme. On t'a fait là un grand honneur, je t'assure. Mais dis-moi, Perceval, as-tu vu la lance dont la pointe saigne bien qu'elle n'ait ni chair ni veine ?

– Certes, répondit le Gallois, je l'ai vue. – Et as-tu demandé pourquoi elle saignait de manière si mystérieuse ? – Non pas, je me suis bien gardé de poser semblable question ! – Perceval ! Perceval ! reprit la femme en se tordant les mains, Perceval ! Tu es vraiment maudit ! – Pourquoi maudit ? s'étonna le Gallois. – Tu as bien mal agi, sache-le, répliqua Onnen. Mais dis-moi encore : as-tu vu le Graal ? – Qu'est-ce que le Graal ? demanda Perceval. – Une coupe d'émeraude d'où jaillit une grande lumière. – Ah ! c'est donc ainsi qu'on l'appelle ! Eh bien, oui, je l'ai vu ! – Qui donc portait le Graal ? – Une jeune fille très belle, aux cheveux blonds, et vêtue d'une robe blanche. – D'où venait cette jeune fille ? – D'une chambre basse dont la porte ouvrait sur la grande salle – Et où s'en est-elle allée ? – Dans la même chambre, après avoir traversé toute la salle. – Est-ce que quelqu'un marchait devant le Graal ? – Assurément ! une autre jeune fille, vêtue de velours noir. – Et, dans ses mains, que portait cette jeune fille ? – Un tailloir d'argent. – Et devant elle, n'y avait-il personne d'autre ? – Si fait ! deux valets qui portaient chacun un chandelier d'or fin. – Et, vraiment, tu n'as demandé à aucun de ces gens pourquoi ils agissaient ainsi ? – Je m'en serais bien gardé ! Mon maître m'a recommandé de me montrer discret sur les affaires des autres. – Ah ! Perceval ! Quelle sottise t'a enseignée là ton maître, du moins pour cette occasion ! – Que veux-tu dire ? », s'enquit le Gallois qui commençait à trouver des plus étranges l'attitude de sa cousine.

Elle arracha sa coiffe, et Perceval vit avec stupeur qu'elle n'avait plus un seul cheveu sur la tête. « Regarde ! dit-elle avec des sanglots dans la voix. Tu vas comprendre pourquoi on ne m'appelle plus que la Demoiselle Chauve. Sache, Perceval, que je possédais jadis une chevelure plus belle encore que celle de la jeune fille qui portait le Graal. Mais le malheur a voulu que je sois l'amie d'un chevalier qui, admis comme toi dans la forteresse du Roi Pêcheur, n'a posé aucune question au sujet du Graal et de la Lance qui saigne. Ce chevalier, voici son cadavre. Et moi, qui fus son amie et qui l'accompagnais, j'ai été cruellement châtiée. Je ne recouvrerai pas ma chevelure avant que ne soit venu le Bon Chevalier et qu'il n'ait enfin posé les questions qui guériront de sa blessure le Roi Pêcheur et restitueront joie et bonheur à tous ceux du royaume. N'as-tu pas entendu les pleurs et les lamentations de ceux devant qui passait la Lance qui saigne ? Sache-le, Perceval, si, la nuit dernière, tu avais eu l'audace d'interroger sur ce que tu voyais, le roi infirme aurait retrouvé l'usage de ses jambes et il aurait été désormais en mesure de gouverner sa terre pour notre plus grand bien à tous. Tu étais celui qu'on attendait, Perceval ! La preuve en est cette épée qui t'était destinée de toute éternité. Mais tu as échoué, Perceval, et cet échec résulte du péché que tu as commis en faisant mourir ta mère de douleur. Cela, il te faudra le payer très durement, crois-le bien. – Mais que puis-je faire ? demanda Perceval avec désespoir.

– Pour ta mère ? Tu ne peux rien. Les morts sont avec les morts et les vivants avec les vivants. J'ai vu mettre ta mère en terre, et j'en avais le cœur serré parce que je la savais morte par ta faute et pour t'avoir aimé plus que de raison. Mais puisque tu me demandes ce que tu peux faire, je vais te le dire : aide-moi à ensevelir cet homme que j'ai aimé. Il est digne de mes pleurs et des soins que je puis lui rendre. Au bout de ce chemin se trouve une lande dont les pierres nous permettront d'élever un tertre. C'est là que je voulais le transporter quand tu m'as rencontrée. »

Sans souffler mot, Perceval saisit le corps du chevalier entre ses bras robustes et le plaça sur le dos du cheval d'Onnen. Après quoi, tous deux suivirent à pied le chemin et débouchèrent dans la lande mentionnée par la jeune femme. Ils étendirent alors le corps dans un creux du terrain et réunirent toutes les pierres qu'ils purent trouver pour lui édifier un tertre. Cette besogne terminée, Onnen s'agenouilla et se mit à prier : « Beau doux ami, dit-elle à travers ses larmes, sache que jamais je ne t'oublierai. Que Dieu garde ton âme en son saint Paradis et qu'il te pardonne la faute que tu as commise lorsque tu étais en présence du Graal. » Puis elle demeura silencieuse, immobile, comme si pour elle rien n'existait plus.

« Que le Dieu miséricordieux ait pitié de lui, dit Perceval. Voilà une bien douloureuse histoire. Mais maintenant qu'il gît là, couché sous ces pierres, tu ne peux plus demeurer ici, chère cousine. Et comme je n'ai plus de raison de retourner au manoir de ma mère, comme me voici voué à m'en aller par des routes inconnues, viens avec moi, je t'en prie. Je te servirai du mieux que je pourrai. – Non, répondit-elle, je ne m'en irai pas d'ici que mes cheveux n'aient repoussé. – Il me semble, objecta Perceval, que tu ferais folie de veiller ainsi, toute seule, auprès d'un mort. Mieux vaudrait poursuivre l'homme qui l'a tué. Et je te promets, si je puis le rejoindre, de le combattre. Ou il me réduira à merci, ou bien moi, je lui ferai crier grâce. »

La douleur d'Onnen redoubla. Elle s'en prenait à présent à ses vêtements ; ses doigts les lacéraient avec fureur. « Non, je ne m'en irai pas avec toi ! cria-t-elle. Certes, tu pourrais emprunter le chemin empierré qu'on aperçoit d'ici, et par où s'en est allé le félon qui a tué mon ami. Mais que servirait de le tuer, maintenant qu'est mort celui que j'aimais ? La vengeance n'est pas même une consolation et, en outre, tu risquerais toi-même de te faire tuer par plus fort que toi !

– Je ne crains personne, répliqua le Gallois. Et, avec cette épée que m'a donnée le Roi Pêcheur, je sais que je puis vaincre même un adversaire supérieur à moi !
– Tu n'es qu'un enfant, Perceval ! Il te reste encore à apprendre ce qu'est la vie ! s'écria Onnen. Cette épée que tu portes au côté, et qui jamais encore n'a versé une goutte de sang, je sais par qui elle a été forgée. Je sais également que c'est la Dame du Lac, la nièce du

Roi Pêcheur, qui l'a lui a envoyée pour qu'il la remette à qui pourrait la tirer du fourreau. Or, Perceval, tu l'as tirée du fourreau, et nul autre que toi, probablement, ne pouvait le faire. Mais ne va pas te figurer que cette épée te protégera de tout. Garde-toi bien de placer en elle toute ta confiance : elle te trahira à coup sûr, et, au moment où tu t'y attendras le moins, sa lame volera en deux morceaux. Cela dit, sans doute ignores-tu ses vertus merveilleuses : au premier coup que l'on en donne, elle demeure intacte, mais elle se brise au second. Tu ne pourras donc frapper deux fois de suite un même adversaire sans qu'il ne t'arrive malheur. Car que feras-tu d'une épée rompue en deux tronçons ?

– Chère cousine, dit Perceval, toi qui sembles connaître beaucoup de choses au sujet de cette épée, dis-moi ce que je devrai faire en telle occurrence. Serait-il possible d'en ressouder les deux tronçons ?

– Certes, oui, répondit Onnen, mais non sans mal, car il te faudrait aller jusqu'au lac de Cotoatre, où réside l'homme qui l'a forgée, Govannon, fils de Dôn. Près du lac se trouve une fontaine dont les eaux jaillissent depuis les profondeurs de la terre. Tu devrais t'y rendre avant le lever du jour. A condition de bien joindre les deux morceaux et de les plonger dans l'eau qui jaillit de dessous le rocher ceux-ci se ressoudent si exactement que la gorge et les tranchants de la lame y gagnent même en solidité, cependant que ses incrustations n'y perdent rien de leur beauté. Toutefois il convient, pour atteindre pareil résultat, de connaître une formule magique et de la prononcer tout en immergeant les tronçons. Or, cette formule, je crains fort qu'on ne te l'ait pas enseignée la nuit dernière, à Corbénic. Un seul homme pourrait te la révéler, Govannon lui-même[1].

1. Les détails qui concernent ce mystérieux forgeron sont rares et divergent selon les versions. Chrétien et Wolfram le nomment Trébuchet, les continuateurs du premier, Trébuet. Chrétien le fait habiter près du lac Cotoatre (le Firth of Forth d'Ecosse), Wolfram dans les

Mais qu'il le fasse, et il mourra le jour même. On ne saurait autrement réparer cette épée, et je ne souhaite pas d'en venir à cette extrémité. – Assurément, soupira Perceval, s'il lui arrivait de se rompre, j'en serais extrêmement marri ! – Dans ce cas, Perceval, va ton chemin. Malgré ton extrême jeunesse, tu as commis bien des fautes jusqu'à présent, mais surtout parce que tu ignorais la valeur des choses. Maintenant, cousin, laisse-moi seule, je t'en ai suffisamment dit. Il t'appartient désormais de prouver que tu es celui que l'on attendait. »

La jeune femme s'étendit sur le tertre et ne prononça plus un mot. Perceval garda les yeux fixés sur elle puis, après un instant d'hésitation quant à ce qu'il devait faire, il se décida : piquant des deux, il s'enfonça dans la forêt sans se retourner, comme de peur d'être tenté de rebrousser chemin.

Il avait à peine parcouru deux portées d'arc quand il aperçut, non loin devant, un palefroi décharné qui avançait au pas. L'animal était si maigre qu'il grelottait sous son crin ras, et ses oreilles pendaient, flasques. Il n'avait que le cuir sur les os, et sans doute les chiens des villages qu'il traversait s'ameutaient-ils pour guetter l'instant où sa chute leur faciliterait la curée. Quant à la housse et aux courroies de sa selle, elles étaient si usées et râpées qu'elles ne méritaient plus guère cette appellation.

environs de Kernant (Nantes). Seul Chrétien parle de mort inéluctable en cas de réparation de l'épée, seul Wolfram de la fontaine miraculeuse. Et tandis que *Peredur* n'en souffle mot, la tradition galloise mentionne un certain Govannon, alias Gobhniu pour l'Irlande, *forgeron* divin comme l'attestent le celtique *gobh* ou *goff* et sa filiation avec la déesse Dôn. Par cette dernière, il est donc le frère de Gwyddon, d'Arianrod et, surtout, de Gilvaethwy – Girflet –, compagnon d'Arthur qui, à la fin du cycle, jettera l'épée du roi dans l'étang où la Dame du Lac – Viviane – est censée la récupérer : n'est-elle pas la dépositaire des trois lames magiques et sacrées liées à la Quête du Graal, soit, outre Excalibur évoquée ci-dessus, l'épée de Perceval, ainsi que l'Epée aux Etranges Renges, celle-ci apparaissant dans des épisodes ultérieurs.

De plus, l'animal portait la jeune fille la plus misérable que Perceval eût jamais vue. Elle eût semblé belle pourtant, n'eût été sa parure indigne. Car sa robe en haillons, rapetassée à gros points et ficelée d'invraisemblables nœuds, lui laissait les seins à l'air. Sa chair était hachurée comme à coups de lancette, tant l'avaient brûlée le soleil, ravinée la pluie et la grêle. Echevelée, sans voile, la jeune fille exhibait en outre un visage défiguré par les larmes et le froid.

Et elle se lamentait : « Ah ! malheureuse que je suis ! disait-elle. Voici trop longtemps que je traîne, et sans l'avoir mérité, cette déplorable existence ! Dieu tout-puissant, je t'en conjure, envoie-moi quelqu'un qui me tire de peine, ou bien délivre-moi de l'homme qui me condamne à pareille turpitude. Je ne puis compter qu'il s'apitoie jamais. Vivante, je ne saurais lui échapper, et il refuse de me tuer. A moins qu'il ne se délecte du spectacle de ma misère, pourquoi recherche-t-il ma compagnie ? Ne devrait-il pas me plaindre, quand bien même je serais coupable ? N'ai-je pas déjà suffisamment expié, Dieu m'est témoin, mon innocence ? »

C'est alors que Perceval, survenant à sa hauteur, lui dit : « Belle amie, que Dieu te protège ! » Aussitôt, elle tenta de couvrir sa nudité mais, en la voilant ici, sa pudeur la dévoilait ailleurs. Et comme elle se retournait, la vue du jeune homme lui arracha un grand cri. « Belle, reprit Perceval, n'aie pas peur ! Je ne te veux aucun mal, bien au contraire ! – Tais-toi et passe ton chemin, toi qui es cause de mes malheurs ! répondit-elle en sanglotant. – Comment cela ? s'étonna le Gallois. Je ne crois pas t'avoir jamais rencontrée ! – Tu as bien peu de mémoire, en vérité ! Ne te souvient-il pas du pavillon dans la clairière où tu t'es comporté en goujat ? »

Stupéfait, Perceval la dévisagea, mais il ne put la reconnaître. « Est-ce à toi que j'ai pris un anneau, un pâté et un baiser ? demanda-t-il soudain. – Oui, répondit-elle dans un sanglot. Et c'est par ta faute que tu me vois aujourd'hui si changée. Aussi, si tu veux m'en croire, pars au plus vite ! – Moi, fuir ? s'écria Perceval. Devant quel danger ? Devrais-je avoir peur ? Qui donc me menace ? – Seigneur, je me montre trop indulgente en te conseillant la fuite ! Je devrais au contraire te dire de rester. Ainsi serais-tu châtié de ton audace, et je pourrais me réjouir de ta mort ! – Qui donc me menace ? répéta le jeune Gallois. – Ne le sais-tu pas ? dit-elle. L'Orgueilleux de la Lande se trouve tout près d'ici ! C'est lui qui m'oblige à courir les routes en ce pitoyable appareil, et ce parce qu'il m'accuse de t'avoir cédé, le jour où tu m'as surprise dans le pavillon de la clairière. Il a juré de se venger de toi, de moi, ainsi que de tous ceux qui m'approchent. Jusqu'à présent, nul, contre lui, n'a pu sauver sa tête. Cependant, sache qu'avant de frapper, il conte à tous pourquoi il m'inflige cet abominable traitement. Je te le répète, enfuis-toi pendant qu'il est encore temps ! »

Elle l'en priait encore quand, tout armé et la lance au poing, l'Orgueilleux de la Lande sortit du bois en soulevant des tourbillons de poussière et de sable. Il galopa sur eux, rapide comme la foudre, et cria : « Malheur à toi qui as fait halte auprès de cette jeune fille ! Sache que, pour lui avoir adressé la parole et l'avoir retenue, ne fût-ce que de la longueur d'un pas, tu vas mourir ! »

Sa lance baissée et le bouclier solidement arrimé dans son poing, Perceval s'était mis sur la défensive. « Mais je ne te tuerai pas, reprit l'Orgueilleux de la Lande, avant de t'avoir raconté pour quel méfait cette femme – Dieu la maudisse ! – subit la honte où tu la vois. Un jour que j'étais allé au bois, je l'avais laissée seule dans un pavillon au milieu d'une fraîche clairière. D'aventure passa un valet gallois qui lui déroba un baiser : elle-même me l'a avoué. Mais si elle me mentit et fut consentante, qui pouvait empêcher l'autre de poursuivre son avantage ? Personne ne croira jamais qu'il se contenta d'un baiser sans rien prendre d'autre ! Le fait est trop établi, lorsqu'une femme donne sa bouche, elle donne le reste aussitôt après, surtout lorsque le tête-à-tête le favorise. Une femme a beau se défendre, elle peut bien se dérober, tenir l'homme à la gorge, l'égratigner, le mordre, hélas ! son plus ardent désir est de succomber ! Elle se défend tout en désirant la défaite, en l'appelant de tous ses vœux. Elle veut qu'on la prenne de force, lui épargnant ainsi tout regret, tout remords !

– J'ignore de quoi tu parles, rétorqua Perceval d'une voix très calme. – Ah ! tu ne vois pas ? C'est pourtant bien simple : m'est avis qu'il a triomphé d'elle. Ne lui a-t-il pas en outre retiré l'anneau que je lui avais donné et qu'elle portait à son doigt ? Il l'a emporté, l'impudent, et j'en suis bien fâché ! Au surplus, il n'est pas parti sans avoir bu d'un fort bon vin qui m'appartenait et mangé d'un pâté que je me réservais. Voilà de quoi mon amie paie le loyer, comme tu peux le voir. Elle doit me suivre en tous lieux sans jamais changer de vêtement ni se laver ; elle doit subir les atteintes du soleil, de la pluie et du gel, et, j'en ai juré, son palefroi ne sera ni ferré ni soigné, elle-même n'aura ni nouvelle robe ni nouveau manteau que je n'aie tué celui qui l'a forcée !

– Ce sont folies que tu débites, répondit Perceval, et fort indignes d'un chevalier. Sache-le, c'est moi qui lui pris un baiser de force, et elle s'en irrita grandement. C'est moi qui lui ai enlevé son anneau, et je dois dire qu'il m'a bien servi, puisque grâce à lui j'ai pu loger la nuit suivante chez un ladre qui refusait de m'héberger sans salaire. Voilà tout ce qu'il y eut entre nous, je le jure par Dieu tout-puissant, sauf que je ne partis pas sans manger un pâté et sans boire tout le vin que je voulus. – Par ma foi ! s'écria l'Orgueilleux, c'est merveille de t'entendre confesser ton forfait. Tu as donc, de ton propre aveu, mérité la mort. – La mort n'est pas si près de moi que tu l'imagines ! » dit Perceval.

Alors, sans ajouter un mot, ils fondirent l'un sur l'autre, et ils se heurtèrent avec tant de colère que leurs lances volèrent en éclats tandis que tous deux vidaient leur selle. A peine à terre, ils se relevèrent et, tirant leurs épées, se défièrent avec fureur. Mais, sur un faux pas, l'Orgueilleux de la Lande s'écroula, tandis que Perceval levait son épée sur sa tête. « Grâce ! » cria l'Orgueilleux. Et comme Gornemant lui avait recommandé d'épargner l'ennemi qui s'avoue vaincu, le Gallois réprima sa rage. « Chevalier, dit-il, je ne te ferai grâce que tu ne l'aies d'abord accordée à ton amie. Elle n'a pas mérité son supplice, je te le jure !

– Seigneur, dit le vaincu, je suis prêt à toute réparation qu'il te plaira de m'imposer. Tu n'as qu'à commander, j'exécuterai fidèlement tes ordres. Mais sache que si j'ai fait endurer à cette jeune fille tant de tourments, c'est d'un cœur affligé et avec d'infinies souffrances, car je la préfère à la prunelle de mes propres yeux.
– Dans ce cas, dit Perceval, vis avec elle comme vous faisiez autrefois. Mène-la jusqu'au prochain manoir que tu possèdes et fais l'y baigner et se reposer jusqu'à ce qu'elle ait recouvré son teint vermeil. Alors, après l'avoir fait parer et vêtir bellement, tu la conduiras auprès du roi Arthur. Tu salueras le roi de ma part et te mettras en sa merci, équipé comme tu l'es pour l'heure. Tu devras aussi lui conter comment je t'ai renversé et pourquoi je l'ai fait. Tu narreras également, en présence de toute la cour, la pénitence que tu avais imposée à ton amie et à quelle misère tu l'as condamnée. Cela fait, tu prieras la reine de mander le nain et la naine qui sont à la cour, et tu leur diras, je te l'ordonne, que je ne reviendrai auprès d'Arthur que je les aie vengés de l'outrage que leur a infligé l'Homme Long. »

Après que l'Orgueilleux de la Lande eut promis de s'exécuter en tout point, ils se séparèrent. Le Gallois s'en fut seul à travers la forêt. L'Orgueilleux mena la jeune fille à son plus proche manoir, l'y fit baigner et se reposer. Puis il la fit vêtir et parer très richement, et il l'entoura de tels soins qu'elle ne tarda pas à recouvrer toute sa beauté. Enfin, au bout de quelques jours, tous deux partirent pour Kaerlion sur Wysg où, selon la rumeur, séjournait pour lors le roi Arthur.

Dès leur arrivée à Kaerlion, l'Orgueilleux de la Lande, toujours suivi de son amie, vint trouver Arthur. « Seigneur roi, dit-il, je suis ton prisonnier, fais de moi ce qu'il te plaira. Ainsi me le commanda le jeune chevalier aux armes vermeilles qui m'a vaincu en combat loyal. » Arthur comprit aussitôt de qui parlait l'Orgueilleux. « Désarme-toi, beau seigneur, répondit-il, et que Dieu donne joie et bonne aventure à celui qui t'envoie, car je ne connais meilleur chevalier que ce valet gallois. Quant à toi, sois aussi le bienvenu. Tu seras aimé et honoré parmi les miens.

– Seigneur roi, reprit l'Orgueilleux de la Lande, il m'a commandé autre chose, mais je ne puis m'exécuter qu'en présence de la reine et du nain et de la naine qui sont à la cour. » Arthur fit appeler Guenièvre, et celle-ci vint accompagnée du nain et de la naine. Et quand elle eut pris place aux côtés du roi, l'Orgueilleux conta comment il avait traité son amie, puis il termina en s'adressant au nain et à la naine : « Celui qui m'a envoyé ici m'a commandé de vous saluer et de vous dire qu'il ne reparaîtra à la cour du roi Arthur qu'après vous avoir vengés de l'affront que vous a infligé l'Homme Long. » A ces mots, le nain ne se tint plus de joie. « Ah ! Kaï ! s'écria-t-il, c'est pour le coup que tu vas payer ta dette, et tu n'attendras pas longtemps ! » Quant au roi, il regarda Kaï et lui dit d'un ton sévère : « Kaï, tu as été fort mal inspiré quand tu t'es moqué du valet gallois ! Tes railleries me l'ont fait perdre. Cependant, puisqu'il en est ainsi, je jure de ne pas me reposer deux nuits de suite en un manoir jusqu'à ce que j'aie retrouvé ce valet gallois qui me fait tant d'honneur. Et je n'attendrai pas un instant de plus pour partir à sa recherche. »

Cependant, Perceval chevauchait toujours sur des

chemins qu'il ne connaissait pas. Comme le soir tombait, il parvint à proximité d'une forteresse sise sur une éminence qui dominait, en une vallée, le confluent de deux rivières. Il alla jusqu'à la porte et la heurta de sa lance. Aussitôt, celle-ci fut ouverte par un homme brun qui, malgré des manières accomplies et une stature de guerrier, n'en avait pas moins l'air d'un adolescent. « Entre, seigneur, dit l'homme, et sois le bienvenu parmi nous. »

La forteresse recelait de nombreuses maisons. Perceval se dirigea vers la plus vaste. En entrant dans la salle, il aperçut une grande femme qui, majestueusement assise sur une banquette recouverte de velours rouge, était entourée de plusieurs suivantes toutes jeunes et fort belles. La dame se leva pour l'accueillir et le pria de s'asseoir près d'elle. Ils devisèrent un long moment puis, l'heure venue, passèrent à table. Néanmoins, le repas terminé, la dame dit à Perceval : « Seigneur, tu ferais sagement d'aller coucher ailleurs. »

Perceval en fut grandement étonné. « Pourquoi ne coucherais-je pas ici ? » demanda-t-il. La dame lui répondit : « Mon garçon, neuf des sorcières de Kaerloyw[1] logent ici avec toute leur famille. Elles vont et viennent dans la forteresse toute la nuit, maltraitant ceux qu'elles rencontrent, et quiconque essaie de leur échapper vers le lever du jour, celui-là, elles le tuent aussitôt. Elles se sont déjà emparées du pays et l'ont entièrement dévasté, à l'exception de cette seule maison. Voilà pourquoi, je te le dis, tu ferais mieux d'aller coucher ailleurs, car je serais navrée qu'il t'arrivât malheur.

– Eh bien ! répondit Perceval, si les sorcières jettent le trouble dans cette demeure, il convient de les en chasser. Quant à moi, je ne vois pas pourquoi je ne resterais pas cette nuit. S'il survient un danger, je vous

1. Kaerloyw (« forteresse lumineuse ») est le nom gallois de Gloucester.

secourrai de mon mieux. En tout cas, soyez-en sûre, je ne vous causerai aucun tort. » Là-dessus, chacun gagna sa chambre, et Perceval, après avoir disposé ses armes près de lui, s'endormit profondément.

Or, le jour commençait à poindre quand il se réveilla en sursaut : des cris effroyables ébranlaient toute la forteresse. Il se leva en hâte et, l'épée à son col, sans autres vêtements que sa chemise et ses chausses, sortit dans la cour. Là, il aperçut l'une des sorcières atteindre un veilleur, lequel se mit à hurler d'épouvante. Se ruant sur elle, Perceval lui assena un tel coup sur la tête qu'il lui fendit en deux son heaume comme un vulgaire plat. « Ta grâce, Perceval ! s'écria la sorcière, et celle de Dieu ! – D'où tiens-tu, sorcière, que je suis Perceval ? – Tel est le destin. Nous avons lu dans l'avenir qu'un jour nous rencontrerions Perceval, fils d'Evrawc, et qu'il nous ferait souffrir mille morts. Si tu me fais grâce, je te donnerai un cheval et une armure. Je t'emmènerai aussi pour t'apprendre des tours d'adresse et le maniement des armes. Et je t'assure que tu ne le regretteras pas, car je t'enseignerai des tours guerriers que personne d'autre ne connaît.

– Je le veux bien, répondit Perceval. Mais j'y mets une condition : donne-moi ta foi que ni toi ni les tiens ne causerez plus jamais de tort à la comtesse, à ses gens et à ses terres. – Je t'en donne ma foi », dit la sorcière. Alors Perceval lui permit de se relever.

Après avoir pris congé de la comtesse, il s'en alla donc sur ces entrefaites avec la sorcière, laquelle se nommait Scatach, jusqu'à Kaerloyw où ses pareilles tenaient leur cour. Devant leur forteresse se trouvait un pont magique qu'on appelait le Pont des Sauts, eu égard à certaines particularités : ainsi, lorsqu'on sautait dessus, il se rétrécissait au point de devenir aussi fin qu'un cheveu et aussi dur et glissant qu'un ongle ; ou bien, parfois, il se relevait aussi haut qu'un mât, et il était dès lors impossible de le franchir, à moins que l'on ne fût très expert dans l'art de sauter. « C'est par là que tu dois entrer », dit la sorcière à Perceval. Il se dirigea vers le pont, prit son élan et sauta. Mais le pont s'amenuisa si vivement que Perceval glissa et se retrouva sur le dos.

De l'autre côté, à l'intérieur de la forteresse, dans une maison plus haute que les autres, Uatach, la fille de Scatach, regardait par une fenêtre ce qui se passait. Mince, élancée, elle avait fière allure, de longs doigts blancs et des sourcils très noirs. En apercevant le jeune Gallois, elle fut toute bouleversée. « Sur mon âme, se dit-elle, je n'ai jamais vu d'homme plus beau que celui-ci et, je le sens bien, je mourrai s'il ne répond à mon amour. » Se précipitant au-dehors, elle se dirigea vers le pont.

Une fois encore, Perceval tenta de sauter, mais il n'y réussit pas mieux que précédemment. De part et d'autre du pont, des jeunes gens s'exerçaient à sauter, qui se moquaient ouvertement du Gallois. Alors, celui-ci devint enragé : prenant son élan, il sauta en l'air en se balançant comme s'il se laissait glisser dans le vent et, d'un bond furieux, parvint à se tenir au milieu du pont. Et comme le pont ne se rétrécissait pas, ne devenait ni dur ni glissant sous lui, il atteignit l'autre rive sous l'œil ahuri des rieurs. « C'est bien, mon garçon, dit Scatach. On avait prédit qu'un jeune homme réussirait cette épreuve à la troisième reprise et ce sans même y avoir été préparé. M'est avis qu'il s'agissait de toi. »

Là-dessus, Uatach s'approcha et souhaita la bienvenue à Perceval. Les deux sorcières le firent entrer dans une grande salle très obscure où on lui servit un repas agréable et, la nuit venue, Scatach l'envoya coucher dans la maison des gardes, à l'entrée du pont. Une fois rendu, il s'y étendit sur un lit. Mais ses hôtes, frappés par la facilité avec laquelle il avait franchi le pont, remâchaient en leur cœur autant de haine que de jalousie envers ce jeune homme inconnu. Aussi, profitant de son sommeil, vinrent-ils l'assaillir, bien décidés à le tuer. Mais Perceval bondit, saisit son épée et les en frappa si bien que d'un seul coup, il trancha la tête de trois d'entre eux. Puis, il sortit et s'en alla dans la cour ficher ces trophées sur des poteaux. Cela fait, il se recoucha, et les autres gardes, sans insister, le laissèrent dormir. Cependant, le lendemain, quand il voulut sortir de la maison, les deux fils de Scatach s'interposèrent et le provoquèrent au combat. Il dégaina mais eut beau se défendre de son mieux, il fut blessé au bras et à la jambe. Alors, dans sa fureur, il se précipita sur le plus grand des deux et lui fit voler la tête sur le pré. Voyant l'autre s'enfuir, il renonça à le poursuivre, ramassa la tête et la porta jusqu'à la maison de Scatach. Et celle-ci qui, en compagnie de sa fille, avait assisté au combat depuis sa fenêtre, ne put s'empêcher de dire : « Quel terrible garçon ! Les prophéties ne mentaient pas en nous prévenant de tout redouter de sa part. Mais comme c'est le destin qui nous l'envoie, force nous est de faire pour lui ce que nous devons. »

Aussi, lorsque le jeune homme eut pénétré dans sa maison, elle lui dit : « Mon garçon, tu es encore plus noble que je ne pensais. Ce soir, tu logeras ici comme il sied à un valeureux guerrier. Mais nous allons d'abord soigner tes blessures, car il n'est pas convenable de te laisser ainsi. » Après l'avoir pansé, les deux sorcières lui servirent à boire et à manger. Puis elles lui préparèrent un bon lit moelleux dans une chambre où il put reposer.

Or, pendant la nuit, tandis qu'il dormait d'un profond sommeil, Uatach pénétra dans sa chambre. Se réveillant en sursaut, il bondit de sa couche. « Ne crains rien, lui dit Uatach, je viens à toi sans mauvaise intention. Recouche-toi, je ne te veux nul mal, au contraire. Je voulais seulement te demander si tu n'avais besoin de rien. – Tout est pour le mieux, répondit Perceval en se glissant de nouveau sous la couverture. Je te remercie de ta sollicitude. M'est avis que je n'ai jamais été si bien soigné. » Uatach s'assit sur le rebord du lit et écarta légèrement les plis de son manteau. « Ne souhaites-tu pas davantage ? » murmura-t-elle en soupirant.

Perceval voyait parfaitement où elle désirait en venir. « Fille, lui dit-il, ne sais-tu pas que c'est un grave péché que de coucher avec une femme quand on est malade et blessé ? – Mais tu es guéri ! répliqua Uatach. – Je souffre encore beaucoup de la blessure que j'ai à la jambe, répondit Perceval, et j'ai grand-peine à bouger ma main gauche. » Alors, elle quitta la chambre sans prononcer d'autres paroles.

Mais, un peu plus tard, alors que Perceval se trouvait en pleine somnolence, elle revint sans bruit et se glissa dans le lit à côté du jeune homme. Elle était toute nue, et son corps frémissait de désir. Perceval en fut grandement ennuyé. Il étendit sa main valide vers la fille afin de la repousser et, ce faisant, fut assez maladroit pour lui pincer la peau de manière cruelle. Uatach poussa un long gémissement et protesta : « Honte et malédiction sur toi pour m'avoir ainsi fait du mal sans raison ! Tu me dois réparation, Perceval, fils d'Evrawc, sinon la malédiction que je t'ai lancée te poursuivra toute ta vie ! – J'avoue que j'ai eu tort de te repousser si durement, répondit Perceval. – Tes excuses ne suffisent pas. Je ne lèverai la malédiction que si tu me laisses dormir près de toi. – Non, reprit Perceval, laisse-moi reposer en paix. – Perceval ! Perceval ! pourquoi t'obstiner dans ton refus ? Ne suis-je pas assez belle pour toi ? – Là n'est pas la question. Tu es certainement la plus belle et la plus désirable de toutes les femmes que j'aie jamais vues, mais je t'en prie, laisse-moi reposer et me guérir de mes blessures. – Perceval ! repartit-elle, si tu couches avec moi cette nuit, je te promets que tu obtiendras de ma mère la connaissance de trois tours guerriers qui te rendront invincible, car tu seras le seul à qui elle les aura révélés. »

Perceval coucha donc avec elle cette nuit-là, et il s'en trouva même fort bien. Au matin, il n'en rappela pas moins à Uatach la promesse qu'elle avait faite. « Je ne l'ai pas oubliée, dit-elle. Voici ce que tu vas faire : en ce moment, ma mère est dans son bain ; elle est toute nue et n'a pas ses armes auprès d'elle. Va la trouver sans qu'on te remarque et brandis ton épée sur sa tête en la menaçant de mort et de destruction. Comme elle ne pourra rien contre toi, tu lui feras grâce en échange des trois tours guerriers. Cependant, tu ajouteras que tu exiges également sa fille, c'est-à-dire moi-même, avec l'amitié de ses propres cuisses. Car, faute de réclamer ces deux conditions, tu la verras ruser, et elle ne te fera pas connaître les tours guerriers qu'elle n'a jamais appris à quiconque. »

Perceval alla donc trouver Scatach et fit exactement comme Uatach lui avait dit. Pour sauver sa vie, la sorcière accepta les trois requêtes de Perceval. Ainsi le jeune Gallois séjourna-t-il trois semaines à la cour des sorcières, et il y apprit tout ce qu'il voulait savoir, c'est-à-dire les trois tours guerriers qui devaient le rendre invincible. La nuit, il couchait avec Uatach, et Scatach lui prodiguait abondamment l'amitié de ses cuisses[1]. Enfin, il prit congé de la mère et de la fille. « Va, Perceval, lui dit Scatach, et conduis-toi comme tu le dois. Je sais que nous aurons beaucoup à souffrir de toi, mais le destin est ainsi fait que nous ne pouvions rien te refuser. Sache que c'est le sage Merlin qui nous a instruites et qui a prédit ta venue parmi nous. » Et Perceval, remontant sur

1. Cette expression, qui figure à plusieurs reprises dans différents récits irlandais, désigne ce qu'on appellera plus tard de « brèves rencontres », dépourvues de toute connotation sentimentale. Toute provisoire qu'elle est, la liaison de Perceval avec Uatach conserve au contraire sa signification amoureuse. Il y a, dans cet épisode, de nombreuses réminiscences des temps celtiques où l'art militaire était réellement une magie guerrière et sexuelle, le jeune héros n'étant capable d'accomplir des prouesses qu'en faisant preuve de ses capacités amoureuses. Il est d'ailleurs significatif que ce soient des femmes qui initient le jeune héros. Voir J. Markale, *l'épopée celtique d'Irlande, op. cit.*, pp. 108-115 et 161-169.

son cheval, repartit sur des chemins qu'il ne connaissait toujours pas.

Vers le soir, il arriva dans une vallée au bout de laquelle il aperçut la cellule d'un ermite. Celui-ci l'accueillit avec une grande courtoisie et lui servit un modeste repas composé de pain et de baies sauvages, puis l'hébergea pour la nuit dans son ermitage. Le lendemain matin, Perceval se leva de bonne heure et sortit. Il avait neigé durant la nuit, et il vit le sol de la vallée entièrement recouvert d'une nappe blanche. Il entendit alors une troupe d'oies sauvages qui, après avoir tournoyé, s'abattirent soudain près d'un tronc d'arbre renversé en poussant de grands cris. C'est alors que surgit un faucon, lequel s'était échappé des mains des serviteurs du roi Arthur. En apercevant les oies, le rapace se précipita et enfonça ses serres dans l'une d'elles qui ne se dégagea qu'à grand-peine de son emprise et se réfugia dans les hautes branches d'un arbre, sans pour autant pouvoir reprendre son essor. De la blessure qu'elle avait reçue, trois gouttes de sang vermeil tombèrent sur la neige, tandis que la troupe de ses compagnes se dispersait dans les nues avec des piaillements terrifiés. Perceval, lui, s'approchait du tronc quand survint un corbeau qui, se posant sur la neige, entreprit de boire les trois gouttes de sang. Perceval s'arrêta, immobile devant ce spectacle qui le fascinait. En voyant la noirceur du corbeau, la blancheur de la neige et la rougeur du sang, il songea aux sourcils de la femme qu'il aimait le plus [1], à ses sourcils, aussi noirs que l'aile du corbeau ou le jais, à sa peau, aussi blanche que la

1. La notion de fidélité, chez les Celtes, diffère de la nôtre, ainsi que de celle qui s'exprime, dans les textes du Moyen Age, à propos de Lancelot ou de Tristan dont les aventures sont déjà marquées par la morale chrétienne. Perceval, du moins tel qu'il apparaît dans les textes gallois, peut aimer *plus que les autres* une femme privilégiée, en l'occurrence la belle Blodeuwen. Mais si, comme on l'a vu, Perceval est fondamentalement « fidèle » à Blodeuwen, il n'éprouve aucun scrupule à aimer *moins que Blodeuwen* les autres femmes qu'il

neige, aux pommettes de ses joues, aussi rouges que sur la neige le sang vermeil[1].

Au même moment, Arthur et ses compagnons, qui s'étaient lancés à la recherche de Perceval, parvenaient juste au sommet de la colline qui surplombait la vallée. Ils s'arrêtèrent un instant pour observer le paysage. « Savez-vous, demanda Arthur, qui est ce chevalier à la longue lance que je vois immobile, là-bas, dans le vallon ? – Nous n'en savons rien, répondirent-ils, mais l'un de nous peut aller aux nouvelles. – Bien parlé, dit Sagremor le Desréé, j'y vais. Je saurai bien qui il est. »

Il piqua donc des deux et se rendit auprès de Perceval. Il lui demanda qui il était et ce qu'il faisait ainsi à contempler le sol recouvert de neige. Mais Perceval était si absorbé par la pensée de la femme qu'il aimait le plus qu'il omit de répondre. Irrité de cette attitude qu'il crut méprisante, Sagremor le heurta de sa lance. Alors Perceval se retourna vivement et l'envoya à terre par-dessus la croupe de son cheval. Sagremor revint piteusement vers Arthur et lui expliqua ce qui s'était passé. « Par ma foi ! s'écria le roi, je n'avais jamais rien vu de pareil ! », et il envoya un de ses écuyers demander au chevalier qui il était et ce qu'il faisait ainsi. Mais le malheureux n'eut pas plus de chance que Sagremor et dut revenir vers Arthur avec une blessure au bras. « Je

rencontre. La suite de ses aventures en témoignera largement. Il y a loin de ce Perceval archaïque à celui que mettront en scène les auteurs du XIIIe siècle influencés par la pensée cistercienne. Perceval deviendra « fidèle » au sens moderne du terme, voire entièrement chaste.

1. Cette image poétique est célèbre. Ses plus anciennes mentions se trouvent dans des récits irlandais antérieurs au XIe siècle, ce qui prouve son origine proprement celtique. Chez Chrétien de Troyes et Wolfram von Eschenbach, l'image s'est affaiblie, car il n'est fait état que du sang et de la neige. Les trois couleurs, blanc, rouge et noir, ne se trouvent que dans *Peredur*, où elles prennent évidemment toute leur puissance d'évocation. A noter que de nombreux commentateurs ont été intrigués par le fait que ces trois couleurs correspondent symboliquement aux trois étapes du Grand Œuvre des alchimistes.

vais y aller, dit Kaï, et nous verrons bien qui sera le plus fort. Je me charge de le corriger et de l'obliger à nous présenter des excuses ! »

Kaï se rendit donc en personne auprès de Perceval et l'assaillit de paroles acerbes et désagréables. Or Perceval, se retournant, lui darda sa lance sous le menton et le culbuta à une portée de trait de lui, si bien que Kaï se brisa le bras et l'omoplate. Puis il fit passer son cheval vingt fois par-dessus son corps avant de reprendre sa méditation devant les gouttes de sang sur la neige. De douleur, Kaï s'était évanoui pendant que son destrier s'enfuyait au galop, de manière aussi fougueuse que désordonnée. En le voyant revenir sans son cavalier, les gens d'Arthur se doutèrent bien que le sort n'avait pas été plus favorable à celui-ci qu'à ses prédécesseurs. Ils se rendirent donc en hâte sur le lieu de la rencontre et crurent d'abord que le sénéchal avait été tué. Après l'avoir relevé avec précaution, ils reconnurent que les soins d'un bon médecin suffiraient à le guérir. On le déposa à l'écart, dans un pavillon dressé pour Arthur, et celui-ci envoya quérir des médecins habiles afin de soulager le blessé. Le roi fut très peiné de cet accident, car, en dépit de son caractère et de ses sarcasmes, il aimait beaucoup son frère de lait. Quant à Perceval, malgré le remue-ménage qu'avaient fait les gens d'Arthur tout autour de lui, il se trouvait toujours plongé dans sa méditation.

Gauvain fit alors remarquer que personne n'avait le droit de troubler d'une manière aussi inconvenante un chevalier perdu dans ses pensées, car il se pouvait qu'il eût subi quelque chagrin, quelque perte, ou qu'il songeât tout simplement à une femme qu'il aimait. « C'est probablement cette inconvenance et cette impolitesse, ajouta-t-il, qui ont causé le malheur de ton sénéchal. Si tu le trouves bon, seigneur roi, j'irai voir si ce chevalier est sorti de sa méditation. Dans ce cas, je le prierai amicalement de te venir voir et de te parler. » En entendant le discours de Gauvain, Kaï éprouva tant d'irritation qu'il se répandit en paroles haineuses et courroucées. « Gauvain ! s'écria-t-il, je ne doute pas que tu ne l'amènes en tenant ses rênes ! Bien minces seront ta gloire et ton honneur pour avoir vaincu de la sorte un chevalier sans doute exsangue et épuisé par de nombreux combats. Au demeurant, voilà comment tu t'es tiré bien souvent d'affaire. Tant que tu conserveras ta langue et tes belles phrases, il te suffira d'une robe de fine toile en guise d'armure ! Tu n'auras certes besoin de rompre ni lance ni épée pour te battre avec un chevalier que tu trouveras dans un tel état !

– Kaï, répliqua calmement Gauvain, tu pourrais, s'il te plaisait, tenir un langage plus aimable à l'égard de ceux qui ont toujours été loyaux envers toi. Est-ce vraiment à mes dépens que tu devrais rassasier ta fureur et ton ressentiment ? M'est avis en effet que je ramènerai ce chevalier sans qu'il m'en coûte bras ni épaule !

– Tu as parlé sagement, mon neveu, dit Arthur. Va, prends des armes convenables, choisis ton cheval et engage conversation avec ce chevalier qui m'intrigue tant. »

Gauvain s'arma et se dirigea, sans se presser et comme si c'était un jeu, au pas de son cheval, vers l'endroit où Perceval continuait à méditer sur les gouttes de sang que sur la neige avait voulu boire le corbeau. Il le trouva de fait appuyé sur la hampe de sa lance, plus que jamais indifférent à ce qui se passait autour de lui, et, s'approchant en prenant grand soin de ne manifester nul signe d'impatience ou d'animosité, il lui dit d'une voix très douce : « Chevalier, veux-tu me faire l'honneur de me répondre ? » Perceval ne bougea pas d'un pouce. Au vrai, il n'avait rien entendu. Gauvain s'approcha davantage et fit le tour de Perceval de manière à se retrouver en face de lui. « Chevalier, reprit-il, si je savais que cela pût t'être aussi agréable qu'à moi, je m'entretiendrais volontiers avec toi. Je viens en effet te trouver de la part du roi Arthur, et te prier de le venir voir. Trois de ses hommes sont déjà venus t'aborder à ce sujet.

– C'est vrai, dit Perceval, mais ils se sont présentés de façon fort désagréable, surtout le dernier qui m'a agoni d'injures imméritées. C'est à mon grand regret que j'ai dû me battre contre eux, car il me déplaisait grandement d'être ainsi dérangé dans mes pensées. Tu veux savoir pourquoi ? Je songeais à la femme que j'aime le plus, et voici comment m'est venu son souvenir : je me promenais sur la neige et, en voyant cette neige, les gouttes de sang et le corbeau qui tentait de les boire, je me suis mis à penser que la peau de la femme que j'aime est blanche comme la neige, que ses pommettes sont rouges comme le sang et ses sourcils noirs comme le plumage du corbeau.

– Certes, répondit Gauvain, voilà une pensée qui n'est pas dépourvue de noblesse, je l'avoue, et je ne saurais m'étonner qu'il t'ait déplu d'en être distrait. – Qui es-tu ? demanda Perceval. – Gauvain est mon nom. Je suis le fils du roi Loth d'Orcanie et le neveu du roi Arthur. – Fort bien, dit Perceval. Puisque tu es des gens d'Arthur, peux-tu me dire si parmi eux se trouve un Homme Long qui ne sait proférer que paroles fielleuses et méchantes ? – Pour sûr qu'il y est ! Sache, mon ami, que cet Homme Long, comme tu l'appelles, est Kaï, le sénéchal et le frère de lait du roi Arthur. Et c'est le dernier chevalier contre lequel tu t'es battu. Il n'a pas lieu de s'en féliciter, car il s'est brisé le bras et l'omoplate en retombant sur le sol après que ton coup de lance l'eut projeté à bas de son cheval. – Eh bien ! dit Perceval, j'aime autant commencer à venger ainsi l'injure faite au nain et à la naine ! »

Gauvain fut très étonné de l'entendre ainsi parler du nain et de la naine. Il regarda attentivement le chevalier, mais il ne se souvenait pas de l'avoir jamais vu à la cour d'Arthur. « Qui es-tu donc, mon ami ? demanda Gauvain. – Je n'ai pas à te le cacher. Le nain et la naine m'ont nommé quand ils ont été insultés par l'Homme

Long. Je suis Perceval, fils d'Evrawc, celui qui avait juré de ne pas revenir à la cour tant que l'injure faite au nain et à la naine n'aurait pas été vengée. – Perceval ! c'est donc toi que nous recherchions ! Sache que le roi Arthur lui-même te réclame depuis de longues semaines. Et tu peux revenir à la cour, maintenant qu'est vengé l'outrage de Kaï. Viens avec moi auprès du roi. – Volontiers, seigneur, répondit Perceval. Je suis heureux de te rencontrer. J'ai entendu vanter tes prouesses et ta courtoisie partout où je suis allé. Je te prie de m'accorder ta compagnie. » Et tous deux revinrent vers Arthur.

En apprenant que Gauvain ramenait le chevalier inconnu, Kaï s'écria : « Je le savais bien qu'il ne serait pas nécessaire à Gauvain de se battre contre le chevalier ! Il n'est pas étonnant qu'il s'acquière une grande réputation ! Il en fait plus par ses belles paroles que nous par la force et l'habileté de nos armes ! » Perceval et Gauvain allèrent au pavillon de celui-ci afin de se désarmer. Tous deux revêtirent les mêmes habits, puis ils se rendirent, main dans la main, auprès d'Arthur et le saluèrent. « Voici, dit Gauvain, le jeune homme que tu cherchais, Perceval, fils d'Evrawc. – Beau neveu, dit le roi, je te remercie d'avoir convaincu ce vaillant chevalier de venir parmi nous. Et toi, Perceval, puisque tu es à ma cour, je te prie de n'en plus partir. Ta vaillance et tes prouesses sont bien connues, et combien j'ai regretté, depuis que je t'ai vu pour la première fois, de n'avoir pas insisté pour te retenir ! Et pourtant, toute la cour en avait entendu la prédiction ! Non, le nain et la naine que frappa le sénéchal ne se sont pas trompés, leur prophétie s'est vérifiée en tout point, et tu as tenu ta parole en les vengeant de l'affront que leur avait infligé Kaï. »

A ce moment survinrent la reine et ses suivantes. Quand Perceval vit Guenièvre et après qu'on l'eut assuré que c'était bien elle, il s'avança au-devant d'elle et dit : « Que Dieu donne joie et honneur à la plus belle et à la meilleure de toutes les dames qui soient au monde ! Ainsi parlent d'elle tous ceux qui la voient et tous ceux qui l'ont vue. – Sois le bienvenu, Perceval, fils d'Evrawc, répondit la reine, toi qui viens de prouver à tous ta haute et rare vaillance ! » Là-dessus, le roi ordonna à ses gens de se rassembler, et tous ensemble prirent le chemin de Kaerlion sur Wysg[1].

1. Ce chapitre suit essentiellement le récit de *Peredur,* non sans menus détails empruntés à Chrétien de Troyes et à Wolfram von Eschenbach. L'épisode de l'Orgueilleux de la Lande suit le texte de Chrétien, et celui du séjour de Perceval à la cour des sorcières un récit irlandais, *l'Education de Cûchulainn* (texte et trad. anglaise de W. Stokes. *Revue celtique,* XXXI, p. 110 *sqq.*).

5

L'Impératrice

Le soir même de son arrivée à la cour d'Arthur à Kaerlion sur Wysg, Perceval s'en alla faire un tour dans la forteresse, après le repas, et rencontra Angharad à la main d'or, l'une des suivantes de la reine. Il éprouva un tel trouble lorsqu'il la vit, drapée dans sa belle robe de soie qui flottait au vent, qu'il s'arrêta devant elle et lui dit : « Par ma foi, douce amie, tu es si plaisante et avenante que je pourrais m'engager à t'aimer plus qu'aucune autre femme, si tu le voulais. – Par ma foi ! riposta-t-elle, eh bien, moi, je ne t'aime pas et jamais ne voudrai de toi ! – Quant à moi, repartit Perceval, je gage la mienne de ne pas souffler mot à un chrétien que tu n'aies reconnu et avoué devant tout le monde que tu m'aimes plus qu'aucun autre homme ! » Et, là-dessus, il la quitta pour aller se coucher.

Le lendemain matin, sitôt le soleil levé, il partit sans que personne pût le remarquer. Il sortit de la forteresse et suivit, le long de la croupe d'une montagne, une grande route au bout de laquelle il aperçut une vallée de forme circulaire dont le pourtour était boisé, rocailleux, tandis que le fond en était uni et tapissé de prairies verdoyantes. Des champs labourés s'étendaient aussi entre les prairies et les bois. Parmi ces derniers, Perceval remarqua, disséminées à travers les arbres, des maisons noires, d'un travail grossier. Dévalant la pente, il mena son cheval de ce côté-là et, peu avant d'y parvenir, aperçut la masse d'un rocher aigu que contournait un mince sentier. Un lion enchaîné dormait sur le bord du rocher, empêchant quiconque d'emprunter le sentier. En contrebas, un gouffre d'une profondeur et d'une taille effroyables était rempli d'ossements d'animaux et d'hommes.

Perceval s'arrêta, sauta à bas de sa monture et dégaina puis, s'approchant en silence du fauve, lui fendit d'un seul coup le crâne et le jeta, toujours suspendu à sa chaîne, par-dessus bord. Un second coup brisa la chaîne, et le lion fut précipité dans le gouffre. Alors Perceval, avec mille précautions, conduisit son cheval pas à pas le long de la corniche et, de la sorte, atteignit la vallée. A la lisière du bois se dressait une maison fortifiée d'allure peu engageante, car elle semblait aussi délabrée que si des ennemis l'eussent saccagée.

C'est néanmoins vers elle que se dirigea Perceval. Or, dans la prairie qui s'étendait devant sa façade, il aperçut, assis sur un tronc d'arbre, un grand gaillard aux cheveux gris, très grand, de fait le plus grand qu'il eût jamais vu. Lequel observait deux jeunes gens en train de lancer des couteaux dont les manches étaient en os de baleine : fort grands, eux aussi, l'un brun, l'autre blond, ils avaient des visages revêches qui ne laissaient rien présager de bon.

Perceval s'approcha toutefois de l'homme aux cheveux gris et le salua. « Honte sur la barbe de mon portier ! » s'écria celui-ci d'un ton plein de colère. A ces mots, le Gallois comprit que le portier devait être le lion qu'il venait de tuer. « Mais puisque tu es là, jeune homme, reprit l'autre, je me dois de t'accorder l'hospitalité. » Et sans ajouter rien d'autre, il se leva et se dirigea vers la maison. Perceval le suivit, et les deux jeunes gens délaissèrent leur jeu pour leur emboîter le pas. Ils entrèrent dans une grande salle qui faisait grand contraste avec l'extérieur, car elle était belle et de noble aspect, avec ses meubles en bois précieux et les riches tentures qui paraient ses murs. Des tables y étaient dressées, qui portaient à foison nourriture et boisson. Et Perceval se demandait quelle sorte de gens pouvaient être les habitants de cette maison quand survinrent, par une porte qu'il n'avait pas remarquée jusqu'alors, une femme d'un certain âge et une jeune fille qui, assurément, étaient les plus grandes femmes qu'il eût jamais vues. Elles était minces, élégantes, la plus jeune, au visage agréable et des yeux gris qui flamboyaient, portait une belle robe de brocart rouge. Elles vinrent saluer le Gallois avec une grande courtoisie, mais elles ne prononcèrent aucune parole.

L'homme aux cheveux gris demanda de l'eau. Aussitôt, deux valets qui étaient très grands, eux aussi, apportèrent des bassins, et chacun s'y lava les mains. Ensuite, l'hôte alla se placer au haut bout de la table ; la femme d'un certain âge prit place à côté de lui ; on invita Perceval à s'asseoir auprès de la jeune fille, et tous quatre se mirent à manger, servis par les deux valets. En examinant attentivement Perceval, la figure pourtant si avenante de la jeune fille se crispa. Puis celle-ci sembla sombrer dans une profonde tristesse.

Perceval s'en aperçut et lui en demanda la cause. « Mon âme, répondit-elle, dès le moment où je t'ai vu, je t'ai aimé par-dessus tout au monde. – Je ne vois pas en quoi cela peut tant t'affliger ! s'étonna Perceval. – C'est que, reprit-elle, il m'est pénible de voir un jeune homme aussi noble et aussi beau que toi sous le coup de la mort qui t'attend demain. – Que veux-tu dire, douce amie ? » Mais la jeune fille se tut, et le reste du repas se déroula dans le plus grand silence.

Quand les deux valets eurent débarrassé les tables, l'homme aux cheveux gris alla s'asseoir dans un coin de la salle en compagnie de la femme d'un certain âge et des deux jeunes gens que Perceval avait vus s'exercer au jeu des couteaux. Quant à la jeune fille, elle entraîna le Gallois dans le coin opposé de la salle et le fit asseoir près d'elle. « Je te dois des explications, lui dit-elle. As-tu vu les maisons noires disséminées dans le bois ?

– Certes, répondit le Gallois, et leur aspect m'a fort surpris ! De quoi s'agit-il, belle amie ? – Tous ceux qui y logent sont des gens de mon père, l'homme aux cheveux gris, là-bas, et tous sont des géants inaccessibles à la pitié. Demain, ils se rassembleront contre toi et ils te tueront, aussi vrai que je te parle en ce moment. – Cela m'étonnerait, répondit tranquillement Perceval. – Tu ne sais ce que tu dis, reprit la jeune fille. Ils n'ont ni foi ni loi. Leur seul plaisir est de tuer tous les malheureux qui se risquent dans ces parages. Jamais personne n'est sorti vivant de la Vallée Ronde, ainsi qu'on appelle cette vallée, personne, pas même les plus courageux et les plus intrépides des hommes de guerre. – Eh bien ! répliqua Perceval, c'est ce que nous verrons. Belle amie, veux-tu faire en sorte que mon cheval et mes armes se trouvent dans le même logis que moi, cette nuit ? – Certes, si je le puis, je le ferai par amour pour toi, sois-en sûr, beau jeune homme. » Et, en effet, quand il parut opportun de dormir et que tous allèrent se coucher, la jeune fille fit en sorte que le cheval et les armes de Perceval fussent dans le même logis que lui.

Le lendemain, au lever du jour, celui-ci entendit le tumulte des hommes et des chevaux qui cernaient la maison. Il se leva, revêtit ses armes, harnacha son cheval et se rendit tranquillement dans la prairie. Pendant ce temps, la femme d'un certain âge et la jeune fille étaient allées trouver l'homme aux cheveux gris : « Seigneur, dirent-elles, prie le jeune homme de te faire le serment qu'il ne révélera rien de ce qu'il aura vu ici, et laisse-le repartir sain et sauf. Nous lui servirons de cautions. – Non, répondit l'homme aux cheveux gris, mes gens me le reprocheraient. »

Perceval affronta donc toute la troupe, et ce pendant la journée entière. Vers le soir, il en avait tué un tiers sans qu'aucun de ses adversaires lui eût fait le moindre mal. La femme d'un certain âge dit alors à l'homme aux cheveux gris : « Seigneur, il a tué nombre de tes gens et prouvé sa valeur. Fais-lui grâce. – Cela ne peut être, répondit l'homme. Il se battra jusqu'à ce qu'il soit lui-même tué. » Et ce soir-là, comme si de rien n'était, il convia Perceval à partager son repas puis, l'heure venue, tous allèrent se coucher. Comme la veille, la jeune fille avait fait en sorte que les armes et le cheval de Perceval fussent dans le même logis que lui.

Le lendemain matin, la femme d'un certain âge et la jeune fille se rendirent sur les remparts et, à travers les créneaux, regardèrent le combat. Soudain, Perceval se trouva face à face avec le jeune homme blond et, d'un seul coup d'épée, le tua. « Seigneur, dit la jeune fille à l'homme aux cheveux gris, fais grâce à ton hôte ! – Cela ne peut être ! répondit-il. Il combattra jusqu'à la mort. » Aussitôt après, Perceval se trouva face à face avec le jeune homme brun et, d'un seul coup d'épée, le tua de même. La femme d'un certain âge dit alors à l'homme aux cheveux gris : « Que n'as-tu accordé ta grâce à ton hôte avant qu'il n'eût tué tes deux fils ! A peine pourras-tu lui échapper toi-même, à présent. » L'homme aux cheveux gris dit alors à la jeune fille : « Va le trouver, toi, et prie-le de nous accorder sa grâce, encore que nous la lui ayons refusée ! »

La jeune fille se rendit auprès de Perceval. « Jeune homme à qui j'ai donné mon amour, écoute-moi, je t'en conjure, au nom de l'amour que je te porte. Bien que mon père ait été injuste et cruel envers toi, accorde-lui grâce, à lui et à tous les hommes qui sont encore en vie. – J'y consens, répondit Perceval, mais à condition que ton père et tous ses vassaux aillent prêter hommage au roi Arthur et lui dire que c'est Perceval le Gallois qui les a vaincus. – Sur ma tête, je t'assure que nous le ferons. – Ce n'est pas tout, reprit Perceval. Puisque vous n'êtes pas chrétiens, j'exige que vous alliez tous en une église vous faire baptiser. – Nous le ferons, je te l'assure », dit la jeune fille. Et, sans plus tarder, elle alla rendre compte de son entretien à son père.

Lorsque le Gallois entra dans la salle, la femme d'un certain âge et l'homme aux cheveux gris lui adressèrent leurs saluts. Ce dernier lui dit : « Depuis que je possède cette vallée, tu es le premier chrétien que j'aie vu s'en retourner en vie. Jeune homme, je dois rendre hommage à ta vaillance et à ton courage. Ainsi que tu le désires, nous irons prêter hommage au roi Arthur et nous recevrons le baptême. – Dans ce cas, répondit Perceval, j'enverrai un messager à Arthur pour le prier de te faire don de cette vallée, à toi et à tes héritiers pour toujours, après toi. – Grâces t'en soient rendues, jeune homme. Tu es aussi généreux que téméraire. – Moi, dit Perceval, je rends grâces à Dieu de n'avoir pas violé mon serment à la femme que j'aime le plus : j'avais juré de ne pas dire un seul mot à aucun chrétien avant qu'elle ne m'avoue pour l'homme qu'elle aime le plus au monde. » Cette nuit-là, Perceval demeura dans la maison de l'homme aux cheveux gris et, le lendemain matin, malgré les larmes de la jeune fille, il prit congé de ses hôtes, sauta sur son cheval et quitta la Vallée Ronde.

Sans plus tarder, l'homme aux cheveux gris et tous ses gens prirent la route pour se rendre auprès d'Arthur. Une fois arrivés à Kaerlion sur Wysg, ils allèrent sur-le-champ se présenter au roi et lui racontèrent tout ce qui s'était passé, sans rien omettre et en précisant bien que c'était Perceval le Gallois qui les avait vaincus. Arthur reçut leur soumission avec une grande satisfaction. Et, comme l'avait demandé Perceval, il fit don de la Vallée Ronde à l'homme aux cheveux gris, à lui et aux siens, pour la tenir comme étant ses vassaux. Puis il leur permit de rentrer chez eux sitôt baptisés.

Cependant, Perceval chevauchait à travers bois et landes. Longtemps il erra ainsi, sans adresser la parole à aucune espèce de chrétiens. Aussi perdait-il ses couleurs et sa beauté, tant le tourmentaient les regrets extrêmes que lui inspiraient la cour d'Arthur et la femme qu'il aimait par-dessus toute autre. Après avoir parcouru d'immenses déserts sans y trouver d'habitations, il se décida donc à se diriger vers la cour. En chemin, il rencontra des gens d'Arthur qui, Kaï à leur tête, s'en allaient remplir une mission que leur avait confiée le roi. Perceval les reconnut tous, mais aucun d'eux ne le reconnut, tant son aspect avait changé.

« D'où viens-tu, seigneur ? » lui demanda Kaï. Perceval ne répondit rien. Kaï lui reposa la même question, une deuxième, puis une troisième fois, mais il ne reçut pas davantage de réponse. Alors il le frappa de sa lance et lui entailla la cuisse. Mais Perceval, afin de ne pas être forcé de parler, passa outre sans rien entreprendre pour se venger. « Par Dieu tout-puissant, Kaï ! s'exclama Gauvain, tu as été mal inspiré en blessant ce jeune homme sous prétexte qu'il ne parle pas ! » Et, furieux, Gauvain quitta la troupe et regagna la cour d'Arthur. Là, il alla trouver Guenièvre et lui dit : « Reine, vois combien Kaï est rempli de méchanceté ! Il vient de blesser un jeune homme simplement parce que celui-ci ne lui répondait pas. Or voici que ce jeune homme se trouve dans le pré, devant la forteresse, et nul ne s'occupe de lui. Je t'en prie, fais venir des médecins pour le soigner. A mon retour, je saurai reconnaître ce service. – Beau neveu, répondit Guenièvre, sois sans crainte, je ferai en sorte qu'il soit rapidement guéri. »

Cependant, avant que les hommes d'Arthur ne fussent revenus de leur expédition, un chevalier inconnu vint sur le pré, devant la forteresse, armé de pied en cap et monté sur un cheval robuste. Il s'adressa au portier et demanda que quelqu'un vînt se battre contre lui. Sa requête fut agréée, et Sagremor se présenta pour relever le défi. Mais il fut renversé au premier assaut et dut rentrer piteusement dans la forteresse. Et à chaque jour qui suivit, il en fut de même : le chevalier inconnu réclamait un adversaire et, invariablement, celui-ci mordait la poussière.

Un matin, Arthur était allé se promener dans le bois. En revenant à la forteresse, il aperçut le chevalier inconnu dont l'étendard de combat claquait au vent.

« Par Dieu tout-puissant ! s'écria le roi, je ne partirai d'ici que l'on ne m'amène mon cheval, qu'on ne m'apporte mes armes et que je n'aie combattu ce rustre qui nous défie avec tant d'orgueil ! » Les valets qui se trouvaient avec lui s'empressèrent d'aller quérir ses armes et son destrier. Mais, en revenant, ils passèrent à côté de Perceval qui reposait au pied d'un arbre. Celui-ci se leva, dispersa les valets, enfourcha le cheval, prit les armes, et s'en alla droit sur le pré à la rencontre du chevalier. Les gens d'Arthur, et Arthur lui-même – il n'était pas le moins étonné –, montèrent, sitôt qu'ils le virent marcher au combat, sur le haut des maisons, sur les collines et sur les lieux élevés pour observer le déroulement de la lutte.

S'approchant du chevalier inconnu, Perceval lui intima, d'un signe de la main, de bien vouloir commencer l'assaut. Mais son adversaire eut beau le charger, il ne réussit pas à le faire bouger d'un pouce. Perceval, à son tour, lança son cheval à bride abattue, l'aborda avec vaillance et fureur, terriblement, durement, avec ardeur et fierté, lui donna sous le menton un violent coup de lance digne du guerrier le plus vigoureux et, ce faisant, le souleva de sa selle et le projeta sur l'herbe à bonne distance. Puis il s'en retourna d'où il était venu, abandonnant aux valets son cheval et ses armes d'emprunt. Dès lors, les gens d'Arthur l'appelèrent le Valet muet.

Un jour, cependant, il se dirigea vers la forteresse. Il en avait à peine franchi la porte qu'il rencontra Angharad à la main d'or. « Par Dieu tout-puissant ! s'écria celle-ci en le voyant, c'est grande pitié que tu ne puisses parler ! Si je le pouvais, je t'aimerais plus que nul homme au monde. Oui, par ma foi, et bien que tu ne puisses me répondre, je suis certaine que je t'aimerai comme je n'aimerai jamais nul autre ! – Dieu te le rende ! répondit Perceval. Me voici délié de mon serment, à présent que tu as avoué devant tout le monde que tu m'aimais. Sur ma foi, sache que je t'aime, moi aussi. » Angharad reconnut alors Perceval, et tous ceux qui étaient là de même. Et Perceval demeura avec eux à la cour d'Arthur.

Un jour, le roi s'en fut à la chasse avec quelques-uns de ses fidèles compagnons. Il y avait là Yvain, fils du roi Uryen, Bohort, roi de Gaunes et le cousin de Lancelot, son frère Lionel, Kaï, le sénéchal, Girflet, fils de Dôn, ainsi que Perceval le Gallois. Ce dernier lança son chien sur un cerf qui s'enfuit à travers les bois. Il le poursuivit de toute la vitesse de son cheval, mais il perdit la trace du chien et se retrouva dans un endroit désert. Cependant, à quelque distance devant lui, il aperçut à travers les branches une habitation vers laquelle il se dirigea.

Il s'agissait d'une vaste bâtisse noire dans une clairière. Perceval y entra et se retrouva dans une grande salle. Près de la porte, trois valets chauves et basanés jouaient aux échecs, qui ne levèrent même pas la tête lorsqu'il passa à côté d'eux. Au fond de la salle, il aperçut trois jeunes filles assises sur une couche, toutes trois vêtues de la même manière, et comme des personnes de qualité. Il alla s'asseoir auprès d'elles, sur le rebord de la couche. Après l'avoir contemplé longuement, l'une d'entre elles se mit à pleurer.

Perceval lui demanda : « Quelle est la cause de ton chagrin, jeune fille ? – Une grande tristesse s'empare de moi quand je pense que sera tué un jeune homme aussi beau que toi. – Je ne vois pas qui pourrait me tuer, répondit Perceval. – S'il n'était dangereux pour toi de demeurer dans cette maison, reprit-elle, je te le dirais et t'accueillerais avec une grande joie. – Quoi qu'il puisse m'arriver de fâcheux en m'attardant dans cette maison, je veux savoir quel danger me menace. Parle, je t'écouterai volontiers. – Seigneur, dit-elle, mon père est le maître de cette maison, et il tue tous ceux qui y viennent sans sa permission. – J'ai déjà connu cela ! s'écria Perceval. Mais, dis-moi, jeune fille, toi qui me parais si belle et si désirable, quelle espèce d'homme est donc ton père pour vouloir ainsi tuer tous ceux qui viennent ici sans sa permission ? – Un homme sans pitié, qui opprime tous ses voisins sans jamais faire réparation à quiconque. »

A ce moment, Perceval vit les jeunes gens de l'entrée se lever précipitamment et débarrasser l'échiquier de toutes ses pièces. Il entendit un furieux vacarme et, aussitôt après, pénétra un homme grand, noir, et qui était borgne. Les jeunes filles se précipitèrent toutes les trois pour le défaire de ses armes avant de le revêtir d'un long manteau brodé de fils d'or. Il alla s'asseoir, et quand il se fut reposé un instant, il jeta les yeux sur Perceval. « Qui est cet homme ? demanda-t-il d'un ton plein de colère. – Seigneur, dit la jeune fille qui avait parlé à Perceval, c'est le jeune homme le plus beau et le plus noble que tu aies jamais vu. Je t'en prie, pour l'amour de Dieu et pour ton honneur, modère-toi en sa faveur. – Pour l'amour de toi, répondit le borgne, je me montrerai modéré envers lui. Je lui accorde la vie sauve pour cette nuit. »

Perceval les rejoignit donc auprès du feu, et tous devisèrent jusqu'au moment où l'on dressa les tables. Alors, ils se lavèrent les mains et commencèrent à manger et boire. Quand il eut la tête échauffée par la boisson, Perceval dit à l'homme noir : « Je suis étonné que tu te prétendes aussi fort, car tu es borgne et, à mon avis, c'est une faiblesse. – On peut très bien voir d'un seul œil, répondit l'autre, il suffit de savoir ce qu'on veut. – J'aimerais bien savoir qui t'a privé d'un œil, reprit Perceval avec insolence, car je n'ai jamais rencontré personne qui se vantât d'être borgne ! » L'homme noir lui décocha un regard plein de haine. « Une de mes habitudes, répondit-il, est de ne laisser en vie aucun homme qui m'adresse pareille question. Tu as de la chance que j'aie promis à ma fille de t'épargner jusqu'à demain. Toutefois, n'en profite pas pour réveiller ma colère, car tu paierais ton impudence plus cher encore, et ta mort n'en serait que plus douloureuse.

– Seigneur, dit alors la jeune fille à Perceval, quelques balivernes qu'il puisse proférer sous l'influence de l'ivresse, ne te laisse pas prendre à ses paroles. Mais n'en doute pas, il est redoutable. » Puis, se tournant vers son père, elle ajouta : « Quant à toi, sois fidèle à ta parole de tout à l'heure et à la promesse que tu m'as faite. – J'y serai fidèle, rassure-toi, répondit le borgne, et ce pour l'amour de toi. Je lui laisserai la vie sauve pour cette nuit. » Et quand ils eurent fini de boire, ils allèrent se coucher. Perceval dormit profondément, sans plus se soucier de son hôte et de ses menaces.

Le lendemain, l'homme noir se leva, revêtit toutes ses armes et se présenta devant Perceval. « Jeune homme, dit-il, j'ai respecté la promesse faite à ma fille. A présent, il est temps, lève-toi pour souffrir la mort. – De deux choses l'une, rétorqua Perceval, ou bien tu me tues, et tu continueras à opprimer tes voisins, ou bien je te tue, et je débarrasse le pays d'un tyran qui se moque de la justice et de toute forme de compassion. – Je ne comprends pas ton langage, dit l'homme noir. Défends-toi si tu ne veux pas que je t'abatte comme un chien. » Ils s'en allèrent sur le pré, et Perceval combattit l'homme noir jusqu'à lui faire implorer grâce. « Je te l'accorde, dit Perceval, mais seulement pendant le temps que tu mettras à me dire qui tu es et qui t'a enlevé l'un de tes yeux.

– Voici, seigneur : c'est en me battant contre le serpent noir du tertre. Dans ce pays est une colline qu'on nomme le Mont Douloureux, et sur laquelle se dresse un tertre. Dans ce tertre se trouve un serpent, et dans la queue du serpent une pierre. La pierre a cette vertu que quiconque la tient dans une main peut obtenir dans l'autre, par une magie que je ne comprends pas, tout ce qu'il peut désirer d'or. C'est en luttant contre le serpent du tertre que j'ai perdu mon œil, car je voulais m'emparer de la pierre qui dispense l'or. Mon nom à moi est le Noir Arrogant, et voici pourquoi l'on m'a appelé ainsi : il n'est personne autour de moi que je n'aie opprimé, à qui je n'aie causé du tort, car je n'ai jamais respecté ni droit ni justice, et comme j'ai la peau très noire et que je suis fier de ma force, on m'a surnommé le Noir Arrogant. Voilà mon histoire. Il faut la croire, parce qu'elle est vraie.

– Je te crois, répondit Perceval, mais je veux que tu me dises encore autre chose. Tu m'as parlé d'un mont surmonté d'un tertre où loge un serpent. Où se trouve-t-il ? – Ce n'est pas difficile, répondit l'homme noir et borgne. Je vais te compter les journées de voyage qui nous en séparent et t'expliquer comment le rejoindre. Le jour où tu partiras d'ici, tu arriveras avant la nuit à la cour des enfants du Roi des Souffrances. – Pourquoi les appelle-t-on ainsi ? – Je vais te l'expliquer. Ladite cour des enfants du Roi des Souffrances est située près d'un lac et d'une montagne. Des flancs de la montagne surgit un dragon qui vient se baigner chaque jour dans le lac. Or, ce dragon tue les enfants du Roi des Souffrances une fois par jour. – Je n'entends rien à ce que tu me contes ! – C'est pourtant ainsi. De là, si tu peux en partir, tu te rendras à la cour de la Comtesse des Prouesses. – En quoi consistent les prouesses dont se vante cette comtesse ? – Je vais te le dire. Sa maison se compose de trois cents hommes. A tout étranger qui survient, on raconte les prouesses de la famille. Les trois cents hommes sont assis le plus près possible de la comtesse, non par manque d'égards pour les hôtes, mais afin d'exposer eux-mêmes les prouesses de sa maison. Et ces prouesses sont nombreuses. Chacun des hôtes doit les entendre avant d'être admis à la table de la comtesse. Ensuite, le jour où tu partiras de là, tu iras au Mont Douloureux dont on t'indiquera le chemin. Là, autour de ce Mont Douloureux, tu verras trois cents pavillons où sont établis les trois cents hommes qui montent la garde autour du serpent, attendant le moment favorable pour le tuer et pour s'emparer de la pierre qui prodigue autant d'or qu'on en veut. Voilà, seigneur, je t'ai dit tout ce que tu m'avais demandé de te révéler. – N'as-tu plus rien d'autre à me dire ? demanda Perceval. – Non, répondit l'homme noir, et c'est là pure vérité. – Dans ce cas, dit Perceval, je ne vois pas pourquoi tu vivrais plus longtemps. Tu as été un fléau pour tous les habitants de cette région, tu les as volés et massacrés sans pitié. Je vais faire en sorte que tu ne puisses plus jamais nuire à personne. » Et, sans hésiter, Perceval le tua en lui faisant voler la tête.

La jeune fille qui avait parlé la première et qui lui avait révélé le sort qui l'attendait, lui dit alors : « Seigneur, si tu étais pauvre en venant ici, désormais, grâce au trésor du Noir Arrogant que tu viens de tuer, tu seras riche et puissant. Il possédait des terres abondantes en moissons et en gibiers de toutes sortes. Ces terres t'appartiennent, tu peux en disposer à ta guise. Au demeurant, n'as-tu pas remarqué quelles belles et avenantes filles se trouvent dans cette maison ? Tu pourras leur faire la cour et choisir celle qui te plaira le plus. – Je te remercie, jeune fille, répondit Perceval, mais je ne suis pas venu de mon pays pour prendre des richesses ni pour choisir femme. Au surplus, je vois ici des jeunes gens aimables : que chacune de vous prenne celui qu'elle considère comme le meilleur. Je ne veux aucun des biens de ce pays, je n'en ai pas besoin. Partagez-les entre vous et soyez heureux, tel est mon souhait le plus cher. »

Le lendemain, Perceval prit donc congé de la jeune fille et se dirigea tout droit vers la cour des enfants du Roi des Souffrances. En y entrant, il n'aperçut que des femmes qui, assises dans une grande salle, se lamentaient. En le voyant, elles se levèrent et, non contentes de lui souhaiter la bienvenue, l'invitèrent à s'asseoir parmi elles. Mais il n'osa leur demander pourquoi elles se lamentaient. Pourtant, il se souvenait avec amertume du soir où il se trouvait chez le Roi Pêcheur et où tous les habitants de Corbénic se lamentaient de même en voyant passer la Lance qui saigne. Un si grand trouble le saisit qu'il n'entendait même pas ce que les femmes lui disaient.

Il était là déjà depuis un certain temps quand il vit entrer dans la salle un cheval avec un cadavre en travers de la selle. L'une des femmes se leva, s'empara du cadavre et l'emporta jusqu'à une cuve qui se trouvait sur un feu de bois et dans laquelle bouillait un liquide. Elle y plongea le cadavre avant de lui appliquer un onguent qu'elle tirait d'un pot. Au bout d'un moment, Perceval vit le corps bouger et se redresser. L'homme qu'il avait vu mort sortit de la cuve, le salua, lui fit joyeux visage et s'en fut comme si de rien n'était. Peu après, deux cadavres arrivèrent de même, à dos de cheval, et la femme les ranima à leur tour en leur appliquant le même traitement qu'au premier. Puis, tout comme celui-ci, les deux hommes ressuscités saluèrent Perceval et s'en furent comme si de rien n'était.

Cette fois, Perceval se décida. « Femmes, dit-il, j'ai déjà vu des choses surprenantes, mais celle-ci dépasse tout entendement. Ces hommes étaient morts, et vous les avez ranimés ! Je ne puis croire en un tel prodige !
– Ce n'est pas difficile, répondit l'une des femmes. Chaque jour, le dragon tue ces jeunes gens, et chaque jour nous les ressuscitons. Mais sache que, demain, ces jeunes gens seront de nouveau victimes du dragon. » Perceval n'insista pas car, il le vit bien, aucune des femmes ne lui donnerait d'explications satisfaisantes. Il se contenta de hocher la tête et, quand elles l'invitèrent à partager leur repas, il accepta bien volontiers sans plus poser aucune question. Quand vint l'heure du sommeil, on le mena dans une chambre où avait été dressé un lit confortable, et il s'y endormit bientôt, harassé de fatigue et ne songeant qu'à récupérer toutes ses forces pour le lendemain.

Il se réveilla de bon matin et il s'apprêtait à partir quand il vit les trois jeunes gens qui s'équipaient et se préparaient à enfourcher leurs chevaux. Il les aborda et leur dit : « Seigneurs, pour l'amour de celles que vous aimez le plus au monde, je vous prie d'écouter ma prière : puis-je vous accompagner ? – Non pas, répondirent-ils, car s'il arrivait que tu fusses tué, nul ne pourrait te ramener à la vie. » Et, sans plus de paroles, ils sautèrent en selle et sortirent de la forteresse.

Perceval comprit qu'il ne fallait pas insister mais, dès qu'ils se furent lancés au galop sur le chemin, il les suivit en prenant grand soin de ne pas se faire remarquer. « Je dois savoir ce qu'il en est au juste de ces gens qui meurent et qui ressuscitent », se disait-il en galopant. L'esprit tendu, prêt à tout voir et à tout entendre, il avait beau se promettre de ne pas lâcher d'un pouce ces jeunes gens extraordinaires, il déboucha, au milieu d'un bois, dans une clairière d'où rayonnaient plusieurs sentiers. Lequel prendre ? Il avait perdu de vue ceux qu'il suivait et n'entendait même plus leurs montures. A tout hasard, il emprunta l'un des chemins qui le mena sur une grande lande ouverte à perte de vue.

Fort perplexe, il aperçut alors, assise au sommet d'un tertre, la plus belle femme qu'il eût jamais rencontrée : mince, avec un visage encadré d'une longue chevelure noire et des yeux ardents, elle était parée d'une robe de soie blanche que découvraient les pans écartés de son superbe manteau rouge. Fasciné, Perceval s'immobilisa, et elle lui sourit. « Je connais l'objet de ta course, dit-elle. Je sais que tu vas affronter le dragon. Or le dragon non par vaillance, mais par ruse te tuera. Sur le seuil de son antre est un pilier de pierre derrière lequel il se cache et qui lui permet de voir sans être vu tous ceux qui surviennent. Depuis cet abri, il les met à mort infailliblement grâce à un dard empoisonné. Aborde-le comme tu fais, et tu subiras le même sort. – Je n'ai jamais reculé devant le danger, riposta Perceval, dussé-je y perdre la vie ! – Voilà des paroles dignes d'un jeune homme de grande noblesse, estima la femme. Aussi vais-je t'aider. Ecoute attentivement. Si tu me donnais ta parole de m'aimer plus qu'aucune autre au monde, je te ferais présent d'une pierre magique qui te permettrait de voir le dragon dans son antre sans être vu de lui. – Par ma foi, répondit Perceval, je te donne ma parole ! Tu es la plus belle de toutes les femmes, j'en suis sûr, et je t'aimerai plus qu'aucune autre. – Bien, dit-elle, alors, je vais te remettre la pierre. Mais n'oublie pas, une fois accomplie ta prouesse, de revenir vers moi. – Et où te trouverai-je ? – Tu demanderas la demeure de l'Impératrice, et l'on t'en indiquera le chemin. » Se levant sur ce, elle déposa une pierre dans la paume de Perceval puis disparut sans qu'il pût distinguer dans quelle direction. Il vit seulement un oiseau noir tournoyer autour du tertre et, prenant son essor vers le ciel, s'évanouir dans les nuages.

Il traversa l'immense lande et aborda une vallée qu'arrosait une vive rivière. Les contours en étaient boisés mais, de part et d'autre des berges, s'étendaient des prairies verdoyantes. Sur l'une des rives paissait un troupeau de moutons blancs, sur l'autre un troupeau de moutons noirs. Et chaque fois qu'un mouton blanc bêlait, un mouton noir traversait l'eau et devenait blanc. Et à chaque fois que bêlait un mouton noir, un mouton blanc traversait l'eau et devenait noir[1]. En outre, au bord de la rivière se dressait un grand arbre dont une moitié brûlait depuis la racine jusqu'à la cime, tandis que l'autre arborait un feuillage vert[2]. Tout ébahi d'un pareil spectacle, Perceval n'en poursuivit pas moins sa progression le long de la rivière.

Il rencontra là-dessus un jeune homme qui, assis au pied d'un arbre, tenait en laisse deux limiers mouchetés, au poitrail blanc, lesquels étaient couchés à ses

1. Un épisode analogue figure dans le récit irlandais (antérieur au XIe siècle) de *la Navigation de Maelduin* : sur une île mystérieuse, une palissade sépare un troupeau de moutons blancs d'un troupeau de moutons noirs. Cette image mythologique symbolise la frontière entre l'univers des vivants et l'Autre Monde.

2. Autre symbole des deux mondes, fréquent dans les récits concernant le Graal, et qui fait état la plupart du temps d'un arbre sec d'un côté et verdoyant de l'autre.

côtés. Jamais Perceval n'avait vu jeune homme d'aussi belle prestance et d'allure aussi royale. Dans le bois, en face, il entendit des chiens courants lever une harde de cerfs. Il salua le jeune homme, et celui-ci lui rendit son salut. Comme trois routes partaient de là, deux d'entre elles assez larges et la troisième fort étroite, Perceval demanda où elles conduisaient. « L'une, répondit le jeune homme, mène à ma demeure. Je te conseille de t'y rendre, car ma femme t'y recevra de grand cœur. Toutefois, s'il t'agrée, tu peux attendre ici en ma compagnie. Ainsi verras-tu les chiens courants pousser les cerfs fatigués du bois vers la plaine, puis les lévriers les meilleurs et les plus vaillants à la chasse que tu aies jamais vus, les mettre à mort près de l'eau, à côté de nous. Lorsqu'il sera temps de manger, mon valet viendra me rejoindre avec mon cheval, et je te conduirai moi-même jusqu'à ma demeure. Sois sûr que tu y trouveras bon accueil cette nuit. – Que Dieu te bénisse pour ta générosité, répondit Perceval, mais je ne saurais m'attarder. Il me faut poursuivre ma route. – Alors, celle-ci, la seconde, reprit le jeune homme, mène à une ville, non loin d'ici, où l'on trouve, contre espèces sonnantes, mets et boisson. – Et la troisième ? demanda Perceval. – La plus étroite ? Elle mène à la grotte où vit le dragon. – C'est donc elle que j'emprunterai, avec ta permission », dit Perceval. Et, sans plus attendre, il s'éloigna par la route étroite.

Il eut bientôt atteint la grotte où guettait le dragon. Ayant pris dans sa main gauche la pierre que lui avait donnée la femme aux cheveux noirs, il entra hardiment, sa lance dans sa main droite, et aperçut le dragon tapi derrière le pilier, mais celui-ci ne le vit pas. Alors il le transperça d'un coup de lance et lui trancha la tête. En sortant, il rencontra les trois fils du Roi des Souffrances qui le saluèrent en lui révélant que, selon une ancienne prophétie, il avait été dit que le monstre serait tué par le fils de la Veuve Dame. Après qu'il leur eut donné la tête du dragon, ils lui offrirent de choisir parmi leurs trois sœurs celle qui lui plairait le mieux et de la prendre pour épouse, ainsi que la moitié de leur royaume. « Seigneurs, que Dieu vous bénisse, mais je ne suis pas venu ici pour cela. » Et, ayant pris congé des trois jeunes gens, il reprit sa route sans trop savoir où il allait.

Alors qu'il traversait une forêt, il entendit du bruit derrière lui. Il se retourna et aperçut un homme monté sur un cheval rouge et revêtu d'une armure rouge. Celui-ci se rapprocha de lui et, sitôt à sa hauteur, le salua au nom de Dieu et des hommes. Perceval lui rendit son salut de manière fort amicale. « Seigneur, dit le cavalier, je suis venu vers toi te prier de m'octroyer un don. – Certes, si je le puis, je te l'octroie bien volontiers. De quoi s'agit-il ? – De me prendre avec toi comme ton homme lige. – Je le veux bien, mais dis-moi qui tu es. – Je ne te cacherai ni mon nom ni mes origines : on m'appelle Etlym à l'épée rouge, comte des marches de l'est. – Je m'étonne, dit Perceval, que tu te proposes comme homme lige à quelqu'un dont les domaines sont moins considérables que les tiens : je ne possède en effet rien d'autre qu'une mince terre en la Gaste Forêt. Mais si tu tiens tant à me suivre, je ne vois pas pourquoi je me priverais de ta compagnie. » Et ils s'en furent de conserve vers la cour de la comtesse des Prouesses.

On leur y fit un accueil fort courtois. On leur dit qu'en les plaçant à table plus bas que la famille on n'entendait certes pas leur manquer de respect. Seulement, la coutume de la cour le voulait ainsi : seul celui qui terrasserait les trois cents hommes de la comtesse aurait le droit de s'asseoir à table le plus près d'elle et d'en être aimé par-dessus tout autre. Ils passèrent la soirée à deviser des prouesses qu'on leur conta, puis ils allèrent dormir.

Le lendemain, Perceval jouta contre les trois cents chevaliers de la comtesse et les renversa tous successivement. Aussi, le soir, la comtesse le pria-t-elle à sa table en l'y plaçant à ses côtés. Et elle lui dit : « Je remercie Dieu pour m'avoir envoyé un jeune homme aussi beau et aussi vaillant que toi. Cela me sera une consolation, puisque je n'ai pas eu l'homme que j'aimais le plus. – Qui était donc l'homme que tu aimais le plus ? – Etlym à l'épée rouge, comte des marches de l'est. Je ne l'ai jamais rencontré, mais mon amour pour lui s'est déclaré quand j'ai entendu raconter les exploits qu'il avait accomplis [1]. – Certes, répondit Perceval, voilà une chose bien surprenante. Car, sache-le, Comtesse, Etlym à l'épée rouge n'a jamais été plus proche de toi : c'est le cavalier qui m'accompagne. Le voici. Et c'est par amitié pour lui que j'ai jouté contre tes trois cents chevaliers. Il aurait pu le faire mieux que moi s'il l'avait voulu. Je te donne à lui. » Aussi, cette nuit-là, Etlym et la comtesse dormirent-ils ensemble.

Le lendemain matin, Perceval se mit en route pour le Mont Douloureux. Mais au moment même où il franchissait la porte, Etlym le rattrapa et lui dit : « Seigneur, par la foi que je te dois, je pars avec toi. Je n'ai pas oublié que je suis ton homme lige. – Eh bien, soit, dit Perceval. Sache que j'éprouve grand plaisir à cheminer en ta compagnie. » Ils chevauchèrent de la sorte pendant une grande partie de la journée avant d'apercevoir le Mont Douloureux et les pavillons dressés tout autour par les chevaliers désireux de s'approprier la pierre que le serpent conservait en sa queue. Perceval s'arrêta et dit à Etlym : « Ami, va trouver ces gens, là-bas, et commande-leur de venir me faire hommage. » Etlym piqua des deux et, à peine arrivé près des chevaliers, leur dit, sans même prendre le temps de mettre pied à terre : « Venez faire hommage à mon seigneur. – De quel seigneur parles-tu ? demandèrent-ils. – De Perceval à la Longue Lance, fils d'Evrawc ! déclara fièrement Etlym à l'épée rouge. – Par Dieu tout-puissant ! s'écrièrent les chevaliers, s'il était permis de mettre à mort un messa-

1. La tradition celtique fourmille d'anecdotes analogues où l'on voit une héroïne amoureuse d'un héros qu'elle n'a jamais vu, sur la foi des prouesses que lui imputent les récits oraux.

ger aussi insolent que toi, tu ne retournerais certes pas vivant auprès de ton maître ! Jamais demande plus arrogante n'a été faite à des rois, des comtes et des barons ! Estime-toi heureux de t'en tirer à si bon compte, retourne vers ton maître et dis-lui qu'il est un insensé ! »

Etlym revint auprès de Perceval et, après lui avoir transmis le message, se vit ordonner de retourner auprès des chevaliers et de leur donner le choix soit de lui faire hommage, soit de le combattre. Il se rendit donc à nouveau vers les pavillons, mais les chevaliers répondirent qu'ils préféraient se battre. Et, ce jour-là, Perceval fit mordre la poussière à cent d'entre eux. De même en renversa-t-il cent autres le lendemain. Tant et si bien que, le troisième jour, les cent qui n'avaient pas encore combattu se résignèrent à lui faire hommage.

Alors, Perceval leur demanda ce qu'ils faisaient là tous autour du Mont Douloureux. « Seigneur, répondirent-ils, nous montons la garde autour du tertre où se terre le serpent dont la queue renferme une pierre merveilleuse. Cette pierre a la vertu suivante : celui qui la tient dans une main peut obtenir dans l'autre autant d'or qu'il le désire. Or, aucun de nous n'oserait affronter le serpent. Aussi attendons-nous que quelqu'un vienne pour le combattre et le tuer. Alors, nous disputerons la pierre au vainqueur et, s'il le faut, nous nous battrons entre nous, puisque aussi bien la pierre ne peut revenir qu'au vainqueur. – Fort bien, dit Perceval. Attendez-moi ici. – Que veux-tu faire, seigneur ? demandèrent-ils. – Je veux aller rendre visite au serpent et le tuer, répondit calmement Perceval. – Permets-nous de t'accompagner, dirent les chevaliers. – Cela ne peut être, répliqua Perceval. Voilà des semaines et des mois que vous êtes là à attendre que quelqu'un combatte le serpent. Il ne vous appartient pas d'y aller, puisque vous n'avez jusqu'à présent pas eu le courage de l'affronter. Demeurez ici, j'irai seul, car si je tuais le serpent et que vous fussiez là, on pourrait toujours croire que c'est l'un d'entre vous qui en a accompli l'exploit, et j'en retirerais bien peu de gloire ! » Il s'approcha donc seul du tertre et, après en avoir dûment repéré l'entrée, s'y risqua, le poing toujours serré sur la pierre que lui avait donnée la femme aux cheveux noirs. Et là, parmi les ténèbres où se complaisait le serpent, il tua celui-ci d'un seul coup d'épée.

Sur ce, il s'empara de la pierre que recelait la queue du monstre et sortit du tertre. Les chevaliers l'attendaient tous près de l'entrée mais, comme ils lui avaient juré hommage, ils ne pouvaient rien faire contre lui. Alors, il leur dit : « Il est juste que vous obteniez quelque compensation à votre longue attente. Evaluez votre dépense depuis votre arrivée en ces lieux, je vous la rembourserai largement. » Chacun fit donc ses comptes et les lui présenta. Par la vertu de la pierre qu'il tenait dans une main, son autre main ruisselait d'autant d'or qu'il en fallait pour dédommager les chevaliers. Ayant ainsi agi, il ne leur demanda rien d'autre que d'être ses hommes liges et de lui prêter assistance quand il en aurait besoin.

Puis il se tourna vers Etlym à l'épée rouge. « Ami, lui dit-il, voici venu le moment de nous séparer. Retourne vers la femme qui t'aime le plus au monde et sois heureux avec elle. Je te donne la pierre. Fais-en tel usage qu'il n'y ait plus de miséreux en tes domaines. Tu as bien mérité cette pierre, pour m'avoir fidèlement servi.
– Dieu te le rende, répondit Etlym, et qu'il aplanisse si bien la route devant tes pas que rien n'entrave tes entreprises. » Puis, Etlym à l'épée rouge retourna vers la cour de la comtesse des Prouesses, et Perceval s'en fut de son côté[1].

1. Le don de la pierre magique à Etlym, le cavalier *rouge*, n'a pas manqué de retenir l'attention des commentateurs. La pierre *au rouge* est en effet, pour les alchimistes, le stade final des opérations du Grand Œuvre, autrement dit la pierre philosophale, laquelle peut – entre autres – transmuter le plomb en or. Toutefois, sans se perdre

Il arriva bientôt dans une vallée qu'arrosait une rivière, la plus belle qu'il eût jamais vue. Il y remarqua une grande quantité de pavillons de différentes couleurs. Mais, ce qui l'étonna le plus fut le nombre de moulins à eau que comportait cette vallée, ainsi que le nombre de moulins à vent tournant sur les hauteurs. Or, il croisa un homme brun vêtu à la manière des charpentiers et lui demanda qui il était. « Je suis le chef meunier de tous ces moulins que tu vois, répondit celui-ci. – Consentirais-tu à m'héberger ? demanda Perceval. – Volontiers, seigneur. » Perceval le suivit donc, et la beauté de son logis ne manqua pas de le ravir. Après avoir prié son hôte de lui prêter quelque argent pour acheter nourriture et boisson, s'engageant à le dédommager avant de partir, il lui demanda pour quelle raison se trouvaient rassemblés en ces lieux tant de pavillons de toutes sortes et de toutes couleurs.

« De deux choses l'une, répondit le meunier, ou tu viens de très loin, ou tu n'es pas dans ton bon sens. Sache que l'Impératrice nous honore de sa présence. C'est une dame puissante et riche qui a décidé de prendre pour ami l'homme le plus vaillant du monde. Elle l'a fait publier par tout le pays, et de nombreux chevaliers sont accourus dans l'espoir de prouver leur valeur. Et comme il serait impossible d'apporter ici des vivres pour une telle multitude d'hommes, on a bâti tout autour quantité de moulins. – Mais, s'étonna Perceval, comment se peut-il que l'Impératrice, puisque tu la prétends riche et puissante, ait tant de mal à découvrir un ami digne d'elle ? – Je l'ignore, avoua le meunier. Mais comme elle est la plus belle femme de toute l'île de

dans la symbolique alchimique, il convient de remarquer que cet épisode est conforme à de nombreuses traditions populaires, notamment à celle de la Vouivre, la femme-serpent de type mélusinien qui recèle en sa queue une pierre précieuse qu'on peut lui arracher en certaines circonstances bien précises, par exemple quand elle boit l'eau d'une fontaine. Sur ce sujet, voir J. Markale, *Mélusine*, Albin Michel, Paris, 1993.

Bretagne, je suppose qu'il lui faut le plus bel homme de toute cette île. » Cette nuit-là, Perceval dormit néanmoins sans se soucier du lendemain.

Dès le jour, il se leva, s'équipa puis décida d'aller au tournoi. Parmi les innombrables pavillons, il en distingua un plus riche et plus décoré que les autres. Il se dirigea de ce côté et souleva légèrement la tenture qui en masquait l'entrée. A l'intérieur, sur un lit recouvert de peaux d'hermines, une femme était allongée, perdue dans ses rêveries. A sa longue chevelure noire et à ses bras d'une blancheur éclatante, Perceval reconnut la femme qui lui avait donné la pierre. Il la regarda longuement, la trouvant si belle qu'il pensa ne jamais pouvoir s'arracher de sa contemplation. Et, de fait, il demeura ainsi à la considérer depuis le matin jusqu'à midi, puis depuis midi jusqu'à nones, heure où s'achevait le tournoi. Regagnant alors son logis, il se dépouilla de ses armes et, à nouveau, pria le meunier de lui prêter de l'argent. La femme du meunier s'emporta contre lui ; elle connaissait, disait-elle, ce genre d'homme qui promettait tout sans jamais rien tenir. Néanmoins, le meunier consentit. Or, le lendemain, Perceval se conduisit comme la veille : il consacra sa journée à contempler la femme brune dans son pavillon puis, au crépuscule, revint à son logis et fit un nouvel emprunt au meunier.

Le troisième jour, comme il se trouvait à la même place, tout à contempler la femme brune, il ressentit un violent coup du manche d'une cognée entre le cou et les épaules. Il se retourna et vit le meunier qui le menaçait. « Qu'as-tu donc à me frapper ainsi ? » demanda-t-il. Le meunier lui répondit, sur un ton de colère : « Voilà déjà trop longtemps que tu nous abuses ! J'ai l'impression que tu n'es qu'un vantard et un parasite au détriment des honnêtes gens. L'heure est venue de choisir : ou tu déguerpis, ou tu vas au tournoi ! – Je vais au tournoi, dit Perceval, et tu ne pourras pas dire que j'ai abusé de ton hospitalité ! »

Il se rendit donc parmi ceux qui joutaient et prit si

bien part aux combats que, dès avant la nuit, il avait renversé tout le monde. Les hommes, il les envoyait comme prisonniers à l'Impératrice ; les chevaux et les armes, il les envoyait à la femme du meunier, en guise d'acompte sur l'argent qu'il s'était fait prêter. Et, tout autour, chacun murmurait : « Quel est donc ce chevalier qui, en quelques heures, a fait la preuve qu'il était le meilleur de nous tous ? »

Quant à l'Impératrice, elle expédia un messager vers Perceval pour le prier de la venir voir, mais celui-ci, sans rien répondre, rentra se reposer chez le meunier. Le lendemain, l'Impératrice lui envoya un autre messager, mais il se contenta de le renvoyer en disant qu'il était fatigué et allait se coucher. Et, de fait, il dormit toute la nuit dans la maison du meunier. Alors, le troisième jour, l'Impératrice lui dépêcha cent chevaliers solliciter une entrevue : et ils devaient l'amener de force s'il ne venait pas de bon gré. Les chevaliers se rendirent donc à la maison du meunier, et ils y délivrèrent leur message. Mais Perceval les fit lier comme on lie une botte de paille et puis jeter dans le bief du moulin.

A cette nouvelle, l'Impératrice devint furieuse. « Comment, s'écria-t-elle, cet impudent ose-t-il me défier de la sorte ? Nul ne m'a jamais traitée ainsi ! Il me paiera très cher son indifférence. » Néanmoins, elle se calma et demanda conseil à un sage ermite qui résidait non loin. Alors, celui-ci l'assura qu'il irait trouver le jeune chevalier et ferait en sorte de le lui amener. Le vieillard se rendit donc auprès de Perceval qui l'écouta avec beaucoup de respect puis, en compagnie du meunier, le suivit jusqu'au pavillon de l'Impératrice. Une fois entré, le Gallois s'assit sur la première banquette qu'il trouva et attendit. L'Impératrice vint alors s'asseoir près de lui, et, après une longue conversation, Perceval prit congé et regagna son logis. Le lendemain, dès le matin, il rendit une nouvelle visite à l'Impératrice et, en pénétrant dans le pavillon, trouva celui-ci plus beau encore et mieux orné. L'Impératrice était allongée sur une couverture de soie rouge, et Perceval alla s'asseoir auprès d'elle.

Sur ces entrefaites entra un homme noir qui avait à la main un gobelet empli de vin. Il s'agenouilla devant l'Impératrice et la pria de ne donner ce gobelet qu'à celui qui viendrait le lui disputer par les armes. L'Impératrice regarda Perceval. « Princesse, dit celui-ci, donne-moi le gobelet. » Elle le lui donna et Perceval, après en avoir bu tout le contenu, en fit présent à la femme du meunier.

Là-dessus, entra un autre homme noir, plus grand que le premier, qui tenait en main une coupe en corne emplie de vin. Il s'agenouilla aux pieds de l'Impératrice et la pria de ne donner la coupe qu'à celui qui viendrait se battre contre lui. « Princesse, dit Perceval, donne-la-moi sans tarder. » Il s'en empara, la vida complètement puis la remit à la femme du meunier. Un troisième homme entra alors dans le pavillon. Il avait des cheveux rouges tout frisés, et il était encore plus grand que les précédents. Il portait dans sa main une coupe de cristal emplie de vin. Il se mit à genoux devant l'Impératrice et la pria de ne donner la coupe qu'à celui qui viendrait la lui disputer les armes à la main. Sans attendre que Perceval prît la parole, l'Impératrice la lui remit. Il la vida entièrement, la donna à la femme du meunier, puis il regagna son logis.

Sitôt le soleil levé, le lendemain matin, Perceval revêtit ses armes et, monté sur son cheval, s'en alla dans le pré. Les deux hommes noirs et l'homme aux cheveux rouges l'y attendaient, prêts à le combattre. Sans les saluer, il se rua sur eux, et ils eurent beau se défendre farouchement, tous trois furent tués l'un après l'autre. Alors, Perceval se rendit au pavillon de l'Impératrice. Celle-ci l'attendait sur le seuil, et elle lui dit : « Beau Perceval, rappelle-toi que tu m'as juré, lorsque je te fis présent de la pierre qui t'a permis de tuer le dragon, de m'aimer plus que toute autre femme au monde. – Je m'en souviens, Princesse, répondit Perceval. Comment aurais-je jamais pu l'oublier ? Sache-le, je t'aime plus que toute autre femme au monde. » Et, ce soir-là, Perceval partagea la couche de l'Impératrice[1].

Il y avait déjà trois semaines que Perceval se trouvait à la cour de l'Impératrice. Il n'y manquait de rien, car les suivantes de sa dame s'empressaient à satisfaire ses moindres désirs. Et il trouvait que l'Impératrice était vraiment la plus belle femme qu'il eût jamais aimée, la plus agréable à contempler, la plus experte aux jeux de l'amour. Mais, une nuit, alors qu'il dormait aux côtés de l'Impératrice, un rêve vint le visiter. Il se vit dans le château du Roi Pêcheur en train de contempler la coupe d'émeraude d'où émanait une étonnante lumière. Et plus il fixait cette coupe, plus il croyait voir à l'intérieur une tête d'homme coupée baignant dans son sang. Il ne pouvait plus en détacher son regard et avait le sentiment qu'elle recelait sa propre tête. Il poussa un grand cri et se réveilla en sursaut. A la lumière de quelques chandelles qui éclairaient la chambre, Perceval reconnut le lieu où il se trouvait. A ses côtés, toute nue entre les draps, l'Impératrice dormait d'un sommeil profond. Alors, sans faire le moindre bruit, Perceval se leva, sortit de la chambre, s'habilla, alla quérir son cheval et revêtit ses armes. Puis, sans que personne se fût réveillé dans la forteresse, il ouvrit dans le plus grand silence la grande porte et se perdit dans la nuit noire[2].

1. Il est bien évident que cette mystérieuse « Impératrice » – qui n'apparaît que dans le récit gallois – n'est autre que la fée Morgane.
2. D'après *Peredur*.

6

Le Cimetière des douze Amantes

Perceval, qui chevauchait entre landes et forêts, n'avait, depuis deux jours et trois nuits, trouvé aucun lieu susceptible de l'accueillir. Il avait dormi dans le creux des arbres, au hasard de la route, et s'était nourri du pain que des laboureurs, atterrés de le voir en si piteux état, lui avaient donné pour calmer sa faim torturante. Il ne voyait rien de ce que ses yeux regardaient. Il errait, sans même savoir ce qu'il cherchait. Parfois, la pensée de l'Impératrice venait fouetter son désir de retourner auprès de celle qui l'avait tant bouleversé. Mais, aussitôt, la silhouette de Blodeuwen supplantait celle de la femme brune, avant de se dissiper à son tour et d'adopter successivement la forme de toutes celles qu'il avait rencontrées. Et, lorsqu'il essayait d'écarter ces images, celle de sa mère inanimée à l'entrée du pont surgissait pour ne plus quitter son esprit enfiévré. Et il chevauchait entre landes et forêts, le long des rivières et sur la crête des montagnes sans même savoir où il allait.

Un jour, vers l'heure où le soleil brille au plus haut du ciel, il passa aux abords d'une forteresse qui se dressait, non loin d'un lac, sur un promontoire. En s'approchant, il s'aperçut qu'elle n'était plus qu'un monceau de ruines. Le feu en avait ravagé les maisons, et ses remparts s'étaient écroulés. Quant au chemin qui y menait, les ronces l'avaient envahi. Perceval s'arrêta et descendit de son cheval qu'il laissa paître l'herbe grasse. En regardant autour de lui, il aperçut le clocher d'une église que couronnaient les bois. Il décida d'aller dans cette direction et, tirant son cheval par la bride, se mit en marche lentement.

Ainsi parvint-il aux abords d'une chapelle. « Par ma foi, se dit-il, ma mère m'a conseillé, chaque fois que je passerai devant une église, de m'y arrêter pour prier. » Il se disposait donc à y pénétrer quand, devant l'édifice, un groupe de pierres tombales toutes semblables et rangées en cercle attira son attention. Intrigué, il s'approcha et lut sur l'une des tombes l'inscription suivante : « Ci-gît Gwladys, fille d'Aneirin le preux, qui mourut pour l'amour d'Enéour le Beau. » Il examina la tombe voisine et y lut : « Ci-gît Lawri, fille du comte Dewi, qui mourut pour l'amour d'Enéour le Beau. » Des douze tombes qui formaient cercle dans ce cimetière, toutes portaient des épitaphes analogues. Et, à la pensée que douze femmes étaient mortes pour l'amour d'Enéour le Beau, Perceval ne manqua pas de s'étonner.

En retournant vers la chapelle, il remarqua une hutte, bâtie grossièrement de terre et de branchages, que surmontait un toit de chaume. A l'entrée était assise une femme aux traits émaciés, qui, vêtue de haillons, le dévisageait. Il s'approcha d'elle et lui dit : « Douce amie, qui es-tu et que fais-tu dans cet endroit désolé ? Sais-tu ce que signifient ces tombes ? – Seigneur, répondit-elle, je vis en ces lieux où je passe mon temps à pleurer et à prier pour les femmes qui sont enterrées dans ce cimetière. » Perceval s'assit auprès d'elle. « Je serais bien aise d'en savoir davantage, dit-il, car j'ai vu qu'elles étaient toutes mortes pour l'amour du même homme. – C'est une longue histoire, soupira la femme, et je te la raconterai, chevalier. Cependant, je vois que tu es épuisé et affamé. Aussi te donnerai-je d'abord à manger. » Pendant que Perceval retirait ses armes, elle entra dans la hutte et en ressortit peu après avec du pain noir, de la viande séchée et des fruits. Perceval se précipita sur la nourriture et la dévora gloutonnement. Puis, une fois rassasié et désaltéré par l'eau fraîche que contenait un bassin de terre cuite, il rappela sa promesse à la femme.

« Voici, dit-elle. La forteresse qui se trouve près d'ici et que tu as vue dans un si triste état protégeait jadis une cité plaisante aux belles maisons richement pourvues. Douze chevaliers résidaient là, douze hommes vaillants et sages, riches de terres et de rentes, et chacun d'eux avait une épouse belle, élégante et de haut lignage. Dans cette cité se donnaient des fêtes brillantes, et l'on recevait volontiers les comtes et les rois. Arthur lui-même, avec ses compagnons, venait ici lorsqu'il se rendait de Carduel à Kaerlion sur Wysg. C'était certainement la plus belle cité qu'on pût voir dans tout le pays.

« Or y survint un chevalier nommé Enéour. Il arrivait de Bretagne armorique, et comme il était pauvre et de petite noblesse, il avait quitté son manoir pour courir les aventures. Par sa prouesse, il fit si bien que, dans tout le pays, il n'y eut bientôt pas un seul chevalier de si grande renommée. Son ardeur à vivre n'avait pas d'égale. Dès qu'arrivait le mois de mai, il se levait de bon matin, et, emmenant à sa suite cinq bardes et des musiciens, s'en allait au bois d'où il rapportait en grande fanfare l'arbre de mai qu'on plantait devant sa demeure. Sa compagnie était pleine d'agrément, et le plaisir son habitude quotidienne. Mais le désir d'amour le brûlait, et les femmes s'en rendaient si bien compte qu'elles s'étaient toutes éprises de lui.

« Ainsi devint-il l'amant des douze femmes des chevaliers. Afin de combler tous ses désirs, il assura à chacune, si elle voulait l'agréer, qu'il se considérerait heureux comme un roi. Et chacune d'elles l'écouta, s'imaginant qu'il était à elle, et à elle seule, et se montrait tendre et gracieuse. Enéour se lia de la sorte aux douze. Venait-il voir l'une ? il oubliait toutes les autres et, sans aucun scrupule, sans aucun remords, lui faisait vivre des moments entre tous délicieux. Quand des tournois étaient organisés, il s'y rendait en vue d'acquérir une gloire plus grande encore, affrontant vingt chevaliers, voire davantage, à la grande joie des dames qui l'en récompensaient généreusement.

« Son amour pour elles dura plus d'une année, jusqu'à une certaine Saint-Jean, fête où toute créature se sent déborder de joie. Il se trouva que les nobles dames allèrent se divertir toutes les douze dans un verger qui appartenait à la belle Gwladys. La solitude les disposa à échanger les confidences les plus intimes, et l'une d'elles prit la parole. « J'ai l'intention de vous proposez un jeu, dit-elle, et vous me donnerez votre avis quand vous m'aurez entendue. – Fort bien, répondirent les onze autres. Nous ne demandons qu'à nous distraire et nous réjouir. Dites-nous donc ce que nous devons faire. – Voici, reprit celle qui avait parlé la première, et qui était Gwladys. Nous sommes toutes des femmes charmantes, élégantes et nobles. Dans tout le pays, on nous estime et l'on nous adresse des éloges sur notre beauté. Nous sommes les épouses des plus hauts chevaliers de cette cité, et nos cœurs chantent d'allégresse. Il n'en est parmi nous aucune qui ne soit amoureuse, vous en conviendrez. Et comme ce jour est un jour de fête, nous allons jouer à un jeu qui, je m'en flatte, vous plaira. L'une de nous tiendra le rôle d'un prêtre, et nous irons tour à tour nous confesser, là-bas, près de cet arbre en fleur. Chacune devra faire une confession sincère, sans rien cacher et, par conséquent, avouer le nom de celui qu'elle aime et à qui elle a fait don de sa personne. Ainsi, nous saurons en toute certitude laquelle aime l'homme le plus digne et le plus noble. »

« Toutes répondirent d'une seule voix : « Voilà un excellent jeu. Tu as bien parlé, Gwladys, et nous acceptons de grand cœur ta proposition. Et puisque c'est toi qui en as eu l'idée, tu joueras toi-même le rôle du prêtre et recevras nos confessions. Va donc t'asseoir près de cet arbre. – Dames, répondit Gwladys, je le ferai volontiers puisque vous me le demandez. » Et, aussitôt, d'aller prendre place auprès de l'arbre fleuri.

« L'une de ses compagnes se leva alors, vêtue d'une somptueuse tunique sous un manteau gris. Elle alla trouver celle qui jouait le rôle du prêtre, s'agenouilla et se mit à rire. « Que cherches-tu ? demanda le faux prêtre. – Je viens me confesser, répondit la fausse pénitente. – Dans ce cas, dis-moi tes péchés sans en omettre aucun. Et prends garde de ne pas mentir ! » Sur ce, la fausse pénitente s'accusa de tout ce qu'elle avait commis de répréhensible. « Un instant, dit le faux prêtre, il me semble que tu commets le péché d'adultère. Il faut maintenant m'avouer le nom de ton complice. – Seigneur prêtre, fit la fausse pénitente avec une certaine fierté dans la voix, c'est dans ce royaume le chevalier qui jouit de la plus grande renommée. Tu sais bien de qui je veux parler : j'ai nommé le plus beau que tu connaisses, Enéour le vaillant. C'est à lui que je me suis donnée. » En entendant cette confession, la dame qui tenait le rôle du prêtre pâlit affreusement. Néanmoins, elle n'eut garde de montrer son trouble. « Femme, dit-elle, j'ai entendu ton aveu. Va maintenant, et fais venir la suivante. »

« Aussitôt, une autre se présenta, se battant la poitrine de la main droite. « Douce amie, dit le faux prêtre, bats-toi plutôt la croupe puisque c'est elle qui te fait commettre les péchés dont est chargée ton âme. – Seigneur prêtre, ne sois pas si dur avec moi. Je viens pour me repentir. – En pénitence, je t'ordonne de dire qui est ton amant. – Je ne mentirai pas, seigneur prêtre. C'est l'homme le plus courtois de toute l'île de Bretagne, le plus beau et le plus galant. – Tu me parais bien orgueilleuse, petite effrontée ! Pour admettre qu'il est le plus beau et le plus galant, encore devrais-je d'abord savoir son nom. – Par Dieu tout-puissant ! tu as trop de mauvaise foi ! Il s'agit du noble Enéour. » Le cœur de celle qui tenait le rôle du prêtre fut atrocement bouleversé quand elle entendit prononcer une seconde fois le nom de celui qui était son amant et qu'elle imaginait tout à elle. Mais elle fit bonne contenance. « Femme, dit-elle, tu peux t'en aller, mais fais-moi venir la suivante. »

« Se présenta alors une autre des dames, très belle et bien pourvue de charmes, le cœur fort joyeux. Le faux prêtre la fit s'agenouiller et lui ordonna de livrer le nom de son amant, insistant même pour qu'elle se gardât de mentir. « Seigneur prêtre, dit la fausse pénitente, je m'accuse d'un bien grand péché, mais je ne sais si j'en éprouve des remords. Oui, j'ai un amant, le plus noble et le plus vaillant que l'on connaisse en ce pays, ainsi que le plus habile aux jeux de l'amour. Si tu connaissais le nom de celui à qui je me suis donnée tout entière, tu serais bien étonnée. Il mériterait en effet d'être roi ou comte. Je ne te cacherai rien : c'est Enéour, la fleur de la noblesse. »

« Quand celle qui tenait le rôle du prêtre eut entendu ces paroles, elle en frémit dans tout son corps et elle se signa. « Retourne donc t'asseoir, dit-elle. Tu avais raison : ton amant est beau et mériterait un plus haut rang que celui qu'il occupe. » Arriva alors, pleine de grâce, une autre dame, élégamment vêtue d'une belle étoffe venue d'Orient. A son doigt, elle portait un petit anneau sur lequel, en entendant chanter un oiseau parmi les fleurs de l'arbre, elle déposa un baiser. « Mets-toi à genoux, dit le faux prêtre. M'est avis que tu ne hais point l'homme qui t'a donné ce petit anneau ! – Certes non. Je l'aime plus que tout au monde. Il mériterait d'être comte, en tout cas il est digne de l'être. – Dis-moi son nom alors, puisqu'il est si noble ! – Je ne mentirai pas : c'est Enéour, la fleur de la chevalerie ! »

« Vint le tour d'une autre des dames, une jolie brune au sourire avenant. Quand elle la vit à genoux, celle qui tenait le rôle du prêtre ne s'embarrassa point de formules vaines. Elle lui demanda d'emblée de nommer l'élu de son cœur. « Seigneur prêtre, répondit la fausse pénitente, c'est celui dont le nom retentit par tout le pays. Quand gronde l'orage et qu'il tonne, on doit prononcer son nom. Jamais alors la foudre ne tombera sur la maison ! – C'est une grave faute que de croire en de telles niaiseries ! s'écria le faux prêtre. Tu as eu beau le nommer bien des fois, cela ne t'a pas protégée des coups de foudre ! Jamais son nom ne t'aurait garantie, et je sais bien qu'il ne t'a pas épargnée pour autant ! – Plaise au Ciel que je retrouve ce genre de coups sans me plaindre de leur nombre et de leur vigueur ! – Taistoi ! Tu n'es qu'une impudente pétrie de luxure ! Dismoi le nom de ton amant ! – Son nom est Enéour au cœur généreux. C'est lui qui fait frémir toute l'île de Bretagne. » Celle qui tenait le rôle du prêtre sourit malgré elle à la pensée de l'homme prodigieux que nommait chacune de ses amies. Pas une seule fois, il n'avait été question d'un autre ! Quand toutes se furent confessées, elles vinrent en chœur retrouver Gwladys. « Dame, lui dirent-elles, maintenant que nous avons toutes fait notre aveu, nous aimerions savoir ce que tu en penses. Laquelle d'entre nous a, selon toi, l'ami le mieux pourvu en qualités ? – Il n'est certes pas difficile de répondre à cela ! s'écria Gwladys avec colère. Vous avez toutes prononcé le nom d'un seul et unique chevalier ! Vraiment, il nous a couvertes de honte ! Car il est inutile que je vous le cache : vous avez toutes les onze le même amant ! »

« En entendant ces paroles, les femmes s'entre-regardèrent avec stupeur, et cette révélation parut les laisser incrédules. « J'ajouterai mon propre aveu, dit alors Gwladys. Moi aussi, je l'aime et je me suis donnée à lui, comme vous toutes ! Voilà une chose bien étrange et bien pénible, je vous assure. Mais le coupable est Enéour. Il le paiera sans plus attendre ! – Mais comment nous venger de pareille offense ? – Nous allons nous promettre que la première qu'il ira trouver lui fixera rendez-vous dans ce verger. Elle nous avertira ensuite du moment choisi, et nous viendrons toutes, sans exception. Que chacune apporte un couteau bien effilé : nous ferons payer très cher cette duperie à celui qui prétendait aimer chacune et qui la trompait sans vergogne avec toutes les autres ! » Après s'être engagées par serment solennel, les dames sortirent du verger, le cœur plein de tristesse et de chagrin.

« Cependant, Enéour, ne se doutant de rien, s'en alla trouver, au moment propice, celle des douze à qui il avait donné rendez-vous. Plein de joie et de désir, il la serra contre lui et l'embrassa à plusieurs reprises, mais il ne put rien obtenir de plus. « Douce amie, dit-il, comment se fait-il que tu te montres si distante ? – Seigneur, je ne suis pas distante mais inquiète. J'ai peur qu'on ne m'ait épiée. Mieux vaut que nous nous rencontrions une autre fois. Promets-moi de venir dimanche prochain me retrouver dans le verger de dame Gwladys. C'est un endroit bien clos où personne ne pourra nous voir. – Comme il te plaira, répondit Enéour, je t'obéirai volontiers. » Et il prit congé aussitôt.

« La dame s'empressa d'avertir les autres et, le dimanche prévu, elles allèrent se poster dans le verger, toutes munies de couteaux bien tranchants cachés sous leurs manteaux et fermement résolues à s'en servir. Celle qui avait organisé l'embuscade s'installa ostensiblement au milieu du verger, de façon qu'Enéour la vît dès son arrivée. Elle avait ouvert la petite porte qui permettait d'entrer dans le verger et laissé la clef dans la serrure.

« Enéour survint à l'heure dite, sans se cacher, le cœur tout joyeux. Il referma la petite porte à clef et s'approcha de son amie. Ils allèrent s'étendre sous un arbre et la dame serra le chevalier dans ses bras, tandis qu'il lui prodiguait les marques les plus brûlantes de son amour. Mais elle ne voulut rien lui accorder, car son désir s'était évanoui. C'est alors qu'enflammées de rage et de colère, les onze autres femmes sortirent de leur cachette et se précipitèrent vers eux. Enéour se leva brusquement, tout décontenancé. « Que se passe-t-il ? s'écria-t-il. Est-ce une embuscade ? » Et, se retournant vers celle qui lui avait fixé ce rendez-vous : « Traîtresse, dit-il, tu m'as fait tomber dans un piège. – Tu es bien mal placé pour parler de traîtrise ! » répliqua-t-elle.

« Les onze femmes s'approchèrent et formèrent un cercle autour de lui. Il tenta de faire contre mauvaise fortune bon cœur. « Dames, dit-il, soyez les bienvenues. – Mais c'est pour ton malheur, répondirent-elles en chœur. Il est juste que ton imposture et ta présomption soient châtiées. Avant de sortir de ce lieu, tu recevras la récompense que mérite un homme fourbe, traître et déloyal ! » Gwladys prit alors la parole : « Un instant ! dit-elle. Avant qu'il ne paie sa forfaiture, il serait bon de préciser certaines choses. Je vais dire mon avis, puis je vous prierai toutes de dire le vôtre. » Elle s'adressa ensuite à Enéour : « Chevalier, ce n'est plus le moment de mentir. J'ai été pendant longtemps ton amie et je t'avais donné sincèrement tout mon amour. Est-ce vrai ? – Douce dame, répondit-il, je suis ton ami, ton vassal et ton chevalier pour te servir d'un cœur entier, sincère et parfait. »

« Une autre se leva, rouge de colère et pleine de mépris. « Enéour, tu n'es qu'un misérable ! Oser prononcer devant moi de telles paroles ! N'es-tu pas mon amant ? – Si fait, douce amie. Que Dieu me protège ! Mon cœur et mon amour ne te font pas défaut, et je sais bien que je t'aimerai toute ma vie. » Une autre encore se leva, ravagée par la jalousie. Elle le regarda d'un air farouche. « Infâme trompeur ! s'écria-t-elle. Ce n'est pas à moi que ces mots sont adressés ? En aimes-tu donc une autre que moi ? Tu m'as pourtant juré que tu étais tout à moi ! – Et je le maintiens, douce amie, répondit Enéour ; sois bien assurée que je suis tout à toi. Je t'aime avec sincérité, et je t'aimerai avec constance. – Quoi ? dit une autre, quelles fables racontes-tu là ? Est-ce que tu ne m'aimes pas comme tu l'as juré ? – Assurément, répondit Enéour, je t'aime de tout mon être et, de la même façon, je vous aime toutes avec autant de force que de sincérité. Je vous le répète, je vous aime toutes, ainsi que votre plaisir et votre jouissance ! Que puis-je vous dire d'autre ? »

« Elles se mirent à pousser de grands cris, injuriant Enéour et se querellant mutuellement. Puis elles se calmèrent et tirèrent leurs couteaux. « Enéour, dirent-elles, tu as commis un crime si grand que tu dois mourir sur-le-champ. Personne, sauf Dieu lui-même, ne pourra te sauver ! » Devant cette troupe qui le menaçait, Enéour recula. « Dames ! cria-t-il, jamais vous n'aurez la cruauté de commettre un si grave péché ! Si maintenant j'avais le heaume lacé, si j'étais monté sur un cheval de bataille, le bouclier pendu au cou, la lance au poing, je mettrais ici pied à terre et m'en remettrais à votre miséricorde. Sachez que si je meurs de si belles mains, je serai déclaré martyr et placé aux côtés des saints, pour avoir été comblé par le destin ! »

« En entendant ce discours, chacune des femmes se mit à pleurer. Les belles paroles du chevalier leur avaient attendri le cœur. Celle qui avait entendu les onze autres en confession leur dit : « Dames, engageons-nous fermement à faire ce qui ne devrait pas vous affliger, du moins je le souhaite. – Tu es de bon conseil, Gwladys, dis-nous ce qu'il convient de faire. » Elle s'adressa à Enéour : « Chevalier, dit-elle, tu nous as parfaitement trompées jusqu'au moment où nous nous en sommes aperçues. Sache que nous ne t'aimerons plus jamais de la même manière. Nous étions toutes sincères envers toi, et je pense que tu l'étais peut-être aussi. Voici ce que je te propose : celle qui te plaira le mieux doit t'appartenir et te rester, mais aucune n'entend partager son amant. – Cela, protesta Enéour, je ne le ferai pour rien au monde. Je vous aime toutes, et je ne saurais choisir l'une de vous. – Nous ne pouvons l'accepter ! s'écria Gwladys avec colère. Exécute mon ordre, ou bien, sur ma foi, tu mourras. Choisis parmi nous celle que tu veux en t'engageant à ne jamais revoir les autres ! »

« Enéour comprit qu'il ne sauverait sa vie qu'à cette condition. Il répondit à Gwladys : « Dame, c'est toi que je choisis, et je ne m'en dédirai pas. Mais permets-moi de dire que je m'attriste de la perte des autres, car elles sont toutes, autant que toi, pourvues de grandes qualités. – Je te remercie », dit Gwladys. Et les autres, pleines d'affliction, jurèrent alors que plus jamais elles n'aimeraient Enéour, qu'elles l'abandonnaient sans conteste à Gwladys et ne tenteraient jamais plus de le séduire. Et lorsqu'elles eurent ainsi réglé leur différend, chacune rentra chez soi, tandis qu'Enéour, fort contrit, regagnait son propre logis.

« Cependant, les douze dames n'avaient, pas plus qu'Enéour, remarqué qu'on les espionnait. Dans la cité vivait un homme de basse condition qui, toujours prêt à répandre les bruits les plus infamants sur son prochain, en tirait même profit. Alerté par les cris que poussaient les femmes dans le verger, il s'était juché sur un mur et, de là, avait observé tout le drame. Et il s'était bien promis qu'un tel secret lui rapporterait gros.

« Il commença par surveiller soigneusement Enéour, et comme celui-ci n'allait plus qu'à un seul endroit, le traître n'eut pas de peine à savoir exactement où et à quel moment il rejoignait la dame de son choix. Et, un jour où les douze chevaliers étaient attablés ensemble, il alla les trouver et, une fois en leur présence, se mit à goguenarder tout en traçant une croix sur ses lèvres. « De quoi ris-tu, coquin ? s'écria l'un des chevaliers qui connaissait son homme sur le bout du doigt. Voilà un vilain divertissement ! Je sais bien de quoi tu te mêles : tu nous mijotes quelque médisance, selon tes bonnes habitudes ! – Par ma foi, répondit le vilain, j'ai appris des choses étonnantes. Mais comme il me serait difficile d'en parler devant vous, je ne puis qu'en rire à part moi. »

« Le ton qu'il avait affecté inquiéta les chevaliers. « Que nous caches-tu ? S'agirait-il de nous ? – Oui, par Dieu tout-puissant ! de vous tous. – Dis-nous donc ce que tu sais. Nous sommes prêts. – Je le ferai volontiers, répliqua-t-il avec un mauvais sourire, mais à condition d'en tirer quelque récompense. – Si c'est la vérité, tu recevras salaire. – Quant à moi, si j'étais sûr que vous teniez parole, je parlerais. » L'un des chevaliers, agacé par ce marchandage, lui dit : « Nous te paierons, je m'y engage. – Cependant, reprit l'homme, si je vous dis la vérité au sujet de certaine affaire dont je suis parfaitement informé, vous ne me causerez aucun désagrément ni aucun mal, quand bien même ladite affaire serait désagréable à entendre ? – Non, nous te le promettons. – Eh bien, soit ! Sachez, seigneurs, qu'un seul et même homme vous a tous faits cocus, tous autant que je vous vois dans cette salle-ci. Néanmoins, une seule femme est seigneur et maître de lui. »

« En entendant ces mots, les douze chevaliers frémirent de colère, tant l'accusation leur paraissait odieuse. « Dis-nous encore : cet homme est-il chevalier ou bourgeois ? Quel est son nom ? – C'est un chevalier. Il s'appelle Enéour, et vous le connaissez tous. » Les chevaliers demeurèrent cois. Alors, le félon leur conta ce qu'il avait surpris depuis son perchoir du verger, la façon dont les dames avaient voulu se venger d'Enéour en le perçant de leurs couteaux, ainsi que le compromis grâce auquel l'une d'elles s'était assuré la possession exclusive de l'amant commun : « Le chevalier était si fort effrayé de se voir si près de la mort que, lorsque les dames l'ont sommé de choisir celle qui lui plaisait le mieux, de faire d'elle son unique amie, les autres jurant de renoncer à lui, bon gré mal gré il s'est exécuté pour sauver sa vie. Contraint et forcé, il a choisi l'une de vos femmes, la plus belle et la plus sage, et moi je sais qui est son mari ! »

« Les douze chevaliers brûlaient de se jeter sur lui. « Parle ! Lequel d'entre nous ? » Le vilain désigna l'époux de Gwladys : « C'est toi, seigneur », dit-il, simplement. Le chevalier bondit, rouge de colère. « Par tous les diables de l'enfer ! s'écria-t-il, étant son mari, me voici encore mieux loti que les autres ! » Après avoir fait jurer au traître de ne souffler mot à quiconque de cette affaire et en avoir reçu le serment solennel, on lui versa sa récompense, et il s'éloigna, laissant les chevaliers s'affliger de leur déshonneur.

« Le repas terminé, ils gagnèrent une salle basse et y tinrent conseil. « Si nous ne nous vengeons pas de nos femmes, elles seront reines et maîtresses de cette cité, et on nous tiendra pour des lâches. » Ils demeurèrent quelques instants silencieux, puis l'un d'eux prit la parole : « Seigneurs, dit-il, je vous le garantis, nous allons tirer d'elles une bonne vengeance, à condition toutefois que vous veuilliez bien prêter l'oreille à ma proposition. Nous n'avons que faire d'espions, puisque Enéour les a toutes quittées, sauf celle à qui il rend de fréquentes visites. Si le mari de celle-ci nous promettait de faire le guet, nous surprendrions les rendez-vous sans difficulté. – Voilà qui est sagement parlé », répondirent-ils en chœur. Le mari se leva, tout tremblant de colère : « Je m'engage, dit-il, à guetter, je vous le promets. – Très bien, répondirent-ils. Le moment venu, ne manque pas de nous mander tous afin que nous nous vengions de l'opprobre. » Sur ce, ils se séparèrent et rentrèrent chez eux, pleins du désir de confondre l'homme qui les avait déshonorés.

« Quant à Enéour, il ne se souciait guère de ce qui se tramait. Tout à son allégresse, il se divertissait sous les yeux de ceux qui avaient juré sa mort. L'homme dont il aimait la femme le guettait chaque jour et chaque nuit afin de le surprendre au moment où il s'y attendrait le moins. Et comme il allait très souvent rejoindre son amie chez elle, en passant par une porte dérobée, le mari s'aperçut du manège. Un jour qu'Enéour se trouvait avec sa femme, il s'arma, prit son épée en main et, par un couloir secret qu'il connaissait, fit brusquement irruption dans la chambre où Gwladys et son amant se livraient impunément, du moins le croyaient-ils, aux jeux de l'amour. Le mari s'était fait accompagner par deux jeunes gens qui étaient ses neveux. En voyant la dame toute nue entre les bras du chevalier, ceux-ci voulurent se jeter sur le séducteur et le mettre à mort, mais leur oncle les arrêta : « Ne le tuez pas, dit-il, il mérite meilleur châtiment ! »

« Il s'adressa ensuite à Gwladys qui grelottait de honte et de peur. « Femme, dit-il, va préparer un bain pour ton amant. Ensuite, je le ferai saigner. Veille à ce qu'il porte des vêtements blancs ! » S'arrachant les cheveux et manifestant la plus vive douleur, Gwladys obéit – que pouvait-elle faire d'autre ? – et s'en fut tout en pleurs. Quant au mari, il conduisit Enéour dans une chambre pavée et l'y fit garder par des sergents en qui il avait toute confiance. Puis il fit annoncer à ses compagnons que le galant était tombé dans le piège.

« Quant à Gwladys, au comble de l'angoisse, elle envoya un valet avertir ses onze compagnes de l'événement et de la manière dont s'était fait prendre Enéour. « J'ignore s'il est mort ou vif, leur faisait-elle dire, mais comme chacune de nous a obtenu de lui ce qu'elle pouvait désirer, aidez-moi à exprimer ma douleur ! Que cette douleur nous soit commune, puisque chacune de nous a partagé la joie ! » Au messager, toutes jurèrent qu'elles ne prendraient aucune nourriture tant qu'elles ne pourraient savoir si Enéour était vivant ou mort, et ce en toute certitude.

« Elles se mirent donc à jeûner, tandis que leurs maris se réunissaient dans le plus grand secret. Ils délibérèrent à propos du châtiment qu'ils infligeraient au responsable de leur honte et de leur malheur. L'un d'eux dit : « Nos ignobles débauchées ont toutes juré de jeûner jusqu'au moment où l'on saura s'il doit mourir ou en réchapper. Voici donc ce que je vous propose : dans quatre jours, nous lui ferons ôter précisément le cinquième membre qui leur procurait tant de plaisir ! Et on l'apprêtera en y joignant son cœur. Puis nous remplirons douze assiettes et, par ruse, ferons manger à nos infidèles ce mets qui leur paraîtra délectable, vous verrez ! Après quoi nous leur révélerons la vérité... Je doute que nous puissions mieux nous venger d'elles comme de lui ! » Tous approuvèrent le projet.

« Ainsi qu'ils l'avaient décidé, ils châtrèrent le preux Enéour, ils lui arrachèrent le cœur et chargèrent un cuisinier d'en préparer un plat savoureux. Puis ils forcèrent les douze femmes à partager ce repas. Comme elles jeûnaient déjà depuis quatre jours, la faim l'emporta sur la chose jurée. Chacune en prit à satiété, tant les avait toutes éprouvées la privation de mets délectables. D'ailleurs, leurs maris respectifs avaient insisté de manière fort doucereuse pour qu'elles se restaurassent, leur affirmant même que le chevalier se trouvait hors de sa prison. Elles mangèrent et burent donc puis, une fois réconfortées, elles supplièrent leurs maris de leur dire avec certitude, pour l'amour de Dieu, où se trouvait le chevalier Enéour. Celui qui l'avait surpris en sa propre maison répondit : « Femmes, à vous qui avez été chacune sa maîtresse, je puis maintenant révéler que vous venez de déguster l'objet de votre grand désir, cet objet qui vous plaisait tant que vous lui avez sacrifié notre honneur. Certes, vous ne souhaitiez rien d'autre, eh bien ! on vous l'a servi ! Sachez-le, nous avons tué et mis à mort votre amant. Quant à vous, vous aurez toutes eu votre part de ce plaisir dont les femmes sont si friandes. En avez-vous eu suffisamment, toutes douze que vous soyez ? Nous voilà bien vengés de notre honte ! »

« Les douze s'évanouirent à ce discours. Quand elles eurent repris leurs esprits, elles se trouvaient seules. Elles se mirent à soupirer et à pleurer, appelant la mort de leurs vœux. Elles ne se souciaient plus de ce qu'elles voyaient autour d'elles. Toutes firent alors le serment qu'elles ne mangeraient plus jamais, à moins qu'on ne leur servît un mets comparable. Et elles tinrent parole. Elles exprimèrent les plaintes les plus douloureuses au sujet du malheureux Enéour. L'une regrettait sa beauté, ses membres délicats mais robustes ; l'autre évoquait sa grande vaillance, une troisième son corps élégant et sa parfaite générosité, une quatrième ses flancs, les yeux qu'il avait si vifs et rieurs. Et une autre regrettait son cœur. « Ah ! malheureuses que nous sommes ! Enéour, qu'avons-nous fait de toi ? Les jaloux se sont cruellement vengés. Mais nous ne mangerons plus jamais, et ainsi serons-nous vengées à notre tour. »

« Elles s'affaiblirent de jour en jour. Des parents vinrent les voir et les supplièrent de se nourrir, mais rien n'y fit ; elles ne tardèrent pas à mourir, les unes après les autres. Leurs parents les firent ensevelir dans ce cimetière, toutes les douze, en un cercle, auprès de cette chapelle où un prêtre chaque matin célèbre une messe pour le repos de leur âme et de celle du preux Enéour. Et moi, qui étais la suivante de Gwladys, j'ai juré de demeurer ici jusqu'à mon dernier souffle afin de pleurer ma maîtresse, ainsi que ses compagnes, et de veiller sur leurs tombes.

« Mais quand le roi Arthur apprit ce qui s'était passé et la façon abominable dont s'étaient vengés les douze chevaliers, il en éprouva tant de fureur qu'il décida de châtier durement les coupables. Avec ses compagnons, il vint en personne assiéger la cité. Les douze chevaliers se défendirent avec énergie, mais ils furent tués au combat, et le roi donna l'ordre de brûler la cité pour effacer à jamais le souvenir de leur crime aussi odieux qu'infâme.

« Voilà, seigneur chevalier. Je t'ai raconté cette histoire comme je la raconte à tous ceux qui, passant ici, s'étonnent de voir ces douze tombes disposées en cercle et portant chacune le nom d'un seul homme aimé par toutes ces femmes. Si tu le désires, tu peux aller prier dans la chapelle. Mais rien ne pourra atténuer le chagrin que je porte en moi.

– Voilà une bien triste histoire, dit Perceval, et je puis seulement partager ta douleur. » Il entra dans la chapelle et y récita les prières que sa mère lui avait apprises. Quand il ressortit, il pleurait. La femme lui dit :

« Fasse le Ciel que tu sois toujours fidèle à ta parole, chevalier, et puisse-t-il te conduire où tu désires aller ! » Perceval ne répondit rien. Il alla reprendre ses armes, les revêtit et, sans ajouter un mot, sautant sur le dos de son cheval, il s'élança dans la forêt. Il pleurait toujours. Il s'arrêta à un carrefour d'où partaient des routes encombrées de souches et d'épines et regarda autour de lui. Il faisait beau. Le soleil brillait de tout son éclat, mais le cœur de Perceval était étreint d'une grande angoisse. « Hélas ! dit-il à haute voix, je suis donc maudit ! Je suis allé dans la demeure du Roi Pêcheur et n'ai posé aucune question au sujet de la coupe d'émeraude et de la Lance qui saigne ! J'ai quitté ma mère en l'abandonnant à l'entrée du pont sans m'inquiéter de savoir si elle était morte ou vivante ! J'ai partagé les nuits de femmes à qui j'ai déclaré que je les aimais plus qu'aucune autre au monde ! J'ai désiré ardemment Blodeuwen et je l'ai obtenue ! J'ai désiré ardemment Angharad à la main d'or et je l'ai obtenue ! J'ai désiré ardemment l'Impératrice et je l'ai obtenue ! Et, chaque fois que je me suis trouvé en présence d'une fille belle, je l'ai désirée. Suis-je donc, comme Enéour le preux, amoureux de toutes les femmes que je rencontre ? Les aimé-je toutes d'un pareil amour ? Certes, ma mère ne m'avait pas préparé à de telles épreuves, et je dois reconnaître que je ne suis qu'un enfant perdu dans un monde qu'il ne comprend pas... »

Alors, tandis que le soleil déclinait à l'horizon, Perceval éperonna son cheval. Il avait décidé de rejoindre la cour du roi Arthur[1].

1. D'après le *Lai d'Ignauré*, récit anonyme du XIIIe siècle en vers français, mais d'origine armoricaine. Texte édité par Rita Lejeune, Liège, 1939. Traduction complète de Danièle Régnier-Bohler dans *le Cœur mangé*, Stock, Paris, 1979. Ce lai fait partie de toute une série de récits (dont *la Châtelaine de Vergy*, le plus célèbre) qui concernent la vengeance d'un mari faisant manger à son épouse le cœur ou les parties sexuelles de son amant. Le nom d'Ignauré est une transcription maladroite du breton-armoricain Enéour.

7

Le Clos du Nuage

Arthur se trouvait à Kaerlion sur Wysg, l'une de ses résidences préférées. A côté de lui, étaient assis sur un grand manteau de laine broché d'or, au milieu de la salle, quatre hommes : Yvain, fils du roi Uryen de Gorre, Kaï, le sénéchal, frère de lait du roi, Erec, fils du roi Erbin, et Perceval, fils d'Evrawc. Tous les autres compagnons de la Table Ronde étaient partis en de lointaines expéditions. On n'avait aucune nouvelle de Gauvain, fils du roi Loth d'Orcanie, ni de son frère Agravain l'Orgueilleux. On ne savait où se trouvaient ni Lancelot du Lac, fils du roi Ban de Benoïc, ni ses cousins Lionel et Bohort, fils du roi de Gaunes, pas plus que Bedwyr ou Sagremor que le roi aimait beaucoup. Arthur donc se trouvait en compagnie des quatre précédents, et il devisait avec eux.

Tout à coup entra une jeune fille aux cheveux noirs frisés qui, montée sur un mulet jaune, faisait avancer celui-ci en le fouettant avec des lanières grossières. Sa physionomie était rude et désagréable, son visage et ses deux mains plus noirs que le fer le plus noir trempé dans la poix. Et son teint n'était pas encore ce qu'elle avait de plus laid. Hideux étaient ses traits, ainsi que la forme de son corps. Elle avait en effet les joues tombantes, le bas du visage allongé, un nez petit avec des narines distendues, un œil gris-vert, étincelant, et l'autre noir comme le jais, enfoncé profondément dans la tête, les dents longues, abîmées, plus jaunes que fleur du genêt. Son ventre se relevait jusqu'au menton. Son échine avait la forme d'une crosse. Ses cuisses étaient larges mais décharnées et, au-dessous, tout était grêle, à l'exception des pieds et des genoux qu'elle avait noueux et massifs.

Elle salua Arthur et ceux qui se trouvaient là, sauf Perceval. Celui-ci, elle l'interpella en termes irrités et désagréables. « Perceval ! lui dit-elle, je ne te salue pas, car tu ne le mérites pas ! La destinée était aveugle quand elle t'accorda talents et gloire ! Tu es allé à la cour du roi boiteux, tu y as vu un jeune homme portant une lance au bout de laquelle perlaient trois gouttes de sang qui se changeaient en un torrent ruisselant sur le poing du valet. Tu as vu encore beaucoup d'autres prodiges, et tu n'en as demandé ni la signification ni la cause ! Si tu l'avais fait, le roi blessé aurait obtenu la guérison pour lui, la paix pour ses domaines, tandis que désormais on n'y verra que combats et guerres, chevaliers tués par traîtrise, femmes laissées veuves sans aucun secours, dames sans moyens de subsistance. Et tout cela par ta faute ! »

Perceval baissa la tête, car il savait bien que la hideuse jeune fille disait vrai. Quoiqu'il n'eût soufflé mot, la jeune fille s'emporta : « Perceval le Maudit ! tel sera ton nom désormais, puisque tu t'es montré incapable de découvrir ce qui était à ta portée ! Et nous en souffrirons tous longtemps encore, le temps que survienne le Bon Chevalier. C'est lui qui achèvera les aventures, Perceval, alors qu'il t'appartenait de le faire dans la gloire et le bonheur ! Sans doute est-ce le péché que tu portes en toi, depuis la mort de ta mère, qui t'a empêché de mener à bien la mission que le Ciel t'avait confiée. Voilà, Perceval, j'ai transmis mon message, et maintenant, je m'en retourne auprès de ceux qui souffrent par ta faute. » Sur ce, faisant faire demi-tour au mulet, elle se disposait à partir quand Arthur la héla : « Jeune fille ! dis-nous au moins ton nom ? » Elle s'arrêta un instant : « Roi Arthur, dit-elle, sache que l'on m'appelle Kundry la Sorcière. Je n'ai rien d'autre à dire, sinon que je rencontrerai certains d'entre vous sur les chemins qui mènent vers la demeure du Roi Pêcheur. » Là-dessus, elle flagella son mulet et sortit aussi vite qu'elle était entrée.

« Quel est ton avis ? demanda Arthur à Perceval. – Roi, je ne puis dire qu'une chose, je vais partir à la recherche de la Lance qui saigne et des autres merveilles que j'ai déjà vues. Ce que m'a reproché cette jeune fille est pure vérité, et je ne serai en paix avec moi-même que si je pars immédiatement. » Et, se levant, il demanda ses armes. « Perceval ! protesta le roi, c'est folie que de t'en aller ainsi sans même savoir vers où tu dois te diriger ! » Mais Perceval n'entendait plus les paroles d'Arthur. Une fois qu'il eut revêtu ses armes, il salua le roi, Yvain, Erec, Kaï et, sautant sur son cheval, il sortit de la forteresse.

Un long moment, Arthur demeura silencieux. Puis il s'exclama : « Hommes ! nous n'aurions pas dû le laisser partir ainsi. Comme Gauvain, il veut savoir ce qu'il en est de la Lance qui saigne et de la coupe d'émeraude que le sage Merlin disait être le Graal. Mais il n'est pas celui qui mettra un terme aux aventures. Souvenez-vous de ce que nous a dit la Demoiselle Chauve lorsqu'elle est venue nous voir dans son char tiré par des cerfs. Elle nous a laissé un petit chien et un bouclier, toujours suspendu à cette colonne. Elle nous a nettement déclaré que le Bon Chevalier destiné à terminer les aventures serait cause de bien des prodiges lorsqu'il pénétrerait dans cette salle. Elle nous a prévenus que personne, hormis lui, ne pourrait retirer le bouclier de sa place actuelle et lui substituer un autre bouclier, vermeil, lui, et orné d'un cerf blanc. Et elle nous a également prévenus que lorsque le Bon Chevalier viendrait ici, le petit chien bondirait de joie. Or, vous le savez pertinemment, Perceval n'a pas décroché ce bouclier, et le petit chien n'a manifesté nulle joie en sa présence. Aussi n'est-ce pas Perceval qui conquerra le Graal, soyez-en sûrs. Mais l'idée m'inquiète que ce jeune preux court mille dangers sur des routes inconnues.

– Cependant, dit Yvain, il a déjà prouvé sa valeur et sa force. Il t'a envoyé bien des chevaliers qu'il avait vaincus au combat ! – Certes, répondit Arthur, j'ai confiance en sa valeur, mais je regrette que nous ne l'ayons pas retenu près de nous. Si vous m'en croyez, nous irons après lui pour lui venir en aide s'il en a besoin. – Roi, tu as raison, dit Kaï. Allons sur ses traces et voyons ce que nous pouvons faire pour lui. » Yvain opina de même et s'en alla se préparer. Seul Erec demeura silencieux et ne prononça pas une seule parole[1].

Un grand brouhaha parcourut toute la forteresse de Kaerlion. Arthur, Yvain et Kaï battaient le rappel de tous les chevaliers qui s'y trouvaient présents, et tous répondaient avec enthousiasme : « Nous irons sur les traces de Perceval et l'aiderons de tout notre pouvoir. » Le fracas des armes se répandait partout, de même que le hennissement des chevaux. Enfin, les dames et les jeunes filles se précipitèrent sur les murailles afin de voir partir la troupe, et la reine Guenièvre s'en vint elle-même, en compagnie de ses suivantes, saluer le roi et ses compagnons.

Seul un chevalier ne faisait pas partie de la troupe : Erec, fils d'Erbin. Après le départ de la jeune fille laide sur son mulet, il avait regagné son logis où l'attendait son épouse, Enide, fille du comte Enywl. Pourtant, Erec était un preux chevalier. Il avait combattu maintes fois aux côtés d'Arthur et de ses compagnons, accompli nombre d'exploits, et chacun lui rendait hommage pour ses prouesses et pour la justesse de son jugement. Mais depuis qu'il avait obtenu Enide pour femme, il commençait à aimer le repos et ses aises. Enide était à coup

1. Ce début de chapitre est inspiré de *Peredur*.

sûr l'une des plus belles femmes du royaume, et il l'aimait passionnément. Pour elle, il multipliait les fêtes et les divertissements ; il mandait musiciens et jongleurs et, peu à peu, il négligeait joutes et combats. Lorsque le roi Arthur parla de partir sur les traces de Perceval, il préféra demeurer coi, et tandis que tous, écuyers, valets et chevaliers, s'apprêtaient, lui-même alla en son logis s'enfermer dans sa chambre en compagnie d'Enide.

Les jours suivants, il ne se montra guère au-dehors : il se trouvait bien où il était et il n'avait nulle intention d'en bouger. Mais son attitude provoqua d'abord force murmures parmi l'entourage, bientôt des moqueries, des reproches enfin. On disait de lui qu'il n'avait accompli d'exploits qu'afin d'épouser Enide et qu'il était mieux à son affaire dans un lit avec une femme que dans un combat pour l'honneur. Ces propos finirent par arriver aux oreilles d'Enide qui en fut des plus chagrinées. Elle ne savait toutefois que faire : devait-elle révéler à son mari les rumeurs qui couraient sur son compte, ou bien se taire et supporter des remarques de plus en plus méchantes ? N'allait-on pas répétant même que son mariage avec Enide lui avait seulement servi de prétexte pour se dispenser du service du roi, et qu'il pouvait de la sorte satisfaire sa paresse et sa couardise tout en paraissant un brave chevalier ? De telles insinuations n'étaient certes pas du goût d'Enide, et elle avait beau rabrouer les médisants, elle s'avouait à part elle qu'ils n'avaient pas tout à fait tort.

Un matin, Erec et Enide se trouvaient au lit, elle sur le bord, lui sous les draps, dans leur chambre vitrée. Le soleil dardait ses rayons sur la couche. La poitrine et les bras découverts, Erec dormait d'un profond sommeil. Quant à Enide, elle se prit à s'extasier sur la merveilleuse beauté de son mari, sans pouvoir s'empêcher de murmurer : « Malheureuse que je suis si, par ma faute, ces bras et cette poitrine perdent toute la gloire et toute la réputation qu'ils avaient conquises ! »

Et, en parlant ainsi, elle laissait ses yeux verser des larmes si abondantes qu'elles finirent par tomber sur la poitrine d'Erec. Ces larmes, ainsi que les paroles qu'Enide venait de prononcer, le réveillèrent. Il en fut d'autant plus fâché qu'une autre pensée le mit en émoi : il soupçonna que la seule sollicitude pour lui n'avait pas dicté ces pleurs et ces paroles amères ; il s'imagina que, lui préférant un autre homme, elle désirait se séparer de lui. Une atroce jalousie entra dans son cœur, et son esprit fut si troublé qu'il se leva d'un bond et alla trouver son valet : « Fais sur-le-champ préparer mon cheval et mes armes », lui dit-il. Puis, revenant vers Enide, il lui dit d'un ton lourd de rancœur : « Femme, lève-toi, fais seller ton cheval et prends, pour chevaucher, le vêtement le plus mauvais que tu possèdes. Je t'emmène avec moi, puisque tu prétends que j'ai perdu la gloire et la réputation que j'avais conquises. Honte sur moi si tu reviens ici avant d'avoir appris que mes forces sont moins exténuées que tu ne l'affirmes ! Et si tu cherchais un prétexte pour demeurer seule avec l'homme que tu désires, eh bien, tu as fait un piètre calcul ! »

Sans répliquer, bien que ce discours l'eût abasourdie, Enide obtempéra sur-le-champ et revêtit un habit négligé. « J'ignore tout de ta pensée, seigneur, dit-elle enfin, mais je t'obéis en épouse fidèle. – Tu n'en sauras rien pour l'heure, grommela Erec, et feras sagement de ne m'en plus parler ! » Sur ces mots, il alla trouver un ancien serviteur de son père en qui il avait toute confiance : « Je pars, lui dit-il, pour affaire et ne sais trop quand je reviendrai. Veille donc sur la maison jusqu'à mon retour. – Je le ferai, promit le vieil homme, mais permets-moi de m'étonner : à quoi rime ce départ brusqué ? Il eût mieux valu suivre le roi Arthur. Il n'est pas prudent de courir les routes sans compagnie. Pars-tu seul ? – Une personne vient avec moi, répondit Erec. – Dieu te garde et te conseille, reprit le vieillard, et puissent nombre de gens recourir à toi dans leur nécessité ! Ainsi pourras-tu montrer à tous que tu es digne de tes ancêtres. »

Erec alla quérir son destrier qu'il trouva harnaché d'un équipement solide et brillant. A Enide, il ordonna de monter en selle, de le précéder et de prendre une forte avance. « Quoi que je fasse, quoi que tu voies ou entendes, lui dit-il, je t'interdis de revenir en arrière. A moins que je ne te parle, ne m'adresse pas un seul mot, ou je t'en tiendrai rigueur, sache-le. » Et, dans cet équipage, ils sortirent tous deux de Kaerlion sur Wysg.

Ce ne fut point la route la plus agréable ni la plus fréquentée qu'Erec fit prendre à Enide, mais la plus déserte, celle où pullulait l'occasion de rencontrer brigands, vagabonds ou bêtes venimeuses. Ils parvinrent ainsi sur un grand chemin pavé, le suivirent jusqu'à un grand bois au travers duquel ils chevauchèrent. Au sortir du bois, ils aperçurent quatre cavaliers à l'affût sur une hauteur. Ceux-ci les virent également, et l'un d'eux dit : « Voici une bonne aubaine pour nous : les deux chevaux et la femme, tout sera nôtre sans effort. Car, certes, ce chevalier tout seul, là-bas, la tête penchée, ne saurait guère nous résister ! » Enide entendit ces mots mais, de peur de mécontenter Erec, elle hésita sur la conduite à tenir. « La vengeance de Dieu étant sur moi, se dit-elle enfin, autant recevoir la mort de la main d'Erec que de la main d'un autre ! Dût-il me tuer de colère, je l'avertirai plutôt que de le laisser frapper à l'improviste ! » Elle ralentit le pas de son cheval et attendit son mari. Quand celui-ci, toujours plongé dans ses tristes pensées, fut à sa hauteur, elle lui dit : « Seigneur, entends-tu les propos que ces gens, là-bas, tiennent sur ton compte ? » Levant les yeux, il la dévisagea d'un air sévère : « Tu n'avais rien de mieux à faire que d'observer l'ordre que je t'avais donné, c'est-à-dire te taire ! Ta sollicitude à mon égard me paraît aussi fallacieuse que ton avertissement ! Et quelque secret désir que tu aies de me voir tuer et mettre en pièces par ces hommes-là, je n'éprouve pas la moindre appréhension, sache-le, et je saurai bien me défendre ! »

Au même moment, le premier des quatre hommes mit sa lance en arrêt et se précipita. Or, Erec l'attendait déjà de pied ferme, qui, esquivant le choc, s'élança à son tour sur le cavalier. Il lui heurta si violemment son bouclier que celui-ci se brisa, que l'armure se fendit, qu'une bonne coudée de hampe de la lance lui entra dans le corps et le jeta mort à terre par-dessus la croupe de son cheval. Le second cavalier l'assaillit alors avec fureur afin de venger son compagnon mais, d'un seul coup, Erec lui fit mordre la poussière et le tua de même. Le troisième qui chargea, Erec l'occit comme les précédents. Quant au quatrième, en voyant la tournure que prenaient les événements, il préféra s'enfuir.

Enide avait assisté au combat, le cœur alourdi de tristesse. Erec mit pied à terre, dépouilla de leurs armures ses adversaires, en chargea les selles et, ayant lié les chevaux ensemble par le frein, remonta lui-même sur son destrier. « Voici ce que tu vas faire, dit-il à Enide : prends les trois chevaux et pousse-les devant toi. Précède-moi, comme je te l'ai ordonné tout à l'heure, et garde-toi de souffler mot si je ne t'adresse moi-même la parole. Je le déclare devant Dieu : si tu n'obéis pas point par point, tu t'en repentiras amèrement. – Je ferai tout mon possible pour te satisfaire », répondit humblement Enide.

Au-delà du bois, ils abordèrent une vaste plaine au centre de laquelle se trouvait un taillis mal entretenu hérissé de ronces. En émergèrent trois hommes équipés en guerre et montés sur des chevaux couverts, comme eux-mêmes, d'armures à l'aspect très solide. Enide les observa venir avec beaucoup d'attention. Quand ils furent tout près, elle entendit distinctement les propos qu'ils échangeaient. « Voyez, disait l'un d'eux, l'excellente affaire ! Par Dieu, elle ne nous coûtera guère d'efforts ! Nous aurons à bon marché ces quatre chevaux et ces trois armures, sans compter la fille. Quant au chevalier, je le vois trop pensif pour nous opposer la moindre résistance : à nous aussi son cheval et ses armes ! »

« Hélas ! se dit-elle, ils disent vrai ! Erec est si fatigué de sa lutte contre les trois brigands qu'il est en train de s'endormir sur son cheval. Il se laissera surprendre sans même réagir. La vengeance de Dieu soit sur moi si je ne l'avertis immédiatement ! » Elle retarda donc l'allure de son cheval et attendit Erec. Quand il fut près d'elle, elle lui dit doucement : « Seigneur, pardonne-moi, mais je crains que tu n'aies pas entendu la conversation de ces hommes, là-bas, à ton sujet. – Qu'y a-t-il encore ? maugréa-t-il, sortant de sa torpeur. – Ils sont en train de dire qu'ils auront tout ceci pour butin, y compris moi-même, et sans qu'il leur en coûte seulement la peine de combattre ! – Par Dieu tout-puissant ! s'emporta Erec, le plus pénible est, à mes yeux, que tu ne te taises point et t'obstines à me désobéir ! – Seigneur, plaida-t-elle, je serais navrée qu'on te surprenne à l'improviste. – Ce n'est pas encore aujourd'hui qu'on me surprendra. Tais-toi donc. Ta tendresse n'est qu'un leurre ! »

A ce moment, l'un des cavaliers, baissant sa lance, fondit sur lui. Erec attendit le choc tranquillement, l'esquiva et, brusquement, se rua droit sur l'adversaire. Et si durement furent heurtés l'homme et son cheval que tous deux basculèrent cul par-dessus tête. Le fer de la lance, lui, ressortit entre les épaules de l'agresseur. Quant à ses deux compagnons, ils eurent beau charger à leur tour, ils ne réussirent qu'à perdre la vie. La jeune femme s'était arrêtée, non sans angoisse, pour regarder le combat. Aussi la victoire d'Erec la rendit-elle tout heureuse. Erec descendit de sa monture, amarra les trois armures sur les trois selles et lia les trois chevaux ensemble par le frein. Ainsi se trouvaient-ils mener six chevaux et autant d'armures qu'Enide reçut l'ordre de pousser devant elle. Erec ajouta : « Mieux vaut que je me taise, puisque tu ne te conformerais pas à mes ordres. – Je ferai comme tu le veux, seigneur, dit-elle, mais dans la mesure du possible, car je ne pourrai jamais te cacher les propos menaçants d'étrangers qui, tels ceux-ci, rôdent dans les déserts en quête de butin. – Par Dieu tout-puissant ! s'écria Erec, ta tendresse est une duperie ! Je te prie de te taire aussi longtemps que je ne t'aurai pas adressé la parole. – Je le ferai, seigneur, autant qu'il me sera possible. » La jeune femme alla donc en avant, poussant les chevaux et prenant soin de maintenir une bonne distance entre elle et son époux.

Alors qu'ils cheminaient par des terres découvertes, au milieu de prairies et de champs cultivés, ils aperçurent au loin un bois dont, s'ils en voyaient la partie la plus proche, ils ne distinguaient ni les côtés ni les extrémités. Leur route passait à proximité de ce bois. Soudain, Enide aperçut cinq chevaliers ardents et vaillants, solides et robustes, montés sur des chevaux de guerre. Tous, gens et bêtes, étaient parfaitement équipés. Or, elle entendit les propos suivants : « La belle occasion que voici ! Nous aurons sans peine tous ces chevaux et ces armures, et de surcroît la femme, car le chevalier, là-bas, ne paraît pas capable de combattre. » Enide n'hésita même pas ; fort inquiète de ce discours, elle tourna bride et galopa vers Erec : « Seigneur, cria-t-elle, si tu avais entendu ce que disent ces gens, tu te défierais plus que tu ne fais ! » Erec sourit d'un air contraint, fâché, vindicatif et amer : « Je vois que tu enfreins toujours mes ordres ! Il se pourrait que tu aies sujet de t'en repentir ! » Cela dit, il se prépara au combat. Mais sa fureur était telle qu'il ne tarda guère à culbuter tous ses assaillants. Puis, une fois placées leurs cinq armures sur les cinq selles, il lia les onze chevaux ensemble par le frein et les confia à Enide. « Je ne sais, dit-il, à quoi me sert de te donner des ordres, puisque aussi bien tu n'obéis jamais. Mais prends garde, cette fois, et que cela te serve d'avertissement ! » Enide poussa les chevaux devant elle en s'efforçant de maintenir son avance. N'eût été la violence de la rage qui l'animait, Erec n'eût jamais supporté de voir une femme comme elle obligée, à cause des chevaux, à progresser d'une manière aussi pénible. Cependant, Enide ne protestait point, et, quelque fatigue qu'il commençât d'éprouver, Erec la suivait à une portée de flèche.

Ils pénétrèrent dans le bois, lequel était très profond et sombre. La nuit les y surprit. « Femme, dit Erec, il n'est pas utile de continuer. – Bien, seigneur, répondit-elle, nous ferons ce que tu décideras. – Le mieux à faire, reprit-il, est de nous écarter de la route et de nous enfoncer dans le bois pour nous reposer jusqu'au jour avant de reprendre notre voyage. – Volontiers. » Ainsi firent-ils. Erec descendit de cheval et aida Enide à descendre du sien. « Je suis si fatigué, dit-il, que, pour rien au monde, je ne saurais m'empêcher de dormir. Toi, tu vas veiller sur les chevaux. Surtout, ne t'endors pas ! – Je le ferai, seigneur », répondit-elle.

Erec s'endormit donc sans même avoir retiré son armure et passa ainsi la nuit, qui n'était pas longue à cette époque de l'année. Quand Enide aperçut les premières lueurs de l'aube, elle tourna ses yeux vers son mari pour voir s'il dormait. Au même moment, il se réveilla, se leva et dit : « Femme, rassemble les chevaux et pousse-les devant toi. Tu me précéderas de loin, comme tu l'as fait hier. »

Le jour était déjà passablement avancé quand, sortant du bois, ils parvinrent dans une plaine. Dans les prairies qui bordaient les deux côtés de la route, des vilains fauchaient le foin. Au-delà, les voyageurs se trouvèrent devant une rivière. Erec fit descendre les chevaux sur la berge, et quand ceux-ci se furent abreuvés longuement, il donna le signal du départ. Après avoir gravi une pente assez raide qui les mena sur un plateau dénudé, ils rencontrèrent un tout jeune homme mince, élancé, qui, autour du cou, portait une serviette où se trouvait quelque chose, ils ne savaient quoi, et, à la main, une petite cruche bleue ainsi qu'un bol rouge.

Le jeune homme salua Erec. « Dieu te garde, répondit ce dernier, d'où viens-tu ? – De la ville que tu vois là-bas, droit devant. Trouverais-tu inconvenant, seigneur, que je te demande d'où tu viens toi-même ? – Non, répondit Erec. Nous avons traversé ce bois, là-bas. – Ce n'est pas aujourd'hui que vous l'avez traversé. – Non, certes. Nous y avons passé la nuit dernière. – Je suppose, dit le valet, que votre situation n'a pas dû être bonne hier soir. Vous n'avez pu ni manger ni boire. – Non, certes, par Dieu tout-puissant ! s'écria Erec. – Dans ce cas, dit le valet, veux-tu suivre mon conseil ? Accepte de moi ce repas. – Quel repas ? – Celui que j'apportais à ces faucheurs, là-bas, soit du pain, de la viande et des fromages gras, ainsi que du vin frais. Ces faucheurs sont si bien nourris d'habitude qu'ils peuvent se passer de manger aujourd'hui.

– J'accepte volontiers ton offre, répondit Erec. Dieu t'en récompense ! » Il descendit de son cheval, tandis que le valet aidait Enide à descendre du sien. Ils se lavèrent les mains et commencèrent à se restaurer. Le valet coupa le pain en tranches, leur distribua la viande et le fromage, leur versa à boire et les servit du mieux qu'il pouvait. Quand ils eurent fini, le valet dit à Erec : « Seigneur, avec ta permission, je vais retourner en ville. – Va, répondit Erec, puisque tu le dois. Mais profite de l'occasion pour me retenir un gîte dans le meilleur endroit que tu connaisses et où les chevaux soient le moins à l'étroit. En récompense de ton service, tu prendras le cheval et l'armure que tu voudras. – Dieu te le rende ! Ce présent suffirait à payer un service autrement précieux que le mien ! »

Le valet se rendit donc en ville et y retint le logement le meilleur et le plus confortable qu'il put trouver pour Erec et pour Enide. Puis, avec les armes et le cheval qu'il avait reçus pour prix de son service, il se rendit auprès du comte et lui conta toute l'aventure. « Seigneur, lui dit-il ensuite, je vais retrouver le chevalier pour lui indiquer où se trouve son logis. – Va, dit le comte, mais dis à ce chevalier que, s'il le désirait, il trouverait chez moi fort bon accueil. »

Le valet retourna donc auprès d'Erec et l'informa du gîte qu'il lui avait réservé. Il ajouta toutefois que le comte aurait désiré l'accueillir à sa cour. Mais Erec préféra se contenter de son logement. Le valet les conduisit, Enide et lui, jusqu'à l'hôtellerie où il avait conclu affaire. Erec y trouva une chambre confortable et une écurie vaste et commode pour les chevaux. Le valet veilla d'autant mieux à ce qu'ils fussent dûment servis qu'il voulait témoigner davantage de gratitude à Erec pour en avoir reçu un si beau présent.

Une fois désarmé, Erec dit à Enide : « Va de l'autre côté de la chambre et laisse-moi seul de ce côté-ci. Si tu le désires, mande la femme de la maison pour te tenir compagnie. – Seigneur, répondit-elle, je ferai comme tu le dis. » Sur ce, l'hôtelier vint trouver Erec, le salua et lui fit bon accueil en lui demandant s'il avait bien soupé. Erec se déclara parfaitement satisfait de tout et le congédia. Alors, le valet lui demanda : « Désires-tu une boisson ou autre chose avant que je ne retourne auprès du comte ? – En vérité, je le veux bien, dit Erec, car je suis fort altéré. » Le valet descendit en ville et revint avec des boissons. Les deux hommes se mirent à boire mais, au bout d'un moment, Erec dit : « Vraiment, je tombe de sommeil et, sur ma foi, je ne saurais m'empêcher de dormir. – Fort bien, dit le valet. Dors tranquille ; pendant ton sommeil, j'irai voir le comte. – Va, et reviens ensuite ici. » Et sur ce, il s'endormit, ainsi qu'Enide, car tous deux étaient épuisés de leur voyage.

Le valet se rendit auprès du comte, lequel s'informa sur le logis de ce chevalier qui était arrivé avec tant de chevaux et d'armures. « Il ne faut pas que je tarde à l'aller servir, dit le valet. – Va, dit le comte, et salue-le de ma part en le prévenant que j'irai incessamment le voir. »

Le valet arriva au moment même où Erec et Enide

se réveillaient. Ceux-ci se levèrent, allèrent se promener par la ville et, quand il fut l'heure, rentrèrent se restaurer, servis par le valet. Erec s'enquit auprès de l'hôtelier s'il hébergeait des compagnons qui voulussent être ses hôtes. « Assurément, répondit l'hôtelier. – Amène-les donc ici, qu'ils aient abondance, à mes frais, des mets et breuvages les meilleurs qui se trouvent en cette ville. » L'hôtelier alla donc prier de sa part des gens de la meilleure société, et tous festoyèrent joyeusement.

Sur ces entrefaites, le comte vint, escorté de onze chevaliers, rendre visite à Erec. Celui-ci se leva et le salua courtoisement. « Dieu te donne joie et bonheur », répondit le comte, et tous prirent place, chacun selon son rang. Le comte s'entretint avec Erec et l'interrogea sur le but de son voyage. « Aucun autre, répondit Erec, que de chercher des aventures et d'agir ainsi que je jugerai à propos. » Cependant, le comte considérait Enide avec une grande attention. Jamais, pensait-il, il n'avait vu de jeune femme plus belle et plus gracieuse. Il concentra tout son esprit et toutes ses pensées sur elle. « Veux-tu me permettre, demanda-t-il à Erec, d'aller m'entretenir avec cette jeune femme, là-bas, que je vois en quelque sorte séparée de toi ? – Volontiers », répondit Erec.

Le comte s'en fut s'asseoir auprès d'Enide et lui dit : « Belle amie, il me semble qu'il n'y a guère de plaisir pour toi dans un pareil voyage en compagnie de cet homme. – Il ne m'est pas désagréable de suivre la route qu'il lui plaît de prendre, répondit-elle. – Mais, repartit le comte, tu n'as ni serviteurs ni servantes ? – Je m'en passe fort bien. J'aime mieux suivre cet homme que d'avoir quiconque à mes ordres. – Je vais te donner un bon conseil : reste avec moi, et je mettrai mon comté en ta possession. – Par Dieu tout-puissant ! s'écria Enide, cela ne sera pas. Cet homme est le premier et le seul à qui j'aie donné ma foi, et je n'ai pas l'intention de lui être infidèle. – Tu as tort, reprit le comte. Si je le tue, je t'aurai tant que je voudrai puis, une fois lassé de toi, je te jetterai dehors. En revanche, si tu y consens pour l'amour de moi, il y aura entre nous un accord indissoluble, tant que nous vivrons. » En réfléchissant à cette étrange proposition, Enide comprit que le comte était prêt à tout pour l'obtenir. Afin d'éviter le pire, elle trouva plus sage de lui inspirer confiance. « Seigneur, lui dit-elle, ce que tu as de mieux à faire pour ne pas m'attirer trop de honte est de venir ici demain m'enlever comme si je ne savais rien de tes projets. – Ainsi ferai-je ! » s'exclama le comte, tout joyeux. Alors, il se leva, prit congé et partit avec ses hommes.

Enide ne savait trop comment parler à Erec de son entretien avec le comte, tant elle craignait d'accroître sa colère, son agitation et ses soucis. L'heure venue, tous deux allèrent se coucher, et si Enide dormit un peu au commencement de la nuit, elle se réveilla très vite, se leva et rassembla les armes d'Erec de façon qu'il pût les revêtir rapidement en cas de danger. Ensuite, avec beaucoup d'angoisse et d'appréhension, elle se pencha sur Erec qui dormait et lui dit à voix basse, très doucement : « Seigneur, réveille-toi et habille-toi. Ecoute l'entretien que j'ai eu avec le comte et les desseins qu'il a sur moi. » Erec se réveilla, et elle lui révéla toute la conversation, sans en rien omettre. Quelque irritation qu'il éprouvât à l'entendre parler sans sa permission, il prit très au sérieux l'avertissement, se leva et s'habilla. Enide alluma une chandelle afin de l'éclairer pendant qu'il se préparait. « Laisse la chandelle, dit Erec, et dis au maître de maison de venir ici. »

L'hôtelier s'empressa d'accourir, et Erec lui demanda combien il lui devait. « Peu de chose, en vérité, répondit l'hôtelier. – Eh bien, quelle que soit l'étendue de ma dette, prends mes dix chevaux et mes dix armures. – Dieu te le rende ! s'écria l'homme, mais je t'assure que je n'ai pas dépensé pour toi la valeur d'une seule de ces armures. – Peu importe ! tu n'en seras que plus riche. Et maintenant, écoute-moi : veux-tu nous guider hors de la ville ? – Volontiers. De quel côté désires-tu aller ? – Du côté opposé à celui par lequel nous sommes entrés hier. » L'hôtelier les conduisit aussi loin qu'il souhaitait. Alors, Erec ordonna à Enide de prendre de l'avance comme auparavant. Elle le fit et partit devant lui tandis que l'hôtelier retournait chez lui.

Il venait à peine de rentrer qu'il entendit, autour de la maison, le plus grand fracas qu'il eût jamais entendu. Il regarda au-dehors et vit vingt-quatre chevaliers armés de pied en cap, le comte à leur tête. « Où est le chevalier étranger ? demanda le comte. – Par Dieu tout-puissant, seigneur, répondit l'hôtelier, il est parti voilà bien longtemps ! – Pourquoi l'as-tu laissé partir sans m'en avertir ? – Tu ne me l'avais pas commandé, seigneur. Autrement, je ne lui aurais pas permis de s'en aller. – De quel côté sont-ils allés ? – Je l'ignore. Tout ce que je puis te dire, c'est qu'ils ont pris la grande rue. » Tournant sitôt bride, les hommes du comte se précipitèrent vers la grande rue, mais ils n'y trouvèrent point trace d'Erec ni d'Enide et durent s'en retourner chez eux, le comte triste et furieux que se fût échappée celle qu'il convoitait tant.

Cependant, Erec et Enide s'éloignaient au plus vite de la ville. Ils arrivèrent bientôt en vue d'une vallée que baignait une grande rivière traversée par un pont. Sur l'autre rive se dressait une ville forte dont les toitures étincelaient au soleil levant. Comme il se dirigeait vers le pont, Erec vit venir de son côté, à travers un épais bosquet, un chevalier monté sur un destrier gros et grand, au pas égal, fier et docile. Erec le salua et lui demanda qui possédait la vallée et la ville forte. « Je vais te le dire, répondit le chevalier. Elles appartiennent à un homme de noble famille qu'on appelle Gwiffret le Petit. Mais je te déconseille d'y mettre les pieds. Le Petit a pour habitude d'affronter tous les chevaliers qui franchissent le pont. – Par Dieu ! s'écria Erec, merci de l'avis, mais j'ai l'intention d'aller dans cette ville, et personne ne m'empêchera de suivre cette route. – S'il en est ainsi, dit l'autre, je crains fort que tu n'en retires honte et malheur. »

Erec eut à peine franchi le pont qu'il vit venir à lui un chevalier monté sur un destrier gros, puissant, à la démarche vaillante, au large poitrail. En revanche, il n'avait jamais vu d'homme aussi petit que le cavalier. Soigneusement armé, celui-ci paraissait néanmoins des plus agressifs, et, sitôt parvenu à la hauteur d'Erec, il l'interpella : « Holà ! Seigneur, est-ce par ignorance ou présomption si tu t'aventures à me dépouiller de mon privilège et à violer ma loi ? Nul n'a le droit de passer par ici sans me combattre. – J'ignorais que ce chemin fût interdit, répondit calmement Erec. – Non pas, tu le savais ! reprit le petit homme. Aussi m'accompagneras-tu à ma cour afin de me rendre satisfaction pour le tort que tu m'as causé. – Je ne t'ai pas causé de tort ! répliqua Erec, et je n'irai pas à ta cour. – Dans ce cas, cria l'autre, c'est tout de suite que j'obtiendrai satisfaction ! »

Sans plus de paroles, ils se précipitèrent l'un sur l'autre. Erec ne trouva que désagrément à combattre cet adversaire qui, en raison de sa petite taille, se déplaçait avec autant de souplesse que de légèreté tout en faisant preuve d'une grande force. Une fois que tous deux eurent vidé leurs étriers, ils combattirent à pied, se donnant mutuellement des coups rapides et irrités, rudes et vaillants, forts et cuisants. A la fin, tout en sueur et en sang, Erec entra dans une telle fureur que, rassemblant toutes ses forces, il brandit son épée de manière qu'il atteignit l'autre à la tête avec une violence qui lui brisa le heaume et lui fit lâcher son épée. Gwiffret le Petit, car c'était lui, demanda grâce. « Tu l'auras, répondit Erec, en dépit de ton manque de courtoisie et de politesse, mais à condition d'être désormais mon compagnon, de ne jamais rien entreprendre contre moi et de me venir en aide si je me trouve dans la peine. – Je te le promets, dit le vaincu. Maintenant, je t'en prie, viens jusqu'à ma cour qui est dans la ville, afin de te remettre de tes fatigues et de tes blessures. – Par Dieu ! s'écria Erec, certes, je n'irai point ! » Mais le Petit, apitoyé qu'une créature aussi noble qu'Enide dût supporter des fatigues si excessives, se permit d'insister. « Seigneur, reprit-il, tu as tort de ne pas vouloir prendre de repos. Dans l'état où je te vois, s'il te survient une aventure périlleuse, tu seras incapable d'en venir à bout. » Erec s'obstina néanmoins à continuer son voyage.

Après avoir pris congé de Gwiffret le Petit, il se remit donc en selle, couvert de sang et perclus de blessures, tandis que la jeune femme reprenait son avance. Ils se dirigèrent ainsi vers un bois qu'ils apercevaient devant eux. La chaleur était grande, et les armes, vu la sueur et le sang, collaient à la peau d'Erec. Dans le bois, il dut s'arrêter sous un arbre, tant la douleur devenait intolérable. Quant à Enide, elle se tenait sous un autre arbre, n'osant aller vers son mari, de peur de le mettre en colère et de redoubler ses souffrances.

Là-dessus, ils entendirent le son des cors et le tumulte d'un grand rassemblement : c'étaient Arthur et sa suite qui descendaient dans le bois. Erec hésitait sur la route à prendre afin de les éviter lorsqu'un homme à pied – le valet de l'intendant de la cour – l'aperçut, alla trouver son maître et lui décrivit le chevalier entrevu dans le bois. L'intendant fit équiper son cheval, prit sa lance et son bouclier et se rendit auprès d'Erec. « Chevalier, lui dit-il, que fais-tu donc ici ? – Je prends le frais, de manière à m'épargner l'ardeur du soleil. – Eh bien, suis-moi auprès du roi Arthur. Tu seras plus à ton aise dans son pavillon. – Je n'irai pas, dit Erec. – Il te faudra cependant venir, tu le dois. – Je n'irai pas ! » répéta Erec avec obstination. Sans plus insister, l'intendant regagna le camp d'Arthur et y rencontra Yvain, fils du roi Uryen. « Seigneur, dit-il, il y a dans le bois un chevalier blessé. Son armure est en piteux état, et il refuse de venir ici. Tu ferais bien d'y aller voir. »

Yvain prit sa lance et son bouclier, enfourcha son cheval et se rendit auprès d'Erec. « Chevalier, lui dit-il, quel voyage fais-tu ? – Celui que je veux ! répondit Erec d'un ton maussade. – Me diras-tu du moins qui tu es ? reprit Yvain, et m'accompagneras-tu auprès du roi Arthur ? Il se trouve tout près d'ici. » Erec, qui avait bien reconnu Yvain, sans qu'Yvain, lui, l'eût reconnu, s'exclama : « Laisse-moi tranquille ! Je n'irai pas voir Arthur. – Je saurai bien t'y obliger ! » s'emporta Yvain. Et, d'un coup de lance, il frappa le bouclier d'Erec si rudement que celui-ci vola en éclats. Puis, l'examinant avec davantage d'attention, il le reconnut. « Erec ! s'écria-t-il. Que t'est-il donc arrivé, cher compagnon ? – Je ne suis pas Erec et ne veux pas voir le roi Arthur ! » répéta Erec avec entêtement.

Yvain se tourna alors vers Enide et la reconnut. « Belle amie, lui dit-il, que se passe-t-il donc ? – Il est blessé, malade et n'a pas tout son bon sens », répondit-elle. Yvain piqua des deux et s'en alla droit auprès d'Arthur. « Roi, dit-il, je viens de voir Erec, le fils d'Erbin, dans ce bois. Il est blessé, malade, et refuse de se présenter devant toi. – Qu'on mande des médecins, et qu'ils le soignent », dit le roi. Yvain alla donc quérir des médecins qu'il conduisit auprès d'Erec. Ceux-ci firent transporter le blessé, et on l'étendit dans le pavillon d'Yvain. Au bout de trois jours, Erec, qui allait beaucoup mieux et pouvait marcher, se rendit dans la tente d'Arthur et lui dit : « Seigneur roi, avec ta permission, je vais reprendre mon voyage. – N'en fais rien, répondit Arthur. Reste avec nous : nous allons à la recherche de Perceval et nous aurons besoin de toi. – Non, dit Erec, je n'irai pas à la recherche de Perceval. J'ai un voyage à faire et je veux aller jusqu'au bout. » Voyant bien que rien n'en ferait démordre Erec, Arthur lui fit porter des armes neuves, ainsi qu'une belle robe pour Enide. Et tous deux, ayant pris congé d'Arthur et de ses compagnons qui repartaient eux-mêmes en quête de Perceval, reprirent la route qu'Erec avait décidé de suivre.

Erec ordonna à la jeune femme de prendre les devants et de maintenir l'intervalle ainsi qu'elle avait fait précédemment. Elle se mit donc en marche et suivit la grande route. Comme ils allaient ainsi, ils entendirent retentir non loin des cris d'une grande violence. « Arrête-toi, dit Erec à Enide, et attends-moi. Je vais voir de quoi il retourne. » Il s'enfonça dans le bois et atteignit une clairière dans laquelle piaffaient deux chevaux. A terre, gisait, mort, un chevalier revêtu de son armure, sur lequel une jeune femme se penchait en pleurant et en se lamentant. « Femme, demanda Erec, qu'est-il donc arrivé ? » La jeune femme se redressa et lui répondit au milieu de ses pleurs : « Seigneur, nous voyagions dans ces parages, l'homme que j'aimais le plus et moi, lorsque trois géants se sont précipités sur nous, férocement et, au mépris de toute justice, ont tué mon ami, hélas ! – Par où sont-ils partis ? demanda Erec. – Par la grande route », répondit-elle. Erec retourna vers Enide. « Va rejoindre la femme qui pleure, là-bas, lui dit-il, et attends-moi là, si toutefois je reviens. » Bien que pareil ordre la peinât fort, elle se rendit auprès de la jeune femme et tenta de la consoler. Et pourtant, elle était elle-même des plus chagrine, car elle était persuadée qu'Erec ne reviendrait jamais.

Or lui, qui s'était mis à galoper sur la grande route, eut tôt fait de rattraper les trois géants. Chacun d'eux, plus grand que trois hommes, portait sur l'épaule une énorme massue. Sans plus attendre, Erec se précipita sur l'un d'eux et le transperça de sa lance, la retira du cadavre et en frappa le deuxième de même. Mais le troisième avait eu le temps de comprendre la situation. Il se retourna contre Erec et lui assena un tel coup de massue qu'il lui fendit son bouclier, lui rouvrit toutes ses blessures qui se reprirent à saigner d'abondance. Malgré cela, Erec tira son épée, fondit sur le géant et le frappa si violemment sur la tête qu'il la lui fendit jusqu'au cou. Après quoi, se remettant péniblement en selle, il rebroussa chemin jusqu'à l'endroit où l'attendait Enide. Seulement, au moment même où il arrivait près d'elle, il bascula de sa monture et tomba inanimé sur le sol.

Enide se précipita pour le secourir en poussant des cris de douleur et de chagrin qui résonnèrent dans le bois, attirant l'attention du comte Limouris qui, avec ses gens, chassait par là. Tous accoururent et trouvèrent la jeune femme qui sanglotait sur le corps d'Erec. « Dame, dit le comte, que t'est-il donc arrivé ? » Enide répondit : « Hélas ! il a été tué, l'homme que j'aimais et que j'aimerai toujours ! – Et toi ? demanda le comte à l'autre femme. – Moi aussi, j'ai perdu l'homme que j'aimais le plus ! – Qui donc les a tués ? » La femme répondit : « Trois géants. Comme ils avaient tué mon ami, l'autre chevalier s'est lancé à leur poursuite pour le venger, et il est revenu ici dans l'état où tu le vois, perdant tout son sang. Mais je ne crois pas qu'il ait quitté nos agresseurs sans en avoir tué un, voire peut-être tous. »

Le comte Limouris fit ensevelir le premier chevalier. Pour ce qui était d'Erec, il lui supposait encore un restant de vie et, dans l'espoir qu'il réchapperait, il le fit transporter, couché dans une bière au creux de son bouclier, jusqu'à son manoir, où les deux femmes l'accompagnèrent. Sitôt dans sa demeure, le comte commanda de déposer la bière, telle quelle, sur une table, dans un angle de la salle et, chacun s'étant défait de ses vêtements de voyage, il pria Enide de se dépouiller des siens et d'en prendre d'autres, mais elle refusa. « Dame, insista-t-il, au nom de Dieu, je t'en prie, ne sois pas si triste. – On ne saurait guère, répondit-elle, raisonner quand le malheur est là. » Le comte reprit : « Je ferai en sorte que tu n'aies pas lieu d'être triste, quoi qu'il advienne de ce chevalier, qu'il meure ou qu'il vive. Ne t'inquiète pas : j'ai un bon comté, et je le mettrai en ta possession si tu veux de moi. Sois joyeuse et heureuse car, désormais, tu ne manqueras plus de rien. – Je ne serai ni joyeuse ni heureuse, Dieu m'est témoin, dit Enide, aussi longtemps que je respirerai. »

Quand fut venue l'heure du repas, le comte insista néanmoins pour qu'elle prît place à ses côtés. « Je n'en ferai rien », dit-elle d'un air têtu. Alors, le comte Limouris se mit en colère : « Tu viendras malgré toi ! s'écria-t-il, et il l'entraîna de force vers la table en lui ordonnant de manger. – Je ne mangerai pas, s'obstina-t-elle, j'en atteste Dieu, à moins que ne mange celui qui est dans la bière, là-bas ! – Voilà un serment que tu ne pourras tenir, car celui qui s'y trouve est pour ainsi dire mort et ne pourra jamais plus manger. Te laisseras-tu donc mourir de faim ? – Pourquoi non ? » répliqua-t-elle avec insolence. Alors, il lui tendit une coupe pleine. « Bois ceci, et tes sentiments se modifieront. – Honte sur moi ! répondit-elle, si je bois qu'il n'ait bu lui-même ! – En vérité, s'exclama le comte, me voici aussi peu avancé en me montrant aimable que si j'étais désagréable ! » Et, de rage, il lui donna un violent soufflet sur la joue.

Enide poussa un cri perçant. Elle éprouvait une douleur d'autant plus grande à la pensée que personne, Erec vivant, n'aurait eu l'audace de la souffleter de la sorte. Or, ce cri tira Erec de pâmoison. Il se redressa, vit Enide aux prises avec le comte et, saisissant son épée qui gisait à ses côtés dans son bouclier, il bondit vers la table et déchargea au comte un coup si furieux sur le haut du crâne qu'il le lui fendit en deux et que sa lame entama la table. Toute l'assistance s'enfuit en hurlant d'effroi, et ce moins par crainte du chevalier vivant que pour avoir vu le mort se lever afin de frapper. Là-dessus, Erec jeta les yeux sur Enide, et une vive douleur le pénétra : elle avait perdu ses couleurs et son air habituel. « Femme, dit-il, sais-tu où se trouvent nos chevaux ? – Le tien, oui ; l'autre, je l'ignore. Le tien est dans la maison voisine. »

Une fois là, Erec sella son cheval, le fit sortir puis l'enfourcha et, enlevant Enide de terre, la plaça entre lui et l'arçon de devant. Sur ce, il éperonna sa monture, et le cheval, d'un bond, franchit la porte et se retrouva sur la route. Ils galopèrent ainsi très vite jusqu'aux approches de la nuit où Erec ralentit l'allure. Or, en se retournant, il aperçut un cavalier qui s'efforçait de les rattraper. « Je vais te déposer de l'autre côté de la haie, dit-il à Enide, car quelqu'un vient derrière nous ! » Au même moment, le cavalier fondit sur lui, la lance baissée. Ce que voyant, Enide s'écria : « Seigneur, aurais-tu gloire et honneur à tuer un homme blessé ? » Le cavalier s'arrêta net. « Dieu tout-puissant ! s'écria-t-il, est-ce Erec que je vois ? – Assurément, répondit Erec. Qui es-tu toi-même ? – Ne me reconnais-tu pas ? Je suis Gwiffret le Petit. J'accourais à ton aide, pour avoir entendu dire que tu éprouvais de grandes difficultés. Ah ! que n'as-tu suivi mes conseils ! Sur ma foi, tu te serais épargné ces malheurs ! »

Il mit pied à terre et examina longuement Erec. « Je vais, dit-il, me permettre de te donner un autre conseil. Dans le triste état où je te vois, je ne réponds pas de ta vie si tu ne te fais soigner. Ecoute donc : tu vas m'accompagner. Non loin d'ici se trouve le manoir d'une de mes sœurs qui a pour époux un brave chevalier. Je t'y ferai panser par les meilleurs médecins qui soient. » Erec dut l'admettre, il ne pouvait décliner cette offre ; il se sentait épuisé et savait qu'en cas de fâcheuse rencontre il n'aurait plus la force de se défendre. « Volontiers, seigneur », répondit-il enfin.

On fit monter Enide sur le cheval d'un écuyer de Gwiffret, et tous se rendirent à la cour du baron qui était le beau-frère de celui-ci. On leur y réserva le meilleur accueil, et ils y trouvèrent attentions et services. Le lendemain matin, on envoya quérir des médecins qui ne tardèrent pas à se présenter pour soigner Erec jusqu'à ce qu'il fût complètement guéri. Entre-temps, il avait chargé Gwiffret de faire remettre ses armes en état, et celles-ci furent bientôt aussi bonnes que jamais. Leur séjour en la demeure du baron dura un mois et quinze jours. Gwiffret le Petit dit alors à Erec : « Allons à présent à ma cour nous reposer et prendre nos aises. »

Et c'est ainsi que le lendemain, la jeunesse du jour les vit se mettre en route.

Enide se montrait en leur compagnie plus heureuse qu'elle ne l'avait jamais été. Erec avait abandonné toute colère à son encontre et lui manifestait le profond amour qu'il éprouvait en son cœur. Au surplus, il ne savait comment se faire pardonner la dureté dont il avait fait preuve. Sur ces entrefaites, ils parvinrent à un carrefour d'où partaient deux routes dans des directions opposées. Sur l'une d'elles, ils virent un homme à pied se diriger vers eux. Gwiffret lui demanda d'où il venait. « De ce pays, là-bas, répondit l'homme. – Dis-moi, reprit Gwiffret, selon toi, lequel de ces chemins vaut-il mieux prendre ? – Vous seriez avisés d'emprunter celui-ci, répondit l'homme, car l'autre, par là, vous n'en reviendriez pas. Là se trouve en effet le Clos du Nuage, un endroit périlleux entre tous. – Pourquoi ? Qu'est-ce donc que ce Clos du Nuage ? – Un lieu maudit. Par la vertu d'un sortilège, il s'y produit des prodiges de toutes sortes, et l'on y joue à des jeux maléfiques. De tous ceux qui y sont allés, pas un seul n'est encore revenu. Et par là se trouve aussi la cour du roi Evrain, lequel ne permet à personne de venir prendre logis en ville, à moins de se rendre en sa cour. – Par Dieu tout-puissant ! s'écria Erec, de ce côté-là nous irons ! » Et, en suivant la route indiquée, ils arrivèrent à la cité du roi Evrain.

Quand ils eurent franchi le pont et la poterne, ils aperçurent une foule de gens qui s'étaient amassés par la rue. Les bourgeois et les jeunes filles dévisageaient Erec et, tout émus par sa grande beauté, ils se signaient et disaient tout bas : « Hélas ! ce chevalier vient ici pour son malheur. Il devra fatalement subir les jeux du Clos du Nuage. Mais nul n'est jamais venu de terre lointaine en tenter l'épreuve sans en éprouver honte ou dommage et sans y laisser sa tête en gage. » Et tous, étreints de crainte et de tristesse à la perspective du sort cruel qui menaçait le chevalier, pleuraient sur son passage.

Or, quoiqu'il entendît parfaitement les murmures de la foule, Erec semblait les ignorer. Il prit logis dans l'endroit de la cité qui lui parut le plus beau et le plus agréable et, comme ils venaient tous de s'y installer, un jeune écuyer vint à eux et les salua. « Dieu te donne joie et bonheur ! répondirent-ils. – Seigneurs, dit l'écuyer, quels préparatifs sont les vôtres, ici ? – Tu le vois. Nous apprêtons notre logis en vue d'y passer cette nuit. – Seigneurs, reprit l'écuyer, il n'est pas dans les habitudes de l'homme à qui appartient cette cité de permettre à aucun étranger d'y loger sans que celui-ci soit allé lui rendre visite à sa cour. Venez donc auprès du roi Evrain. – Volontiers », répondit Erec.

A la suite de l'écuyer, ils pénétrèrent en la demeure du roi Evrain. Le roi vint lui-même à leur rencontre et les accueillit avec beaucoup de courtoisie. « Seigneurs, dit-il, soyez les bienvenus chez moi. » Des valets accoururent pour tenir les étriers et pour emmener les chevaux dans les écuries. Le roi Evrain salua profondément Enide, l'aida personnellement à descendre de son cheval puis, la prenant par sa main blanche, il l'emmena dans la grande salle en lui témoignant le plus grand respect. Ensuite, il ordonna de préparer un souper pourvu à souhait d'oiseaux, de venaison, de fruits et de vins de différents crus. Quand tout fut prêt, chacun prit place, Erec à droite du roi, Enide à gauche, Gwiffret le Petit près d'elle, et ainsi de suite selon son rang et sa dignité. Or, Erec se mit à songer aux jeux du Clos du Nuage et, craignant qu'on ne lui en interdît l'accès, cessa soudain de manger. En voyant cela, le roi crut que la peur lui coupait l'appétit, et il se repentit d'avoir établi ces jeux, ne fût-ce que parce qu'ils risquaient de causer la perte d'un homme comme Erec. De fait, celui-ci l'eût-il prié de les abolir à jamais, il le lui aurait accordé de bon gré.

Finalement, le roi Evrain dit à Erec : « Seigneur, à quoi penses-tu, que tu ne manges pas ? Si tu appréhendes d'aller aux jeux, tu obtiendras de moi que je t'en dispense, et même que personne n'y soit plus jamais tenu, et ce par considération pour toi. – Dieu te le rende ! répondit Erec, mais sache que je ne désire rien tant que de subir l'épreuve au Clos du Nuage. – Si tel est ton désir, je ne saurais m'y opposer. » Lors ils mangèrent et burent à satiété, car on les gratifia d'un service complet où ne manquèrent ni mets ni boissons. Et quand, le repas terminé, ils se levèrent de table, Erec demanda son cheval, revêtit ses armes et partit, guidé par des sergents jusqu'aux abords du Clos du Nuage. Une grande foule d'hommes et de femmes les suivait en menant grand deuil. Ils arrivèrent devant une grande muraille de brume épaisse qui masquait tout ce qui se trouvait au-delà. Tout autour se dressaient des pieux sur chacun desquels – hormis deux – était fichée une tête d'homme. « Quelqu'un peut-il accompagner le chevalier ? s'enquit Gwiffret. – Non, répondit le roi, il doit aller seul. – Par où entre-t-on dans le clos ? demanda Erec. – Je l'ignore, répondit le roi. Passe par le côté que tu voudras et qui te paraîtra le plus commode. » Sans aucune crainte, Erec quitta ses compagnons et s'enfonça dans la nuée, laquelle l'enveloppa si bien qu'il disparut aux yeux de tous.

Il déboucha dans un verger magnifique qui, hiver comme été, produisait en permanence fleurs et fruits mûrs. Cependant, ces fruits ne pouvaient être mangés qu'à l'intérieur du verger. L'effet d'une force mystérieuse empêchait de sortir celui qui, en ayant cueilli un, voulait l'emporter au-dehors. Au demeurant, ce jardin était peuplé d'oiseaux de toutes sortes qui volaient dans les airs en chantant de douces romances. Au milieu du verger, Erec aperçut un pavillon tendu d'étoffe rouge. La porte en était ouverte et, en face d'elle, se dressait un pommier, à l'une des branches duquel était suspendu un cor fixé à l'arbre par une chaîne.

Erec mit pied à terre et entra dans le pavillon. Il y découvrit une jeune fille d'une très grande beauté, aux cheveux fins et blonds, assise sur une chaire drapée d'une étoffe brodée d'or. En face d'elle se trouvait une autre chaire, identique mais inoccupée. Erec alla s'y asseoir. « Je ne te conseille pas de t'asseoir dans cette chaire, dit la jeune fille. – Et pourquoi donc, mon âme ? – Celui à qui elle appartient n'a jamais permis qu'un autre que lui s'y assît. – Cela m'est égal, répondit Erec. Je me trouve très bien dans cette chaire et j'ai l'intention de m'y reposer. »

A ce moment, un grand vacarme retentit à l'extérieur. Erec se releva et alla voir ce qui se passait : il aperçut alors un chevalier monté sur un destrier fier et ardent, aux naseaux orgueilleux, à la puissante ossature. Le chevalier, qui était bien armé, interpella Erec : « Seigneur, qui t'a permis de t'asseoir sur cette chaire en face de la jeune fille ? – Moi-même ! répliqua Erec avec insolence. – Tu as eu tort de me causer un tel affront ! s'écria le chevalier. Tu vas devoir payer de la vie ton audace. – Cela m'étonnerait », dit Erec en remontant sur son cheval.

Ils commencèrent à se battre avec acharnement, brisant tour à tour force lances. Ils se donnaient l'un à l'autre des coups durs et cuisants, rapides et violents. A la fin, Erec s'irrita et, lançant son cheval à toute allure, se jeta sur son adversaire et le frappa juste au milieu de son bouclier, si bien qu'il le fit voler en éclats. Et la pointe de la lance déchira les sangles de l'armure, de sorte que le chevalier fut jeté à terre tête la première, par-dessus la croupe de son cheval. Erec bondit sur lui en brandissant son épée. « Grâce, seigneur ! s'écria le vaincu, et tu obtiendras tout ce que tu voudras. – Je ne veux qu'une chose, dit Erec, c'est que cessent à jamais pareils jeux, que s'évanouissent muraille de nuages, enchantement et magie. Mais, auparavant, il faut que tu me dises qui tu es et pourquoi l'on a institué cette épreuve.

– Je vais tout te dire, répondit le vaincu. Sache que je m'appelle Mabonagrain et que je suis le neveu du roi Evrain. La jeune fille que tu as vue assise dans le pavillon est mon amie. Je la connaissais depuis mon enfance et je l'aimais de grand amour quand, un jour, elle me pria de lui octroyer un don. Que pouvais-je lui refuser ? Je lui promis ce don sans savoir en quoi il consisterait, et elle se garda bien de me le dire avant que je ne fusse chevalier. Alors, elle me révéla que j'avais juré de ne sortir de ce verger que je n'eusse été vaincu par un chevalier. Ainsi pensait-elle m'avoir tout à elle et pour toujours en cet endroit. Par ses enchantements, elle fit en sorte que le verger fût entouré d'une nuée qui le dérobait aux regards du monde extérieur. Maintenant, seigneur, tu sais tout, et je vais t'indiquer le moyen de dissiper l'enchantement. Tu as vu le cor qui est suspendu à une branche du pommier, devant le pavillon ? Prends-le et, sitôt que tu en sonneras, la nuée disparaîtra pour toujours. Sache qu'elle ne devait pas disparaître avant que n'eût sonné du cor un chevalier qui m'aurait vaincu par les armes. »

Erec s'approcha du pommier, saisit le cor et en sonna. Au premier son qu'il en tira, la nuée disparut et tous ceux qui attendaient autour du verger poussèrent des cris de joie. Enide ne fut pas la dernière à s'en féliciter qui, se précipitant au cou d'Erec, l'embrassa tendrement. Le roi Evrain, qui ne se réjouissait pas moins d'avoir retrouvé son neveu Mabonagrain, invita Erec et Gwiffret pour cette nuit-là. Le lendemain, Erec alla prendre congé du roi. « Maintenant que j'ai réussi cette épreuve, dit-il, et prouvé à ma femme que je n'étais pas un lâche, je puis rejoindre sans honte le roi Arthur et m'en aller avec lui à la recherche de Perceval. » Et, accompagné de Gwiffret et d'Enide, il s'élança sur la grande route[1].

1. D'après la seconde partie du récit gallois *Gereint et Enide* (trad. française intégrale dans J. Loth, *les Mabinogion*, t. II, Paris, 1913), avec des détails empruntés à l'*Erec et Enide* de Chrétien de Troyes (texte et trad. intégrale *in Œuvres complètes*, la Pléiade, Paris, 1994).

8

La Gaste Forêt

En quittant la cour d'Arthur, après les durs reproches de la hideuse Demoiselle au Mulet, Perceval s'était enfoncé dans la forêt en quête des chemins qui le mèneraient à la demeure du Roi Pêcheur. Mais plus il avançait, plus il se voyait égaré en des contrées qu'il ne reconnaissait pas et où il ne trouvait ni gîte, ni nourriture. Il passait la nuit dehors, au pied d'un arbre, avec une pierre en guise d'oreiller. Et, en se réveillant, ses vêtements humides de rosée, dans la fraîcheur de l'aube, il se désespérait d'atteindre jamais le but qu'il s'était fixé.

Un matin, cependant, alors que le soleil encore bas brillait d'un vif éclat, il lui sembla se trouver dans un lieu où il était déjà venu. Devant lui, un grand et bel arbre lui rappelait quelque chose. Il s'arrêta, descendit de son cheval et se mit à songer. Des images confuses lui revinrent en mémoire. « Par ma foi, se dit-il, m'est avis que me voici tout près du manoir de ma mère, en la Gaste Forêt. Ces arbres me sont familiers, et voilà les bois où j'ai tant chassé avec mes javelots. Hélas ! qu'en est-il maintenant de la maison où j'ai vécu ? Je n'y ai plus parent ni ami, et tout doit être abandonné. »

Il se mit à pleurer d'abondance puis décida qu'il irait quand même jusqu'au manoir afin d'en savoir davantage sur la mort de sa mère.

Il remonta sur son cheval et repartit le long d'un

sentier qu'il reconnaissait parfaitement. Il traversa la clairière où il avait rencontré les chevaliers d'Arthur et, bientôt, sortant de la forêt, pénétra dans la vallée où, devant lui, à quelque distance encore, se dressait la demeure qui avait abrité son enfance. « Par Dieu tout-puissant ! s'écria-t-il, je ne pensais jamais revenir ici. » Fort surpris que le manoir ne fût pas en ruine, il s'avança jusqu'au pont et le traversa non sans une profonde angoisse au cœur, car il foulait la place où était tombée sa mère, morte de chagrin, lorsqu'il était parti, plein d'insouciance, se faire armer chevalier à la cour d'Arthur.

Or, un valet sortit de la maison et s'avança vers lui en le saluant, l'aida à descendre de cheval et prit celui-ci par la bride pour le mener à l'écurie, tandis que l'on conduisait Perceval dans la grande salle qu'il connaissait bien. Des valets vinrent à sa rencontre, le désarmèrent et le firent asseoir dans un grand fauteuil, celui de sa mère, et il en fut grandement ému. Il reconnut certains des serviteurs, mais eux ne le reconnurent pas, tant il avait changé. Comment jamais croire, en effet, que ce chevalier errant et l'adolescent fougueux qu'ils avaient vu partir étaïent le même homme ? Et Perceval songeait avec tristesse qu'il ne connaîtrait plus jamais le bonheur, puisqu'il avait causé, par sa désinvolture, la mort de la femme qui lui avait donné la vie.

C'est alors que, venant d'une chambre voisine, apparut une gracieuse jeune fille, blanche comme fleur de mai nouvelle. Fort richement vêtue d'une robe de lin blanc dont les bords étaient tissés de fils rouges, elle vint droit à Perceval et le salua, lui souhaitant la bienvenue en ce manoir. Il se leva, lui rendit son salut, non sans s'étonner beaucoup de la voir là. Elle le conduisit jusqu'à une couche recouverte de fourrures blanches et demanda qu'on apprêtât rapidement le repas. Après quoi, elle demanda à Perceval : « Seigneur, où as-tu passé la nuit ? – Amie, répondit-il, en un lieu qui n'avait guère d'agrément : dans la forêt, au pied d'un arbre.

– Rassure-toi, cette nuit, je te promets un bon lit pour te reposer des fatigues de ton voyage. »

Comme ils s'étaient mis à deviser de choses et d'autres, brusquement, la jeune fille soupira et fondit en larmes. « Que se passe-t-il ? demanda Perceval. Pourquoi pleures-tu si fort, belle amie ? – Seigneur, pardonne-moi, répondit-elle, mais c'est à cause de toi. Le souvenir de mon frère me fait mal, lui que j'ai à peine connu, car je l'ai quitté, alors qu'il n'avait que deux ans, pour être élevée par mon oncle et ma tante, très loin d'ici. Je ne sais rien de lui. J'ignore s'il est mort ou vivant, et il était tout mon réconfort et toute mon espérance. Je ne saurais t'en dire davantage, sinon que lorsque je vois un chevalier, je ne puis m'empêcher de m'attendrir et de pleurer. – Pourquoi donc ? reprit Perceval. En quoi la seule vue d'un chevalier peut-elle tant te contrister ?

– Je vais te le dire, murmura la jeune fille, et ce sera la pure vérité. Je n'ai plus ni frère ni sœur, je n'ai plus ni père ni mère, et ma solitude en cette Gaste Forêt m'inspire grand-peur. Il advint qu'un jour, je ne sais pas au juste quand, mon frère, qui était allé dans le bois se divertir avec ses trois javelots qu'il lançait devant lui, rencontra par hasard des chevaliers. Or, ma mère, ayant déjà perdu mon père ainsi que mes deux autres frères dans des combats, avait élevé ce dernier fils dans une totale ignorance de la chevalerie. Elle espérait ainsi lui épargner le triste sort de son père et de ses aînés. Je ne sais si cette rencontre a été voulue par Dieu ou par le diable, mais mon frère n'a plus eu qu'une idée en tête : se rendre à la cour du roi Arthur pour y devenir chevalier. Et voilà pourquoi il partit, un matin, sans même se soucier du chagrin qu'il causait à sa mère. Oui, il est parti pour la cour du roi et, depuis, je n'en ai plus entendu parler. Quant à notre mère, elle tomba, pâmée de douleur, au moment où il la quitta. Mon oncle, qui venait de perdre sa chère épouse et qui, depuis lors, habite un ermitage non loin d'ici, emporta le corps de notre mère et le déposa dans un beau tombeau, devant son ermitage. Elle était sa sœur, et il la chérissait tendrement. Voilà, seigneur, pourquoi je pleure chaque fois que je vois un chevalier. Quant à moi, comme ma mère était morte et que je n'avais plus de famille, je suis venue m'installer dans cette maison que j'essaie de tenir du mieux que je peux. »

En entendant ce discours, le chagrin envahit si fort le cœur de Perceval qu'il se mit à verser d'abondantes larmes. La jeune fille le regarda avec étonnement : « Et toi, mon ami, pourquoi pleures-tu ainsi ? – Tu m'as conté là une bien triste histoire, et j'en éprouve grand-pitié. » Elle le dévisagea plus attentivement. « Dis-moi, chevalier, quel est ton nom, s'il te plaît de me le dire. – Douce amie, je ne saurais te le cacher plus longtemps, je suis ce frère qui a causé la mort de notre mère. Oui, je suis Perceval le Gallois, celui qui est parti pour la cour du roi Arthur afin de se faire armer chevalier. Et tu es ma sœur. » Ils se jetèrent dans les bras l'un de l'autre sous les regards ébahis des valets et des servantes qui survenaient à ce moment-là pour dresser les tables. La jeune fille leur déclara que Perceval était son frère, et tous les gens de la maison levèrent les bras en signe de joie. Certains d'entre eux, qui l'avaient connu jadis, ne revenaient pas de surprise à le voir devenu si fier chevalier. Et de longtemps la maisonnée n'avait connu telle liesse. On apporta de l'eau dans deux bassins, et les jeunes gens se mirent à table. On leur servit bonne nourriture et vin clair. Ils burent à loisir et, pendant le repas, parlèrent de tout ce qui leur importait. La jeune fille, qui avait nom Lawri, ne se lassait pas d'admirer son jeune frère et de l'embrasser. Quand ils eurent fini de manger, ils firent enlever les nappes par ceux qui les avaient servis et, se levant de table, allèrent se promener ensemble, près du pont, en un verger bien entretenu. Perceval exprima son désir de se rendre à l'ermitage de leur oncle afin de lui parler et de voir le tombeau où gisait leur mère. Lawri l'approuva : « Seigneur, tu feras bien, et tu m'emmèneras. La campagne en sera plus belle, et je te guiderai par les sentiers de la forêt. – Bien volontiers », dit Perceval.

Sans délai, ils se firent amener les chevaux, et la jeune fille fut vite en selle. Elle était si belle qu'elle avait plus l'air d'une fée que d'une créature humaine. Quant à Perceval, il revêtit son haubert, laça son heaume, suspendit son bouclier à son col et sauta sur son cheval. La lance au poing, il suivit sa sœur qui chevauchait devant lui. Ils entrèrent dans la forêt, se hâtant vers la maison de l'ermite.

Ils en étaient presque sortis quand Perceval aperçut, sur une éminence, un chevalier tout armé galopant sur un grand destrier gris pommelé qui paraissait fort et rapide. Perceval, qui n'allait qu'au petit trot, selon le rythme de sa sœur, commença à s'inquiéter et cria à Lawri : « Chère sœur, arrête-toi, je te prie, car voici quelqu'un qui veut nous agresser. » Effectivement, le chevalier accourut d'une traite et cria à Perceval : « Je te défie pour la jeune fille ! Je la veux, car elle est très belle ! – Quelle insolence ! répondit le Gallois. Ton discours ne me plaît guère. Sache que cette jeune fille est ma sœur et qu'à nul prix je ne souffrirais qu'on l'emmenât de force ! – C'est pourtant ce qui arrivera ! reprit le chevalier. Ne crois pas que tes paroles m'arrêteront : je m'emparerai de ta sœur et de ton cheval, sois-en sûr ! Mais si tu es trop lâche pour les défendre, laisse-moi la jeune fille, et passe ton chemin ! »

Perceval sentit la colère l'inonder. Empoignant ses armes, il répondit d'une voix ferme : « Je tiens trop à ma sœur et à mon cheval pour t'en faire cadeau, vassal ! Et puisque tu me défies, je te défie à mon tour. Tu paieras cher ton impudence ! » Ils prirent alors du recul pour s'attaquer plus rudement, puis ils laissèrent aller leurs chevaux à toute bride en les éperonnant sauvagement. Le chevalier heurta le bouclier de Perceval avec une telle force que sa lance s'y brisa. Mais Perceval ne tomba pas. Revenant en arrière, il frappa à son tour son adversaire et lui assena un tel coup que sa longue lance au fer tranchant fit éclater le bouclier et, s'engageant à travers les mailles du haubert, traversa le corps de part en part. Le chevalier tomba mort du destrier en plein élan. Perceval descendit de cheval et, après avoir arraché sa lance ensanglantée, donna le destrier à mener à sa sœur. Puis, abandonnant le cadavre couché sur l'herbe, ils se hâtèrent de reprendre leur route, car le jour tirait à sa fin.

La lune était claire et belle quand ils parvinrent à l'ermitage de leur oncle. Celui-ci se trouvait dans son oratoire d'où il sortit en entendant le bruit des sabots. Perceval et Lawri le saluèrent, mais il eut beau deviner qu'ils avaient besoin d'un gîte pour la nuit, la pénombre l'empêcha de reconnaître sa nièce. Il leur fit donc simplement signe d'entrer, car il avait fait vœu de ne jamais parler pendant la nuit. Perceval descendit de sa monture, aida sa sœur à mettre pied à terre, abattit les freins des chevaux et leur laissa paître l'herbe fraîche de l'enclos, tandis que l'ermite leur apportait de l'avoine et de l'orge puis, toujours par signes, demandait à ses hôtes s'ils désiraient se restaurer. Perceval et Lawri déclinèrent poliment son invitation, et il les laissa pour retourner prier dans la chapelle.

Perceval s'allongea sur la paille près de sa sœur et tous deux, brisés de fatigue, s'endormirent aussitôt. Quand vint le jour, le Gallois se leva pour prendre l'air frais du matin. L'ermite sortait de l'oratoire où, sans doute, il avait passé la nuit en prières. Comme Perceval le saluait avec déférence, Lawri sortit à son tour. A la lumière du jour, l'ermite la reconnut enfin. « Chère nièce, dit-il, qu'est-il donc arrivé pour que tu viennes me trouver ainsi pendant la nuit, alors que, tu le sais, je ne puis prononcer un seul mot entre le coucher et le lever du soleil ? – Mon oncle, répondit la jeune fille, je voulais t'apprendre une grande nouvelle : je sais que Dieu me protège, puisqu'il vient de me rendre mon frère que je croyais avoir perdu. Vois-le ici : c'est Perceval, pour qui ma mère souffrit mille morts, ainsi que tu le sais. » Avec un soupir, l'ermite fit asseoir Perceval près de lui. « Beau neveu, dit-il, tu étais encore un enfançon quand je te vis pour la dernière fois. Aussi, pardonne-moi de ne t'avoir pas reconnu cette nuit. Ta mère était ma sœur, et c'est en ce lieu que je l'ai enterrée, bien résolu à passer le restant de mes jours ici pour garder son tombeau et prier sans cesse, afin que Dieu me pardonne les innombrables fautes que j'ai commises. » Il se leva alors et, menant les jeunes gens derrière la chapelle, montra à Perceval une dalle de marbre au milieu d'un massif de fleurs qui embaumaient l'air de leur doux parfum. Perceval se mit à pleurer au souvenir de sa mère, tandis que son oncle, ému de compassion, lui entourait l'épaule de son bras. « Pleure, mon enfant, lui dit-il, pleure autant que tu le désires, car les larmes sont aussi des prières. »

Quand approcha le milieu du jour, Perceval se releva. L'ermite lui dit : « Allons chercher quelque nourriture, car le peu que j'ai en réserve ne suffirait pas pour nous trois. Jamais fumée ne sort de ma cuisine, et il vous faudra tous deux vous contenter de maigre chère aujourd'hui. Allons cueillir de jeunes pousses d'if. Je ne doute point que ton cheval n'ait souvent mangé ailleurs mieux que toi ici ! Et pourtant, sache-le, tu n'as jamais eu d'hôte plus désireux de te bien traiter. »

Ils s'en allèrent donc, cherchant ce dont ils avaient besoin, Perceval ici ramassant du fourrage, l'ermite déterrant là des racines tendres. Ils s'en furent ensuite jusqu'à la source et prirent soin d'y laver les feuilles et les racines qu'ils avaient cueillies. Perceval rapporta aux chevaux une botte de feuillage d'if. Enfin, ils regagnèrent l'ermitage et s'assirent devant l'oratoire. « Et maintenant, dit l'ermite, raconte-moi, je te prie, quelle a été ta vie, ce que tu as fait, sans rien me cacher ni mentir.

– C'est seulement aujourd'hui, répondit Perceval,

que je comprends avec angoisse combien longtemps j'ai erré sans guide, privé du secours de toute joie. Je me sens accablé, car je n'ai rien fait d'autre que rechercher les combats. Et je suis même irrité en mon cœur contre Dieu car, non content de susciter chacun des soucis qui m'assaillent, il les a fait croître avec acharnement. Tout bonheur a été pour moi enseveli dans une tombe. Si ce Dieu dont me parlait ma mère, ce Dieu qu'elle me décrivait comme l'être le plus beau et le plus lumineux qui fût au monde, m'avait accordé son secours, ma joie n'eût point connu de bornes. Or mon âme sombre aujourd'hui dans une douleur sans fond. – Enfant, l'interrompit l'ermite, as-tu jamais demandé son aide à Dieu ? – Non, confessa Perceval, je me fiais trop à ma force, à mon audace et à mon courage. Alors, dit l'ermite, ne t'étonne pas de te sentir si seul et abandonné. »

Perceval demeura silencieux. L'ermite soupira et reprit : « Enfant, je sais que tu vaux mieux que tu ne le prétends. Mais tu dois faire confiance à Dieu et te garder de proférer des paroles qui sont autant de blasphèmes. J'aimerais te montrer que Dieu, loin d'être responsable en rien de tes malheurs, sera au contraire toujours prêt à te seconder. Bien que je ne sois pas un clerc, j'ai lu et recopié de ma main ce qu'enseignent les livres de vérité. Je sais que l'homme doit sans cesse se tenir prêt à servir. Ainsi mérite-t-il l'aide de celui qui ne se lasse jamais d'assister les âmes en détresse. Sois ferme en ta foi et ne te laisse pas envahir par le doute. Oui, Dieu est lumière, mais il est aussi vérité et justice, et ni ta violence ni ta colère ne lui arracheront son aide. Quiconque te verra irrité contre Dieu te tiendra pour un homme de peu de sens. Songe à ce qu'il advint de Lucifer et de tous les anges qui le suivirent. Et pourtant, à l'origine, ils étaient des êtres bons et lumineux. Ah ! Dieu ! d'où leur est venue la haine qui les a menés, après de sombres combats, en un lieu de souffrance et de misère ?

« Quand Lucifer, avec sa suite, s'abîma dans l'enfer,

Dieu le remplaça par un homme : il prit de la terre et en forma le noble Adam. Du corps d'Adam, il détacha Eve qui, pour avoir refusé d'écouter son créateur, nous précipita tous dans l'infortune et ruina tout notre bonheur. De ces deux êtres naquirent des enfants, mais l'un d'eux, cédant à la démesure, en vint par un inconcevable orgueil à souiller son aïeule, laquelle était encore vierge. Or beaucoup de gens, avant d'avoir compris le sens de ces paroles, s'étonnent et demandent comment chose pareille put advenir. Elle advint pourtant, et ce fut là une très grave faute. »

Perceval l'interrompit : « Bel oncle, dit-il, je ne puis croire qu'il en ait été ainsi. De quel père était donc né l'homme qui ravit la pureté virginale de son aïeule comme tu me le contes ? Tu aurais mieux fait de te taire sur ce point ! – Je vais pourtant te l'expliquer, répondit l'ermite, et si je ne te dis la vérité vraie, regarde-moi comme un trompeur abominable. Il ne faut pas s'arrêter aux mots, mais en comprendre le sens profond. C'est la terre qui était la mère d'Adam, puisqu'il se nourrissait des fruits de la terre. En ce temps-là, la terre était encore vierge. Mais Adam fut le père de Caïn, lequel tua son frère Abel pour lui disputer un bien misérable. Et quand le sang d'Abel tomba sur la terre pure, c'en fut fait de sa virginité. Vois-tu désormais comment le fils d'Adam ravit la virginité de sa propre aïeule ? – Je le vois, répondit Perceval.

« Alors, reprit l'ermite, naquit la haine entre les hommes et cette haine n'a jamais cessé depuis. Toutefois, il n'est rien de si pur au monde qu'une vierge exempte de toute fausseté, et Dieu lui-même fut le fils d'une vierge. Il s'est modelé sur l'image du fils de la première vierge, et cela, de la part d'un être d'une essence aussi haute, prouvait son grand amour pour les hommes. Avec la race d'Adam commença certes notre infortune, mais aussi notre félicité, puisque celui qui est le maître de tous les anges condescend à nous reconnaître comme issus de son lignage. Hélas ! ce lignage entraîne aussi jusqu'à nous une lourde charge de péchés qu'il nous faut supporter.

« Pour la supporter, nous devons prier Dieu de nous accorder son aide. Si nous sommes sincères, il ne la refuse jamais. Ayant, par loyal amour, revêtu forme humaine, il a, par empressement loyal, ardemment combattu la déloyauté. N'aie donc point de rancune à son encontre si tu ne veux compromettre ta destinée. Montre-toi moins inconsidéré en tes paroles et en tes actions. Je vais te dire quel châtiment attend celui qui prétend venger ses souffrances par des paroles de démesure : lui-même se condamne par sa propre bouche. Crois-en le témoignage des sages de l'ancien temps : il est toujours vrai et nous garantit la vérité de ce discours. Platon l'avait déjà dit en son temps, et la Sibylle aussi, qui fut prophétesse. Sans se tromper en rien, ils ont annoncé, de longues années à l'avance, la venue certaine de celui qui rachèterait la race humaine. Celui dont la main régit l'univers nous a, avec son amour divin, arrachés à la noirceur de l'enfer ; il n'y a laissé que ceux qui ne savent point commander à leurs passions.

« Les justes paroles de ces prophètes nous parlent de celui qui sait véritablement aimer. C'est une lumière qui pénètre au fond de toutes choses. Rien ne peut faire chanceler cette force d'amour. Tous ceux à qui il manifeste son amour connaissent en cet amour une joie intense. Mais, en ce monde, les hommes agissent fort diversement : ils peuvent, à leur guise, acquérir son amour ou bien s'attirer sa colère. Demande-toi lequel des deux te sera du plus grand secours. Le malheureux qui n'éprouve point de repentir fuit le loyal amour divin ; l'homme qui reconnaît ses torts et souhaite les expier s'attire une grâce sans prix. Cette grâce lui viendra de celui qui sonde jusqu'au tréfonds de nos pensées les plus secrètes. Car la pensée peut se soustraire au regard du soleil, la pensée, bien qu'aucune serrure ne l'enferme, peut demeurer cachée, impénétrable à toute créature mais, dans quelques ténèbres qu'elle se complaise, Dieu la déchiffre sans peine. Il a le pouvoir de tout éclairer, et son éclat rayonne à travers la paroi ténébreuse dont s'enveloppe la pensée, il plonge jusqu'au fond d'un élan que nul n'aperçoit ni ne peut entendre.

« Quand la pensée jaillit du fond de nous-mêmes, elle n'est jamais si rapide que Dieu n'ait eu le loisir de l'examiner avant que du cœur elle n'arrive jusqu'à la peau. Et quand cette pensée est pure, il l'accueille avec bonté. Si Dieu sait ainsi pénétrer toutes nos pensées, quelle ne doit pas être sa douleur devant les actes que nous dicte notre faiblesse ! Quand les œuvres d'un homme écartent de lui la faveur divine et accablent Dieu de honte, de quel secours lui serait donc le savoir du monde ? Où sa pauvre âme pourrait-elle trouver refuge ? Si tu es décidé à affliger Dieu, c'est en définitive toi-même que tu affligeras le plus. Tourne donc ton cœur vers le bien, mérite que Dieu récompense ton bon vouloir[1]. »

Perceval lui dit alors : « Bel oncle, je serai toujours heureux que tu m'aies si bien instruit sur celui qui juge nos actes selon leur valeur. Depuis mon âge le plus tendre jusqu'à ce jour, j'ai vécu dans l'insouciance puis dans l'inquiétude parce que je craignais que ma foi ne fût pas récompensée. » Et, sans plus attendre, Perceval entreprit de raconter à l'ermite ce qu'il avait fait dans sa vie, et ce sans rien omettre ni de ses fautes ni de ses faiblesses.

Quand il eut terminé son récit, l'ermite lui demanda : « Beau neveu, est-ce que tu mènes toujours deux chevaux avec toi ? – Non, cher oncle, je n'en ai qu'un seul

1. Emprunté à Wolfram von Eschenbach, ce long discours de l'ermite, aboutissement d'un étrange syncrétisme, est un intéressant témoignage sur les discussions théologiques du début du XIIIe siècle. Il recèle également tous les germes du mysticisme dont sera plus tard imprégné le récit « cistercien » de la Quête du Saint-Graal.

et n'en veux pas davantage. Mais j'ai rencontré hier soir un chevalier qui me mit fort en courroux : nous venions, ma sœur et moi, de quitter la forêt quand, poussé par la convoitise de la jeune fille, il vint m'assaillir et me heurta si violemment qu'il brisa sa lance contre mon bouclier. Je l'ai alors frappé avec tant de colère que ma lance l'a transpercé jusqu'à ressortir entre ses épaules. Puis, je l'ai abandonné là-bas, à même le sol, et j'ai emmené son cheval. Si tu veux le garder, prends-le. Il est fort et grand, du reste plus docile qu'un agneau. – Je te remercie, beau neveu, mais je n'ai que faire d'un cheval puisque j'ai décidé de demeurer ici jusqu'à ce que Dieu me rappelle à lui. Permets-moi toutefois de te poser une question : ne te déplaît-il pas de tuer ainsi les gens, sous l'emprise de la colère ? – Que Dieu m'aide ! répondit Perceval. Si je ne l'avais tué de cette façon, il n'aurait eu aucun scrupule à me mettre à mort pour ravir ma sœur ! Je n'ai fait là que me défendre. – Certes, admit l'ermite, mais sous le coup de la colère, et celui qui se laisse dominer par sa colère est plein de haine. Et Dieu sait jusqu'où cette haine peut le mener ! »

Perceval devint tout pensif et morose. « Ecoute, reprit l'ermite, je vais te faire un aveu : moi aussi, j'ai souvent agi de manière inconsidérée, je me suis laissé emporter par la colère et l'orgueil. J'ai transgressé bien des commandements en recherchant la gloire et l'amour des femmes. Entraîné par ma jeunesse en sa première fleur que séduisaient les hautes vertus d'une dame, je chevauchai en maints pays afin de la servir et, pour elle, je dus soutenir plus d'un rude combat. J'aimais tant courir les contrées lointaines en quête d'aventures hasardeuses que je ne pris jamais part à des joutes régulières. L'amour de cette femme ouvrit certes mon cœur à de grandes joies. Hélas ! celles-ci sont souvent éphémères ! Soutenu par ce puissant amour, je brûlais d'accomplir au loin mille périlleuses prouesses qui me permissent d'obtenir ses faveurs. Peu m'importait que l'adversaire fût païen ou chrétien, je ne désirais que combattre, et j'attendais de ma dame des récompenses sans fin.

« C'est ainsi que, pour lui complaire, je parcourus le monde. Fallait-il transpercer de ma lance quelque redoutable adversaire ? Je passais les montagnes, franchissais les mers. Je me rendis jusqu'en des pays où vivaient des hommes qui, pour se battre, utilisaient le feu ; je poursuivis des monstres de toutes sortes, tuai sans pitié tous ceux qui prétendaient s'opposer à moi. Au cours d'une de ces expéditions, je rencontrai ton père, le noble Evrawc. Il me reconnut sur l'heure comme étant le frère de sa tendre épouse. Jamais pourtant jusqu'alors il n'avait vu mon visage. Il faut bien d'ailleurs convenir qu'à cette époque – j'étais encore imberbe –, nul homme n'était plus beau que moi. Il entra dans la maison où l'on m'hébergeait et, lorsqu'il me nomma, je le démentis d'abord, ne voulant pas avouer qui j'étais, mais il me pressa tellement de questions et me donna tant de marques d'affection que je finis par lui avouer, dans le plus grand secret, qu'il ne s'était point trompé. Il en ressentit une grande joie et me fit don de présents qui me charmèrent, et je lui offris moi-même des souvenirs dont il se montra heureux. Il est dans cette chapelle un reliquaire plus vert que le gazon des prés : je l'ai fait tailler dans la pierre précieuse que m'avait donnée ce chevalier au cœur pur.

« Arriva cependant un temps où je fus las de cette vie. Ma dame m'avait délaissé, sans doute pour s'ouvrir à de nouvelles amours, et j'en étais très mortifié. Je retournai dans ma patrie et fus assez heureux pour y épouser une femme digne de moi. Hélas ! Dieu a voulu me châtier : mon épouse était stérile et ne me donna point de descendance. Voilà pourquoi, touché par le désarroi de ta mère lorsqu'on lui ramena son cher Evrawc mutilé (il devait mourir peu après), j'emmenai ta sœur afin de l'élever tendrement comme notre propre enfant. Cependant, vois-tu, mon neveu, je n'avais pas encore assez expié les fautes commises durant ma jeunesse : Dieu a voulu que je perdisse mon épouse au grand cœur. Je dus l'enterrer, de l'autre côté de la chapelle, non loin de la tombe de ta mère. Mon chagrin fut immense, et c'est pour lors que je décidai de vivre ici, passant le jour dans le dénuement, la nuit en prières.

– Ah ! dit Perceval en soupirant. Que ne puis-je aussi me retirer dans une forêt pour y vivre dans la méditation et le silence ! Hélas, cela m'est interdit, car j'ai fait un vœu auquel je ne dois pas me dérober, celui de revenir auprès du Roi Pêcheur et de lui demander la signification de la Lance qui saigne et de la coupe d'émeraude qu'on appelle le Graal. Leur vision me poursuit et me hante, et je sais bien que je ne trouverai de repos que je n'aie posé les questions qu'il faut. – Perceval, repartit l'ermite, il n'est pas en mon pouvoir de te révéler quoi que ce soit à propos du Graal. Mais pour ce qui est de la Lance qui saigne, je puis t'enseigner ce que je sais à ce sujet. – Parle, mon oncle, et je t'écouterai. – Tu l'as vu, le Roi Pêcheur boite et ne se déplace qu'à grand-peine. Une blessure qu'il a reçue à la jambe est, tu le sais, cause de son infirmité. Ce que tu ignores, c'est que cette blessure est non seulement incurable mais qu'elle lui vaut, à certains moments, des souffrances intolérables. Les gens qui entourent le roi Pellès ont remarqué, un jour où il avait neigé et où sévissait un froid très vif, que leur seigneur souffrait plus que d'habitude. L'un d'eux eut l'idée d'aventurer la pointe de la lance dans la plaie du roi comme si, par ce geste, on pouvait la cicatriser. Or, si le roi Pellès en fut soulagé, depuis lors, la lance demeura ensanglantée et rouge.

« Les habitants de Corbénic voient donc avec chagrin le retour des jours où s'achève la course de certains des astres qui, au firmament, s'élèvent très haut les uns au-dessus des autres et qui, d'une marche inégale, vont à l'encontre des autres étoiles : ces jours-là, en effet, règne sur la terre un froid mortel. De même, quand reviennent les changements de lune, la blessure devient plus douloureuse. Aux époques que je viens de te dire, le roi ne peut plus trouver le moindre repos. Un froid rigoureux le pénètre et torture sa chair plus glacée que neige. Or, comme le fer de la lance est enduit d'un poison brûlant, on le pose à nouveau sur la plaie. Il attire le froid hors du corps et se recouvre alors d'un cristal semblable à de la glace. Personne n'est assez fort pour détacher ce cristal du fer. Cependant, Govannon, un habile forgeron, a fabriqué deux couteaux d'argent capables de le découper de façon fort efficace. C'est grâce à une inscription magique qu'il a découverte sur un rocher que ce Govannon a pu connaître la vertu de ces couteaux. On prétend quelquefois que le bois d'amiante ne prend jamais feu ? Eh bien, dès qu'on jette sur l'amiante un morceau de ce cristal, on voit de grandes flammes jaillir, et l'amiante se consume entièrement. Telles sont les merveilles qu'accomplit ce poison sur le fer de la lance.

« Quand la neige tombe et que le givre envahit les prés et les forêts, le roi ne peut ni marcher ni chevaucher, ni demeurer couché ni se tenir debout. Aussi s'adosse-t-il à un appui qui lui évite de s'asseoir. Il en a grand deuil, soupire et se plaint amèrement. Et quand la lune devient noire, il souffre de la même manière. Il est un étang et une rivière auprès de sa demeure : il s'y fait porter afin d'y savourer la douceur de l'air et de distraire l'atroce douleur que sa blessure lui inflige. Ces journées-là, il les nomme ses journées de pêche. Mais ce qu'il prend de poisson, tandis que le torturent ses souffrances, ne suffirait pas à ses besoins, et c'est en raison de ce passe-temps qu'on ne l'appelle plus que le Roi Pêcheur. Au demeurant, peu importe ce qu'on dit de lui : il ne connaît que la tristesse, la joie lui est étrangère. »

Perceval reprit la parole : « Je l'ai vu en effet, dit-il. Le roi était dans une barque, sur la rivière, quand je l'ai rencontré. Il avait jeté l'ancre afin, je pense, de prendre des poissons ou de se divertir un peu. J'avais chevauché ce jour-là bien des lieues et j'étais épuisé. Je me demandais avec inquiétude où je trouverais un abri pour la nuit. C'est alors que le roi m'invita chez lui et m'indiqua le chemin que je devais suivre pour atteindre sa demeure.

– Tu as accompli là une périlleuse chevauchée, dit l'ermite, car tous les chemins qui mènent à Corbénic sont soigneusement gardés. Chacun d'eux est tenu par une troupe d'hommes en armes, et il n'est ruse, feinte ou stratagème qui puissent permettre aux voyageurs de s'y aventurer. Tous ceux qui, à ce jour, ont prétendu passer par là se sont exposés à des dangers terribles. Les gardiens du Graal ne reçoivent personne, hormis ceux qu'ils ont admis. Ils mènent une lutte à mort contre tous ceux qui veulent coûte que coûte violer les frontières du royaume, et ces imprudents risquent leur tête à chaque détour.

– Cependant, s'étonna Perceval, je n'ai rien vu de semblable lorsque je me suis dirigé vers la demeure du Roi Pêcheur. – Cela prouve que tu devais y aller, répondit l'ermite. Ils étaient tous dans l'impatience de ta visite. Et la jeune fille qui portait le Graal s'attendait à ce que tu devinsses le maître du royaume afin de rendre à celui-ci vie et prospérité. Malheureusement, bien que tu sois habile à parler, tu n'as posé aucune question sur ce que tu voyais, et en cela tu as commis une lourde faute. – Sans doute, cher oncle, admit Perceval, mais je me suis juré de revenir chez le Roi Pêcheur et de poser les questions qu'il attend de moi. Ce serment, je l'ai fait et je ne m'en dédirai jamais. – Je ne saurais te donner de conseil à cet égard, dit l'ermite. – Cependant, dit encore Perceval, cette lance que j'ai vue, quelle est-elle, et d'où vient-elle ? – Je ne puis rien te révéler d'autre, beau neveu. Ce n'est pas moi qui suis allé au château du Graal. Ce n'est pas moi qui guérirai le roi blessé. Ce n'est pas moi qui redonnerai vie et prospérité à son royaume. Je ne suis qu'un ermite qui pleure des êtres chers et qui expie ses fautes. »

Perceval et sa sœur prirent alors congé de leur oncle et quittèrent l'ermitage sans plus attendre. Ils chevauchèrent tant et à si grande allure par la forêt qu'ils atteignirent bientôt leur manoir. Quoique la nuit fût très avancée, néanmoins les valets accoururent pour les accueillir, déposèrent à terre la jeune fille et emmenèrent les chevaux vers les écuries. Une fois dans la maison, Lawri commanda qu'on servît le repas. Après que Perceval se fut désarmé en un tournemain, les valets apportèrent de l'eau pour que leurs maîtres pussent se laver les mains ; puis ceux-ci s'assirent et commencèrent à manger. Ils eurent abondance de barbeaux, brochets, saumons et perches que les pêcheurs avaient pris dans la rivière. Le repas terminé, ils se délassèrent un moment pendant qu'on apprêtait à Perceval un lit de paille battue recouvert d'une étoffe moelleuse et aussi belle que chaude. On y ajouta un traversin et des oreillers puis, venant chercher Perceval, on le déchaussa et le coucha.

Perceval s'endormit aussitôt, car il était fort las. Quant à sa sœur, qui l'aimait de tout son cœur, elle entra dans sa chambre et se coucha sans plus rien dire. Ils se reposèrent ainsi toute la nuit et, dès qu'on put voir le jour et que le soleil se leva, illuminant le monde de ses splendides rayons, Perceval se leva et se prépara. Nombreux furent ceux qui vinrent l'aider. Son haubert lui fut apporté, et il enfila ses chausses. Il allait mettre ses éperons quand sa sœur arriva et se précipita vers lui, le prenant dans ses bras et lui disant : « Frère, que veux-tu faire ? Mon cœur est plein d'angoisse à la pensée que tu veux partir. Il ne me restera qu'à mourir de douleur, si je ne t'accompagne. Je t'assure qu'à moins de partir, ma vie sera bien courte, car tu me laisseras affligée et solitaire en ces bois. Pourquoi tiens-tu tellement à partir, mon frère, en me laissant plongée dans l'affliction ?

– Ma sœur, répondit Perceval, ne te trouble pas. Je suis sûr que nous nous reverrons bientôt, soit que je revienne ici, soit que tu me rejoignes où je serai. Je ne puis tarder davantage à poursuivre la tâche que j'ai entreprise. Sois donc sage et patiente et, au lieu de t'abandonner à ta douleur, aie confiance en moi. » Là-dessus, malgré les pleurs de Lawri, il bondit en selle et, passant le pont, s'engagea sur une route qui traversait la Gaste Forêt[1].

1. D'après la *Seconde continuation de Perceval*, faussement attribuée à Wauchier de Denain, récit en vers français de 1205 (éd. par W. Roach, Philadelphie, 1945-1955). Nombre de passages sont également empruntés à Wolfram von Eschenbach.

9

Le Château de l'Echiquier

A l'extrémité d'une lande où foisonnaient ajoncs et bruyères, Perceval se retrouva devant une rivière large, majestueuse et d'une telle profondeur que nul ne la pouvait traverser sans bateau. Il alla jusqu'au bord de l'eau et s'arrêta quelques instants pour en examiner les alentours. Il lui sembla que c'était dans ces environs qu'il avait rencontré le Roi Pêcheur sur sa barque. Mais, à cette pensée, son cœur se serra d'angoisse et s'alourdit de colère contre lui-même. Il aurait bien voulu passer la rivière, car il se persuadait que sur l'autre rive se trouvait la forteresse où il avait été le témoin du singulier cortège. Il se mit alors à prier Dieu qu'Il lui accordât la grâce de trouver un pont ou un gué pour ce faire, puis chevaucha jusqu'au milieu de la journée.

Enfin, sur la pente d'un coteau, il découvrit une allée transversale qui, bordée de haies touffues, et ornée de statues et de piliers, tous en grès rouge ou en marbre blanc – il devait y en avoir un bon millier –, menait à deux manoirs. Il la contourna mais, tout en s'étonnant de la richesse du lieu, ne trouva ni pont ni gué qui lui permît de franchir l'eau. Revenant alors en arrière, il remarqua un portail qu'il passa immédiatement, dans l'espoir de trouver au-delà quelqu'un qui pût le renseigner. Il arriva dans une cour où était assise, sous un bel arbre aux branches verdoyantes, une jeune fille occupée à peigner ses cheveux blonds. En l'entendant approcher, celle-ci se retourna et lui dit : « Bel ami, ne t'inquiète pas. Tu auras le passage que tu cherches. » Elle se leva et se dirigea vers le portail. Perceval désirait tellement passer la rivière qu'il la suivit sans rien lui demander. Auprès du portail attendait, derrière une haie d'épines, une mule toute sellée. La jeune fille monta sur le dos de l'animal et se dirigea vers la rive. Perceval la rejoignit alors qu'elle dénouait la corde qui retenait à la berge un petit chaland. Elle le fit vaciller sautant à bord, puis cria à l'adresse de Perceval : « Seigneur, viens avec moi ! »

Il poussa donc son cheval en avant, mais l'animal, dès qu'il eut posé le pied sur le bateau, frémit, trembla et, brusquement, fit un bond en arrière. « Seigneur ! cria la jeune fille, je ne puis te conduire si tu ne montes ! » Le Gallois hésitait, car la réaction de son cheval ne lui présageait rien de bon, quand il aperçut un bac traversant la rivière et dont le nautonier l'interpella : « Seigneur chevalier ! ne monte pas sur ce chaland ! cette femme veut te noyer ! » A ce discours, la jeune fille poussa un cri de colère, sauta sur la rive et disparut à travers les fourrés. Sur ces entrefaites, le nautonier accosta et invita Perceval à son bord. Puis il lui conta comment la femme, une mauvaise fée sans doute, trompait les voyageurs en les conviant sur son chaland et les noyait tous, sitôt atteint le milieu de la rivière. Tout en devisant, il emmena sans encombre Perceval jusqu'à l'autre rive et prit congé en lui conseillant d'emprunter le chemin qu'il verrait à gauche en se dirigeant vers l'amont.

Perceval alla donc dans cette direction. Après avoir traversé un bosquet, il rencontra une troupe de gens qui partaient pour la chasse et parmi lesquels se trouvait un homme d'un certain âge et d'aspect fort noble. Perceval le salua, et l'homme lui dit : « Seigneur, à toi de choisir. Accompagne-moi à la chasse, ou bien rends-toi à ma cour. Si tu décides d'aller à ma cour, j'enverrai l'un de mes gens te recommander à ma fille, afin qu'elle te donne à manger et à boire en attendant que je revienne de la chasse. Et si ce que tu cherches est de telle nature que je puisse te le procurer, je t'en ferai don volontiers. »

Perceval décida d'aller à la cour. L'homme le fit accompagner par un valet de petite taille qui avait les cheveux très blonds. Lorsqu'ils arrivèrent au manoir, la jeune fille venait de se lever et allait à la fontaine pour se laver. Perceval s'avança vers elle et la salua. Elle lui répondit aimablement et l'invita à entrer dans la salle et à s'asseoir près d'elle. Ils prirent ensemble un repas qui était excellent et, à tout ce que lui disait Perceval, elle riait assez haut pour être entendue de tous les gens qui se trouvaient là. « Par ma foi, dit alors le petit homme aux cheveux blonds, si tu n'as jamais eu de mari, c'est bien ce jeune homme qui doit le devenir. Car j'ai comme l'impression que ton esprit s'est fixé sur lui. » La jeune fille rougit et ne répondit rien. Mais, quand le maître du manoir fut rentré, le petit homme aux cheveux blonds s'en fut lui parler : « Seigneur, lui dit-il, le chevalier que nous avons rencontré près de la rivière est sûrement le mari de ta fille. S'il ne l'est déjà, il le deviendra sans tarder, à moins que tu n'y prennes garde.

– Que dois-je faire, à ton avis ? lui demanda le seigneur. – Je te conseille de lancer sur lui des hommes vaillants et de le retenir prisonnier jusqu'à ce que tu n'aies plus d'inquiétudes à ce sujet. – Je suivrai ton avis », dit le seigneur. Et ses hommes se jetèrent sur Perceval qui ne s'y attendait pas, tant et si bien qu'ils le saisirent et l'enfermèrent dans une chambre voûtée. Perceval avait beau écumer de colère, il lui était impossible de sortir de cette prison. Quant à la jeune fille, elle alla trouver son père et lui demanda pourquoi il traitait ainsi un chevalier du roi Arthur. « En vérité, répondit-il, il ne sera libre ni ce soir ni demain. Jamais il ne sortira du lieu où je l'ai fait mettre. »

Sans protester contre pareille dureté, elle se rendit en cachette auprès du Gallois et lui parla à travers la porte : « Seigneur, dit-elle, te déplaît-il d'être en cet endroit ? – Certes, répondit Perceval, je préférerais n'y pas être ! – Ecoute, reprit-elle, mon père fait ce qu'il veut, mais moi, je n'en fais qu'à ma tête, et ses serviteurs me sont tout acquis. Je vais faire en sorte que ton séjour ici ne soit pas désagréable et, si tu le veux, je pourrai même faire établir mon lit à côté du tien. – Je le veux bien », répondit Perceval. Et, cette nuit-là, la jeune fille tint parole : elle vint coucher dans la même chambre que lui, et il trouva fort plaisante sa compagnie. A vrai dire, les résolutions qu'il avait prises lors de son séjour à l'ermitage de son oncle lui étaient sorties de l'esprit...

Le lendemain matin, il entendit un grand bruit à l'extérieur. « Fille, demanda-t-il, que se passe-t-il dans la ville ? – Les hommes de mon père se rassemblent, répondit-elle, car ils doivent combattre aujourd'hui. – Combattre qui ? Veux-tu bien m'expliquer, douce amie ? – Je vais te dire toute la vérité : il est, près d'ici, un comte orgueilleux et cruel que les deux comtés qu'il possède rendent aussi puissant qu'un roi. Il a décidé d'attaquer mon père et d'obtenir ses domaines par la force. Et voilà pourquoi une grande bataille se livrera aujourd'hui. » Perceval se mit à réfléchir, puis il dit : « Douce amie, j'ai une prière à t'adresser : fais-moi obtenir un cheval et des armes qui me permettent de participer au combat. Par Dieu tout-puissant et sur mon honneur, je jure de rentrer aussitôt après dans cette prison. – Volontiers, dit la jeune fille. Tu auras un cheval et des armes, mais je te maudirai si tu ne reviens pas. »

Elle alla trouver les serviteurs de son père et leur donna ses ordres. A Perceval, elle procura de la sorte un cheval et des armes, ainsi qu'une cotte d'armes toute rouge par-dessus son armure, et un bouclier jaune qu'il suspendit à son épaule. Et comme personne, dans la forteresse, ne pensait à lui, Perceval put quitter sa prison, se rendre dans la prairie, et y prendre part au combat. Et il fit si bien qu'il renversa un grand nombre d'ennemis, ce jour-là. Puis, sans se faire remarquer, il réintégra sa prison. La jeune fille lui demanda comment les choses s'étaient passées, mais il ne répondit rien et s'allongea sur sa couche pour se reposer.

Elle alla aux renseignements auprès de son père et lui demanda quel avait été le plus vaillant de ses hommes. « Un inconnu, répondit-il, un chevalier qui portait une cotte d'armes rouge par-dessus son armure et un bouclier jaune à l'épaule. » Tout heureuse de ce qu'elle venait d'apprendre, elle retourna auprès de Perceval à qui elle prodigua cette nuit-là des soins tout particuliers.

Trois jours de suite, Perceval renversa les gens de l'agresseur et, avant que personne pût savoir son identité, il retournait dans la chambre voûtée. Le quatrième jour, il tua le comte en personne. La jeune fille alla au-devant de son père et lui demanda des nouvelles. « Elles sont excellentes ! répondit le seigneur. Le comte a été tué, et c'est moi qui suis maintenant maître de ses deux comtés ! » La jeune fille fut très heureuse, car elle se doutait bien à qui l'on devait la victoire. Néanmoins, elle demanda : « Sais-tu qui a tué le comte ? – Certes ! Seulement, j'ignore toujours son nom. C'est le chevalier à la cotte d'armes rouge et au bouclier jaune. » La jeune fille se prit à rire. « Pourquoi rire ainsi ? lui demanda son père. – Parce que, dit-elle, moi, je le connais ! – Vraiment ? s'écria le père. Alors, je t'en prie, dis-moi qui il est ? – Ce n'est pas difficile, c'est le chevalier que tu retiens en ta prison ! »

Abasourdi, le seigneur se rendit auprès de Perceval et lui dit : « Jeune homme, est-ce toi qui as vaincu mon ennemi et m'as aidé par tes prouesses, alors que tu portais une cotte d'armes rouge et un bouclier jaune ? – Oui, seigneur, répondit Perceval, et ce grâce à ta fille qui m'a fait confiance et qui m'a permis, sous serment, de quitter cette prison. Voilà comment je t'ai obtenu la victoire. – Jeune homme, ton courage et ta loyauté sont dignes d'un prince. Je ne sais comment te récompenser et te faire oublier les mauvais traitements que je t'ai infligés. Je dois le reconnaître, tu as rendu le bien pour le mal, et ta générosité mérite d'être connue de tous. » Il fit immédiatement sortir Perceval de sa prison et le fit habiller richement. Puis, quand l'heure du repas fut venue, il le fit asseoir à la place d'honneur, la jeune fille à ses côtés. « Seigneur, dit-il alors, si tu le désires, je te donne volontiers ma fille en mariage, ainsi que la moitié de mon domaine et la pleine possession des deux comtés que tu as conquis pour moi. – Je te remercie, seigneur, répondit Perceval, mais je ne suis pas venu ici pour prendre femme ou acquérir des terres.

– Que cherches-tu donc ? demanda le seigneur. – Je cherche le chemin qui mène à une forteresse sise dans une vallée sur les bords d'un étang. Là réside un roi boiteux qu'on nomme le Roi Pêcheur. » Lors la jeune fille prit la parole : « Chevalier, dit-elle, nous ne connaissons pas de roi boiteux qui se fasse appeler le Roi Pêcheur, mais nous pouvons cependant te rendre service. Tu pourras recueillir des informations sur ce Pêcheur en parcourant les terres de mon père. Tu y trouveras nombre de gens pour t'indiquer le chemin que tu cherches. Or, sache, chevalier, que si je le pouvais, je te servirais moi-même de guide, car tu es l'homme que j'aime le plus au monde. Néanmoins, je te conseille de franchir la montagne que tu vois, de l'autre côté de la vallée. Sur l'autre versant, tu verras une grande lande et, au milieu de cette lande, une forteresse que nous appelons le Château de l'Echiquier. Si, la forteresse, nous la connaissons, nous ne savons rien de l'Echiquier. Toutefois, si tu veux quelque renseignement au sujet de ce Roi Pêcheur dont tu parles, c'est là qu'on te le donnera. » Après avoir passé la nuit avec la jeune fille, Perceval, au petit matin, quitta ses hôtes et s'en alla directement vers la montagne.

Sur l'autre versant, dressée sur un piton rocheux qui dominait un grand étang, il aperçut la forteresse qu'on lui avait signalée. Il s'en approcha et vit que ses portes, bien taillées et ouvragées, n'étaient pas fermées. Il eut envie d'entrer pour mieux admirer la beauté de l'édifice. Au-delà de l'enceinte, il se retrouva dans une grande cour dont l'herbe ne paraissait pas avoir été foulée depuis longtemps. Au milieu de cette cour, deux grands pins encadraient un beau manoir de pierre grise. Au demeurant, tout semblait désert, et Perceval ne vit personne aux alentours. Il se dirigea vers le manoir, mit pied à terre et attacha son cheval au montoir. Après avoir déposé sa lance et son bouclier, il entra par une porte qui était également ouverte dans une salle emplie de lances et de javelots, de grandes épées d'acier bruni et de toutes sortes d'armes bien fourbies. Des tentures ouvragées tapissaient les murs et, au milieu, se trouvait un lit d'ivoire couvert d'un riche drap tissé en quelque pays lointain. De plus en plus éberlué de ne trouver âme qui vive dans ce manoir, Perceval s'assit sur le lit, ôta son heaume et se mit à réfléchir.

« Certes, se dit-il, il fait bon être ici. Mais quel peut bien être le maître de telles richesses ? » En regardant plus attentivement, il remarqua une porte, au fond de la salle, et qui était fermée. Il s'en approcha, la poussa, et découvrit une belle pièce voûtée et disposée comme une chambre. Il y flottait un parfum suave qui émanait Dieu savait d'où. De sorte que Perceval s'abandonnait à une douce rêverie, telle qu'il n'en avait pas connu depuis bien longtemps.

Il aperçut soudain, sur une table basse, un échiquier peint d'azur et d'or dont les pièces étaient de l'ivoire le plus pur. Machinalement, il saisit un pion, et le désir lui vint de le pousser sur une autre case. Aussitôt, d'une manière tout à fait semblable, s'avança, de l'autre côté de l'échiquier, un pion et ce sans que personne l'eût manié. Perceval s'en émerveilla grandement, puis il décida de poursuivre l'expérience ; il poussa un autre pion qui se trouvait de son côté. Immédiatement, un pion de l'autre camp se déplaça de telle sorte que celui qu'il avait bougé fut pris. « En vérité ! s'écria-t-il, il y a quelque diablerie là-dessous ! » D'un revers de main, il renversa toutes les pièces, mais celles-ci se redressèrent instantanément sur l'échiquier et se remirent d'elles-mêmes à leur place, sous l'œil ébahi du Gallois.

Par deux fois encore il joua, et par deux fois il fut mis en échec. Alors, saisi d'une grande colère, il empoigna les pièces et, s'approchant de la fenêtre qui était ouverte, les jeta dans l'étang, ainsi que l'échiquier. A ce moment, une jeune fille aux cheveux très noirs pénétra dans la chambre. « Puisse Dieu ne jamais t'accorder grâce ni réconfort ! s'écria-t-elle. Je crois qu'il t'arrive de faire plus souvent le mal que le bien ! » Perceval bondit, les mains tremblantes de colère. « Qui es-tu ? demanda-t-il brutalement. – Qu'importe ! répondit-elle. L'essentiel est que tu as jeté l'échiquier dans l'étang, et sache que tu as commis là une fort méchante action ! – Suis-je ensorcelé ? demanda le Gallois. Es-tu une femme ou bien une diablesse attachée à ma perte ? » La jeune fille sourit, et il s'aperçut qu'elle était d'une beauté remarquable. Son cœur en fut tout chaviré, et il se sentit envahi par un violent désir.

« Que me réclames-tu pour t'avoir causé du tort ? s'enquit-il d'une voix subitement radoucie. – Ce n'est pas à moi que tu as fait du tort, répondit-elle. Sache seulement que tu as fait perdre à l'Impératrice sa table de jeu, et elle ne l'eût pas donnée pour un empire. » En l'entendant mentionner l'Impératrice, Perceval éprouva un trouble profond. « Tu connais donc l'Impératrice ? demanda-t-il. – Qui ne la connaît ? répliqua la jeune fille. Il te faut venir de bien loin pour ignorer que cette forteresse appartient de plein droit, par héritage légitime, à l'Impératrice dont je suis la fidèle vassale. – Certes, jeune fille, mais je ne me souvenais pas de cela, pas plus que de t'avoir vue. Sais-tu que tu es belle ? – On me l'a dit. Mais qu'as-tu donc, chevalier ?

Ton visage a changé de couleur et tu trembles : aurais-tu peur de moi ? – Ce n'est pas de peur que je tremble, dit Perceval, mais d'angoisse, à cause de toi. – De moi ? En vérité, je ne comprends pas. En quoi suis-je responsable de ton angoisse ? – Fille à la chevelure noire, je t'aime plus que ma vie ! » Et sur ce, il l'attira contre sa poitrine et la baisa le plus qu'il put. Et il eût certainement fait davantage si elle ne s'était débattue. « Seigneur, dit-elle, je vais te l'avouer. Sans mentir, c'est la première fois qu'un homme me requiert d'amour. Tu es véritablement le premier. Mais sache-le, si tu me prends de force, ta valeur s'en trouvera fort amoindrie. Si tu souhaites obtenir mon amour, il va te falloir aller dans le bois tout proche et y poursuivre le Blanc Cerf qui le hante. Rapporte-moi sa tête, et je me soumettrai à ta volonté. – Belle, dit Perceval, je ferai comme tu le dis et je t'apporterai la tête du Blanc Cerf ! » Il remettait son heaume et se préparait à partir quand la jeune fille ajouta : « Je dois te dire que tu ne saurais conquérir le cerf sans l'aide de mon petit chien. C'est un brachet qui est très beau et très docile, prends-le avec toi. Dès qu'il l'aura vu, le cerf ne pourra plus s'échapper. Cependant, garde bien mon brachet car, si tu le perdais, jamais tu n'obtiendrais ce que tu désires. Et arme-toi avec soin, parce que tu risques ta vie en allant là-bas. – Belle, répondit Perceval, entièrement subjugué par la beauté de la fille aux cheveux noirs, confie-moi ton brachet, et je jure de te rapporter la tête du Blanc Cerf ! – Il n'est pas certain que tu y parviennes, dit encore la jeune fille. Ce n'est pas un cerf comme les autres, crois-le bien. Il a au front une corne aussi longue qu'une hampe de lance, et à la pointe aussi aiguë que la pire des épines. Il brise les branches des arbres et tout ce qu'il y a de plus précieux dans la forêt. Il tue tous les animaux qu'il rencontre, et ceux qu'il ne tue pas meurent de faim. Il fait encore pis : il va tous les soirs boire l'eau du vivier, et il laisse les poissons au sec. Beaucoup périssent avant le retour de l'eau.

Seul mon brachet peut lever le Blanc Cerf. Cela fait, il reviendra vers toi, et alors le cerf t'attaquera. Certes, je ne voudrais pas être à ta place à ce moment-là ! » Sur ce, la jeune fille aux cheveux noirs sortit de la chambre où elle rentra peu d'instants plus tard, portant en ses bras un petit chien jaune. « Va, maintenant, dit-elle, et si tu reviens, tu auras ce que tu espères. »

Perceval à sa suite, le brachet s'empressa de gagner le bois, flaira le sol, huma la brise et, soudain, s'élança parmi la futaie. Bientôt retentirent ses aboiements furieux, et il reparut ventre à terre, précédant de peu le Blanc Cerf qui, d'emblée, fonça sur Perceval. Mais celui-ci l'esquiva d'un bond avant de se retourner et de lui porter un coup si violent qu'il lui trancha la tête. Or, pendant qu'il considérait le trophée qu'ornait une corne aussi longue, effectivement, que la hampe d'une lance, survint une cavalière, laquelle blottit le brachet dans sa cape et plaça la tête du cerf entre elle-même et l'arçon de sa selle. « Ah ! seigneur ! s'écria-t-elle, tu as agi avec la dernière discourtoisie en détruisant le bien le plus précieux de mes domaines ! – On me l'a commandé, répondit Perceval. Mais, s'il te plaît, rends-moi la tête et le brachet ! – N'y compte pas ! s'exclama-t-elle. Tu m'as causé du tort et tu me dois réparation. – Qu'exiges-tu de moi pour prix de ton amitié ? demanda Perceval. – Ce n'est pas difficile. Rends-toi sur la croupe de cette montagne, là-bas. Tu y verras un énorme buisson et, au pied de ce buisson, une pierre plate. Une fois arrivé là, demande par trois fois et à haute voix quelqu'un pour se battre avec toi. Voilà à quelle condition tu pourras obtenir mon amitié. Sans cela, je ne te restituerai ni la tête ni le brachet. »

Perceval se mit en marche, et la cavalière le suivit. Parvenu devant le buisson, il demanda par trois fois, d'une voix forte, quelqu'un pour se battre avec lui. Aussitôt, un homme revêtu d'une armure noire sortit de sous la pierre, monté sur un cheval osseux. Le combat commença sur-le-champ, mais chaque fois que Perceval le renversait, son adversaire sautait en l'air et se retrouvait incontinent ferme sur sa selle. Perceval descendit pour lors de cheval et tira son épée, mais l'homme noir en profita pour lui dérober sa monture et disparaître sans qu'on pût savoir où ni comment. « C'est bien, dit la cavalière, tu as fait ce que je t'avais ordonné. Je n'ai qu'une parole. Voici la tête et le brachet. » Une fois ceux-ci déposés aux pieds de Perceval, elle se mit toutefois à rire : « Et maintenant que tu n'as plus de cheval, que vas-tu faire ? » Puis, sans attendre, elle piqua des deux et s'évanouit sur l'autre versant de la montagne.

Perceval se trouva fort embarrassé : comment s'y prendre pour retourner au Château de l'Echiquier avec la tête du cerf et le brachet ? Il eut beau faire le tour du buisson pour essayer de découvrir par où s'était enfui l'homme noir, il n'en releva nulle trace. Il poursuivait ses investigations sous la pierre plate quand survint un second chevalier tout armé, monté sur un grand destrier gris pommelé. De son heaume s'échappaient des boucles de cheveux blancs, et il tenait un fouet en sa main droite. En voyant Perceval perdu dans ses recherches, il s'approcha sans bruit et, d'un geste prompt, saisit le brachet et la tête du cerf, les plaça sur l'encolure de son cheval et s'en alla au triple galop. Le tapage alerta Perceval qui, se redressant, put simplement constater le rapt. Mais, faute de cheval, il ne pouvait poursuivre le voleur, lequel d'ailleurs dévalait déjà la pente opposée. De désespoir, il se laissa choir au pied du buisson et se perdit en de profondes méditations. Il n'avait que trop mérité son sort en succombant à son attirance pour la jeune fille à la chevelure noire ! « Hélas ! dit-il en soupirant, qu'en est-il de mes résolutions ? Ai-je oublié déjà ce que m'avait dit mon oncle l'ermite ? Suis-je maudit, vraiment, pour avoir causé la mort de ma mère ? Ne découvrirai-je jamais le secret de la coupe d'émeraude qu'on nomme le Graal ? » Et il se mit à verser des larmes amères.

Or, l'homme noir surgit brusquement près de lui. « Quel est le motif de ta tristesse ? » lui demanda-t-il. Perceval bondit sur ses pieds et brandit son épée. « Seigneur ! protesta l'autre, abaisse ton épée, je ne te veux nul mal. Si je t'ai combattu tout à l'heure, c'est parce que je le devais en faveur d'une femme que j'ai le malheur d'aimer. Et si je t'ai pris ton cheval, c'était pour te protéger, car le chevalier qui t'a dérobé le brachet et la tête t'aurait tué. – Mensonges que tout cela ! s'écria Perceval. Par ma foi, tu mourras, et je me vengerai sur toi de tous mes revers ! – La vengeance n'est pas une bonne chose, rétorqua l'homme noir, et elle ne répare jamais les torts qu'on nous a causés. » Les paroles de l'homme noir réveillèrent en Perceval l'écho du discours que lui avait tenu son oncle sur la violence et la haine. Aussi jeta-t-il son épée sur l'herbe. « Dans ce cas, parle, maugréa-t-il, et explique-moi pourquoi tu te conduis ainsi.

– Je te remercie, seigneur, et vais te révéler pourquoi je suis venu en ce lieu. C'est la jeune fille aux cheveux noirs, la même qui t'a confié le brachet, qui me dépêcha ici. Pour mériter son amour, je chassai le Blanc Cerf et le pris, grâce au brachet qu'elle m'avait confié à moi aussi. Sur ces entrefaites, la cavalière qui t'a ravi la tête et le brachet vint aussitôt me les prendre pareillement. Ainsi qu'à toi-même, elle promit de me les rendre si je venais ici demander à quelqu'un de me combattre. Je le fis, et un chevalier sorti de dessous cette pierre m'attaqua. Mais lorsque, l'ayant vaincu, je voulus reprendre possession de la tête et du brachet, je m'aperçus que la cavalière avait disparu, emportant ce qu'elle devait me rendre.

« J'allai alors conter mon aventure à celle qui m'avait promis son amour. Elle m'assura que je l'obtiendrais si j'accomplissais son service trois années durant. Elle m'envoya donc en ce lieu, me disant d'y remplacer l'homme que j'avais défait et de livrer bataille à qui viendrait me provoquer. Mais si j'avais le malheur de mordre la poussière, alors elle ne m'aimerait jamais. Voilà, seigneur, ce qu'il en est de moi. Je sais que j'ai été fou d'aimer cette femme. Elle est aussi fausse que malveillante, mais je ne saurais vivre sans l'espoir de la conquérir. Au-dessous de cette pierre est un souterrain qui mène à une vaste salle. C'est là que je réside et que j'ai emmené ton cheval. Si tu le veux bien, nous allons conclure un arrangement. Tu reprendras ton cheval, mais nous troquerons nos boucliers. Ainsi pourrai-je montrer le tien à celle que je désire si follement, et elle ne pourra douter de ma prouesse. – Par ma foi, dit Perceval, j'y consens, mais à une condition : c'est que tu ne te vantes jamais devant personne de m'avoir pris par la force ce bouclier. – Je t'en fais le serment », dit l'homme noir.

Sur ce, ils entrèrent dans le souterrain qui les mena dans une salle grande et belle, aux murs de laquelle étaient suspendus nombre de boucliers. Des torches éclairaient cette salle où se pouvaient admirer une mappemonde, la plus belle qu'on eût jamais vue et faite d'or fin, ainsi que des meubles de haut prix, en marqueterie ou en ivoire. Perceval remit son bouclier à l'homme noir qui l'accrocha sur une cheville puis dit : « Seigneur, choisis parmi les autres celui qui te plaît le mieux. » Perceval fit le tour de la salle et y remarqua un bouclier très large, tout en sinople sur argent. Il s'en saisit et le mit à son cou. « J'en ai trouvé un qui me convient, dit-il. Il ressemble fort au mien, mais il est encore plus beau, et je dois me réjouir de l'échange. Toutefois, je voudrais te demander quelque chose : puisque tu es céans depuis si longtemps, peut-être as-tu entendu dire où se trouvait une forteresse en laquelle réside un roi boiteux qui se fait appeler le Roi Pêcheur ?

« Par ma foi, répondit l'homme noir, si je le savais, je te le dirais de grand cœur. Mais je n'ai rien entendu à ce sujet, je peux te l'assurer. Cependant, si tu veux en savoir davantage, traverse cette vallée et descends le cours de la rivière jusqu'à la mer. Il y a là une cité où je n'ai jamais mis les pieds, mais que l'on connaît sous le nom de Château des Merveilles. Quelles sont ces merveilles, je l'ignore, mais là, peut-être pourra-t-on te renseigner sur le Roi Pêcheur. Au sortir d'ici, tu verras un grand pin au pied duquel s'ouvre un chemin. Si tu suis celui-ci, tu ne te perdras pas. » Perceval salua le chevalier, et, reprenant son cheval qu'il était tout heureux d'avoir retrouvé, il sortit. L'homme noir le raccompagna jusqu'à la pierre plate. « Je te recommande à Dieu, chevalier ! » lui dit-il. Alors, Perceval aperçut le pin et s'engagea sur le chemin que l'autre lui avait indiqué.

A une lieue de là, il aperçut la cavalière qui avait prétendu lui ravir le brachet et la tête du Blanc Cerf. Sachant à quoi s'en tenir sur elle, il ne s'arrêta pas, ne la salua pas et se contenta de la dépasser. Toutefois, après un instant de réflexion, il se ravisa et l'attendit et, dès qu'elle fut parvenue à sa hauteur, il porta la main au frein de son cheval et l'apostropha en ces termes : « Femme ! sache que je ne retournerai jamais au Château de l'Echiquier. Tu peux dire à celle qui m'a confié le brachet qu'elle a eu tort de s'imaginer pouvoir me duper et me tourner en dérision. Je m'en vais et ne reviendrai jamais en ces lieux. – C'est grand dommage, répondit la cavalière. Ton amie s'attristera fort en apprenant que tu renonces à elle. Si tu lui avais rapporté le brachet et la tête du Blanc Cerf, nul doute qu'elle ne t'eût accueilli en son lit cette nuit de sorte que tu en fusses aussi satisfait qu'honoré. – Tu te moques de moi ! s'exclama Perceval. Tu sais pertinemment qu'un chevalier m'a dérobé la tête et le brachet. – Peut-être, admit la cavalière, mais si tu me l'avais demandé, je t'aurais indiqué où réside ce chevalier et comment tu pouvais lui reprendre ton bien. – Il est trop tard, maintenant. Je ne me laisserai plus prendre aux pièges que me tendent les créatures de ton espèce. » Et, sans attendre de réponse, le Gallois éperonna son cheval et le lança dans le chemin.

Il arriva bientôt dans la vallée et la descendit en longeant la rivière. Or, vers le milieu de la journée, un tourbillon nuageux entreprit de troubler les airs, puis le tonnerre se mit à gronder, tandis que des éclairs zébraient le ciel, et il plut si fort que Perceval en fut presque aveuglé. Les bêtes des bois grelottaient toutes sous la tempête, et les grands arbres se brisaient avec fracas de toutes parts. Mais Perceval n'avait cure ni de l'orage ni des rafales et poursuivait sa chevauchée. Enfin, vers la tombée de la nuit, la tempête s'apaisa, les nuages se dissipèrent, la lune se leva et les étoiles scintillèrent au firmament en répandant tant de clarté que jamais le Gallois ne vit nuit si pure ni si lumineuse.

Il continuait d'avancer, perdu dans ses pensées. Il songeait à ce qu'il avait vu dans la demeure du roi boiteux. Il songeait à la Lance, emperlée de gouttes de sang qui ruisselaient jusqu'au poing du valet. Il songeait au Graal et à la lumière irréelle dont celui-ci, entre les mains de la jeune fille à la chevelure blonde, avait inondé la salle. Et la tristesse l'étreignait de n'avoir pas posé les questions sur tous ces prodiges. Que ne l'avait-il fait ! Le roi blessé aurait été guéri, le royaume aurait retrouvé bonheur et prospérité...

Perceval aperçut alors devant lui, à quelque distance, un arbre feuillu qui se dressait sur son chemin et, chose plus étonnante encore, dans les branches duquel étincelaient plus de mille chandelles, aussi éblouissantes que les étoiles épanchées dans le ciel. Sans hésiter, Perceval marcha droit vers l'arbre qui lui semblait comme embrasé. Mais au fur et à mesure qu'il s'en rapprochait, la clarté déclinait, s'affaiblissait. Aussi pressa-t-il l'allure de son cheval mais, le but atteint, n'y découvrit plus ni chandelles, ni flamboiement, ni rien d'aspect surprenant. Toutefois, à deux pas derrière l'arbre, se révéla une chapelle, la plus belle et la mieux construite qu'il eût jamais vue, du moins le pensa-t-il. A l'intérieur paraissait vaciller une claire lueur. Le Gallois descendit de son cheval, laissa celui-ci au repos près du mur et, poussant la petite porte, entra. Il trouva la nef déserte mais, à force de regarder de tous les côtés, il finit par voir sur l'autel le cadavre d'un chevalier qu'on avait drapé d'une riche étoffe de soie de couleur ornée de fleurs d'or. Devant brûlait un cierge.

Perceval, très étonné, tendit et prêta l'oreille, s'attendant à voir paraître quelqu'un, mais tout demeurait vide et silencieux. Il hésita un long moment, perplexe, ne sachant s'il devait rester ou partir. Or, tandis qu'il remuait ces pensées, une intense clarté provenant on ne savait d'où commença d'envahir la chapelle. Toujours immobile, il contempla cette lumière qui le frappait presque de cécité. Mais la lumière s'atténua peu à peu, et bientôt ne clignota plus que la menue lueur de la chandelle. Là-dessus, un terrible vacarme rompit le silence, et Perceval en fut si abasourdi qu'il crut que la chapelle s'écroulait et tombait en ruine.

Derrière l'autel apparut alors une main noire, au bout d'un bras qu'on voyait jusqu'au coude, et elle éteignit la chandelle. Perceval se retrouva plongé dans l'obscurité la plus totale. Cependant, il n'éprouvait aucune crainte et se tenait prêt à se défendre si on l'attaquait. Mais tout demeura silencieux, et personne ne vint l'assaillir. Ses yeux distinguèrent bientôt la clarté laiteuse de la lune au travers d'une ouverture mais, sur l'autel où gisait le mort, l'ombre était aussi dense qu'au fond d'un puits. Sans plus attendre, Perceval quitta la chapelle, rejoignit son cheval, l'enfourcha et se remit en route, priant Dieu de le garder des mauvaises rencontres, ne pouvant, en son esprit, s'empêcher cependant de ruminer les merveilles qu'il avait vues et tout ce qui lui était arrivé.

A force de chevaucher, il parvint à un carrefour qu'ornait un chêne majestueux dont les branches retombaient jusqu'à terre et formaient comme un cabinet tapissé d'herbe verdoyante. Il décida de s'arrêter là pour se reposer. Après avoir ôté le frein de son cheval, il laissa l'animal paître et se délasser tandis que lui-même s'étendait sur l'herbe, à l'abri du chêne. Il y dormit paisiblement jusqu'au lever du jour. Alors, il remonta en selle et chevaucha toute la matinée dans la vallée où le soleil luisant et clair irisait de mille feux les perles de rosée.

Soudain, il entendit l'appel d'un cor qui sonna trois fois, très haut et à longue haleine. Tout heureux à l'idée de rencontrer le sonneur, il se mit à écouter attentivement et entendit un autre cor sonner à son tour trois fois comme pour lancer un appel. Sans comprendre ce que cela signifiait, il s'avança vers le lieu d'où provenait la sonnerie et vit déboucher des chiens lancés à la poursuite d'un grand sanglier. Derrière venaient, de toute la vitesse de leurs chevaux bien harnachés, quatre veneurs. Perceval alla à leur rencontre et les salua à haute voix. L'un d'eux s'arrêta près de lui et lui demanda où il allait. « Je cherche le Château des Merveilles, répondit-il. – Par Dieu tout-puissant ! s'écria l'homme, nous en venons. Si tu franchis cette colline que tu peux voir de tes propres yeux, tu trouveras, par-delà un arbre, un chemin qui te conduira où tu veux aller. » Le valet reprit sa poursuite et laissa Perceval fort content de ne plus errer.

Or, une fois sur la colline, il ne trouva pas l'arbre qu'avait mentionné le veneur. Et sur l'autre versant ne se déployaient jusqu'à l'horizon que des bois dépourvus de la moindre route. Au surplus, si loin que portât la vue, ne se décelait nulle trace d'une quelconque forteresse. Perceval s'était immobilisé, prêt à sombrer dans le désespoir, quand survint une jeune fille. Richement vêtue de soie bleue brochée de fleurs d'argent, elle montait toute dégrafée, avec seulement un ruban noué à sa ceinture, un grand palefroi gris. Perceval admira sa beauté et la pureté de son visage, se disant en lui-même qu'elle devait être sans doute une fée. Quand elle fut à sa hauteur, il la salua au nom de Dieu, et elle répondit : « Seigneur, que Dieu te donne joie et bonheur. Dis-moi, s'il te plaît : où donc as-tu passé la nuit ? As-tu couché dans cette forêt ?

– Je ne saurais te mentir, dit le Gallois ; j'ai en effet passé la nuit dans cette forêt, mais je n'y ai guère eu de confort, et j'y ai vu des choses surprenantes. » Il lui conta alors sans rien omettre son aventure, lui décrivit l'arbre, la grande lumière, la chapelle où gisait sur l'autel le corps du chevalier, lui narra les circonstances de son départ et son retour auprès du cheval. Il n'oublia pas davantage de lui parler de la main noire qui avait éteint le cierge et plongé la chapelle dans les ténèbres. A quoi la jeune fille répliqua : « Certes, voilà une étrange aventure ! Mais elle est le signe qu'un jour tu sauras la vérité sur la Lance qui saigne et la coupe d'émeraude qu'on nomme le Graal. » Perceval allait l'interroger et lui demander quelle direction il devait prendre, quand la jeune fille, sans lui en laisser le temps, éperonna vigoureusement son cheval gris et disparut au triple galop, laissant Perceval à sa solitude et à son désarroi[1].

1. Ce chapitre est une synthèse de *Peredur* et de la *Seconde continuation de Perceval*.

10

Le Château des Filles-Fleurs

Perceval chevauchait tristement, empruntant des chemins qui ne menaient nulle part, revenant sans cesse sur ses pas, traversant des forêts et des vallées où ne se trouvaient ni ville, ni forteresse, ni maison de chevalier susceptible de l'héberger. Il lui fallut encore, cette nuit-là, demeurer dans la forêt, au pied d'un arbre, jusqu'à l'aurore. Quand il vit le soleil jeter ses premiers rayons, il remonta sur son cheval et reprit sa route, mais le jour s'écoula sans qu'il eût croisé maison, vilain, chevalier, valet ni autre créature humaine. Une fois de plus, il se résigna à dormir dans la forêt, mais la chose qui le dépitait le plus était de ne rien avoir à manger, et la faim le tourmentait fort.

Au troisième jour, il fit une grande randonnée qui, au milieu de l'après-midi, le mena vers une rivière qui longeait la route à une portée d'arbalète. Elle était large et profonde, et il ne savait comment la traverser quand, de loin, il vit dans la brume surgir un sommet. Il se hâta de l'escalader et, de là, examina les alentours. Sous ses yeux s'étendaient la plus belle campagne et les plus belles prairies qu'il eût vues depuis longtemps, et il se reprit d'autant mieux à espérer qu'il discernait, là-bas, la silhouette d'un grand logis. Il se dirigea de ce côté-là.

Soudain, au sortir d'un bosquet, il vit se dresser devant lui un riche château dont les murs étaient de divers marbres de couleur agréablement agencés. La tour en était haute et bien faite et, tout autour, s'apercevaient des habitations grandes et larges, richement ornées du faîte au dallage. Sans hésiter, Perceval pressa son cheval, passa le pont et déboucha dans une grande cour. Il avait à peine franchi la poterne que la porte d'entrée se referma derrière lui sans que personne l'eût touchée. Perceval eut un moment d'inquiétude : pourquoi n'y avait-il personne dans ce château ? Comment la porte s'était-elle refermée ? Il craignit alors de ne plus pouvoir sortir de cette forteresse qui paraissait inhabitée.

Il s'en fut néanmoins tout droit à la grande salle. A l'entrée, il remarqua quatre colonnettes de cuivre très ouvragées sur lesquelles était disposée une table d'airain finement travaillé et d'une longueur inhabituelle. Dessus reposait un marteau d'acier précieux dont les bords étaient dorés. A mieux examiner la table et les colonnettes, le marteau et tous les ornements de la salle, ce château devait appartenir à un homme des plus opulents. Après avoir tout attentivement regardé, Perceval sortit, attacha son cheval au montoir, puis il retourna dans la salle. Mais il n'y trouva toujours personne, ni chevalier, ni dame, ni valet, ni servante. Et il eut beau appeler à haute voix, nul ne répondit.

« Par ma foi, se dit-il, éprouvant un malaise croissant, voici une maison qui est vaste et riche, et pourtant je n'y vois ni pain ni sel ! Je serais autrement mieux loti dans la cabane d'un laboureur ou d'un charretier ! Je risque de mourir de faim dans cette demeure ! » La colère le prit et, d'un geste violent, il saisit le marteau et en frappa trois coups sur la table, laquelle rendit un tel son que la salle en fut secouée de fond en comble. Alors apparut une jeune fille avenante et belle qui était entrée sans que Perceval s'en fût aperçu. Elle s'appuyait sur le rebord de la fenêtre et, tout échevelée, semblait au comble du courroux. « Vassal ! s'écria-t-elle, tu viens de te conduire comme un rustre ! Pourquoi avoir frappé si fort sur cette table ? Et pourquoi venir ici ? Dis-le-moi sans tarder. – Amie, je ne te le cacherai pas : je suis venu ici dans l'espoir qu'on m'hébergerait.

– Dans ce cas, dit la jeune fille, je pense que tu seras satisfait. Il n'est pas de meilleur hôtel que celui-ci, sache-le, et je suis sûre que depuis Noël tu n'auras eu gîte si parfait. Cette salle est vaste, comme tu le vois, et tu peux y prendre tes aises tant que tu voudras. » Sur ce, elle se précipita vers la porte et disparut au-dehors. Cela ne faisait pas l'affaire de Perceval. « Jeune fille ! cria-t-il, au nom de Dieu, reviens, je te prie ! » Mais il ne reçut aucune réponse. Et, à force de se demander en quel genre de manoir il se pouvait trouver, il commençait à s'en effrayer et ne savait que penser ni que faire. Désireux néanmoins d'en savoir davantage et, surtout, de manger, car la faim le torturait, il partit à la recherche de la jeune fille à travers le château. Il n'y eut ainsi chambre qu'il ne visitât, ni garde-robe, ni cellier, ni loge, ni salle, ni cuisine, mais tout était désert, et il ne vit nulle créature. En repassant par la grande salle, il ne songeait plus qu'à rejoindre son cheval quand une idée lui traversa l'esprit. Il s'arrêta devant la table, reprit le marteau et en frappa trois coups aussi forts que les précédents. La salle et le château tout entier frémirent, et une autre jeune fille apparut alors, mais non pas dans la salle ; elle se trouvait dehors et passa la tête par la fenêtre : « Seigneur, dit-elle, tu agis vraiment comme un rustre ! Tu nous causes un bien grand mal et finiras par nous tuer ! Je te préviens : si tu frappes encore une fois sur cette table, tu verras la tour s'écrouler et nous tous, toi compris, y perdrons la vie. Rien ne pourra nous sauver.

– Par le Dieu qui nous a créés ! s'écria Perceval, je puis te jurer que je ne voulais causer aucun mal. Mais si personne ne répond à mes appels, je t'assure que je n'hésiterai pas à frapper derechef, dussent la tour et le château s'effondrer. Je frapperai deux cents coups, voire davantage, s'il le faut ! » Et, pour prouver sa détermination, il souleva le marteau. Et il s'apprêtait à l'abattre quand la jeune fille s'exclama : « Non, seigneur ! ne frappe plus cette table ! Laisse-moi te parler. Et si tu souhaites t'en aller, je te ferai ouvrir la porte. Crois-le, je ne cherche pas à te mentir.

– Par ma foi, jeune fille ! cria Perceval, toujours aussi mécontent, je ne sortirai d'ici que je ne me sois restauré et que je n'aie dormi. Voilà trois jours que je n'ai rencontré âme qui vive ou habitation pour me recevoir. La nuit approche, et j'aime mieux la passer ici que dans la forêt ! » A l'entendre parler de manière aussi ferme, à le voir, marteau en main, prêt à frapper la table au risque de déclencher un cataclysme et ce, sans en éprouver le moindre émoi, mais plus rouge que charbon ardent, tant la fureur l'animait, ainsi que la lassitude, la jeune fille ne put s'empêcher de sourire. « Seigneur, dit-elle, daigne patienter le temps que j'aille parler à ma dame. Je reviendrai bientôt et t'apporterai des nouvelles, bonnes ou mauvaises. – Va donc et ne me fais pas languir trop longtemps. Car si tu tardais, je ne le supporterais pas et me verrais obligé de t'appeler avec le marteau. – J'y vais, répondit la jeune fille, mais, au nom de Dieu tout-puissant, ne touche plus à la table ! »

Elle quitta donc la fenêtre et Perceval l'entendit jeter un appel. Alors trois autres jeunes filles très richement parées entrèrent et s'approchèrent du Gallois qui, debout près de la table, tenait toujours le marteau prêt à frapper violemment. Toutes les trois le saluèrent avec une grande amabilité. L'une d'elles s'en alla prendre le cheval par la bride et, non sans promettre de lui donner foin frais et avoine fraîchement battue, le mena vers l'écurie. Quant aux deux autres, elles désarmèrent Perceval et l'entraînèrent dans une autre salle entièrement tapissée de tentures de soie violettes, vermeilles, jaunes et bleues, et telle que l'on n'eût pas trouvé plus splendide en la demeure d'un empereur. En long et en large, elle reluisait de draps tissés de fils d'or qui devaient, au bas mot, valoir une fortune, et Perceval s'émerveillait de voir toutes choses infiniment plus belles que rien de ce qu'il avait jusqu'alors admiré.

De la porte d'une chambre surgit sur ces entrefaites une autre jeune fille, encore plus gracieuse et plaisante que les précédentes. Dotée d'une abondante chevelure blonde, elle portait sur les bras un très riche manteau fourré de blanche hermine dont elle enveloppa les épaules du Gallois en disant : « Seigneur, tu peux venir en cette chambre voir ma dame, à moins que tu ne préfères demeurer en cette salle-ci où tu auras tout ce que tu voudras. » Perceval répondit qu'il irait voir la dame du château.

« Certes, dit-elle, tu fais bien, car elle désire fort te rencontrer. » Et elle le mena dans une chambre qui était peinte d'or émaillé et pavée de plaques d'argent. Perceval n'en croyait pas ses yeux : il aperçut en effet au moins cent jeunes filles, toutes avenantes et gracieuses, richement habillées et toutes revêtues de velours vert bordé de fils d'or. Elles semblaient toutes du même âge et avaient ôté de leur tête le bandeau qui retenait leurs cheveux. Les unes étaient brunes, les autres blondes ; d'autres arboraient une chevelure rousse, mais on eût été bien en peine de trouver à laquelle décerner la palme de la beauté. Et quoiqu'elles fussent occupées à broder des ouvrages de soie, toutes, en voyant Perceval, se levèrent d'un même mouvement et le saluèrent à haute voix en l'appelant leur seigneur.

Sans plus songer à ses angoisses, Perceval, dont le cœur s'éclairait davantage à chaque nouvel objet qui se présentait à sa vue, se pensait parvenu au Paradis, tant l'éblouissaient le faste et l'éclat des lieux. Et il se laissa conduire comme en rêve au fond de la salle où, sur un siège tendu de soieries, était assise une femme à la longue chevelure brune et au chef ceint d'une couronne d'or. Elle avait un teint brillant, des yeux d'un gris profond ; son allure était encore plus noble et plus gracieuse que celle de ses suivantes. Perceval s'inclina devant elle et, d'une voix très douce, elle lui souhaita la bienvenue, l'invitant à s'asseoir auprès d'elle.

Le Gallois ne sentait plus ni la faim ni la fatigue ni aucune espèce de malaise : la splendeur environnante lui faisait tout oublier. La dame reprit : « Seigneur, si cela ne te déplaît pas, dis-nous ton nom. » Il ne vit aucune raison de le cacher et, s'étant aussitôt nommé, il entreprit de raconter qu'il avait erré trois jours par vallées et forêts sans trouver d'hôtel où recevoir gîte et couvert. « Je n'en suis pas surprise, dit alors la dame, car, tout autour de ce château, on pourrait aller longuement sans rencontrer d'abri où trouver de pain ni d'autres aliments. » Et elle commanda qu'on dressât les tables sans délai.

Perceval observa qu'il n'y avait là valets ni sergents : des jeunes filles s'occupaient de tout, qui mirent les tables, les revêtirent de nappes plus blanches que neige et les garnirent sans que n'y manquât rien, puis elles apportèrent de l'eau chaude afin que Perceval et la dame pussent se laver les mains. Après quoi, tous deux prirent place et se restaurèrent ensemble de grand cœur et de bon appétit. La nuit venue, on alluma autant de chandelles qu'il en fallait, tout en servant à foison des viandes de toutes sortes, oiseaux, brochets, saumons et autres poissons frais, et un vin délicieux tel que Perceval n'en avait jamais bu de meilleur. Après qu'ils se furent rassasiés et désaltérés à loisir, les jeunes filles enlevèrent les plats et les nappes, eux-mêmes retournant s'asseoir en face l'un de l'autre. Le Gallois demanda alors à la dame quel était ce château et pourquoi il n'y avait vu aucun chevalier, aucun sergent, aucun valet.

« Seigneur, répondit-elle, je ne te le cacherai pas, car tu me parais un chevalier loyal et sincère. Veux-tu en écouter l'histoire ? – Dame, protesta le Gallois, je ne serais ni loyal ni sincère si je n'écoutais ce que tu veux bien me conter. Cependant, sans t'ennuyer, je voudrais aussi savoir pourquoi la porte s'est refermée dès que je fus entré dans la forteresse, et ce qu'il en est du marteau posé sur la longue table. J'aimerais encore que tu me dises pourquoi je n'ai rencontré aucune d'entre vous avant d'avoir frappé du marteau sur la table.

– Seigneur, certes je conçois que tout cela ait pu t'étonner. Aussi vais-je te l'expliquer. Ainsi que tu l'as constaté, il n'y a pas d'homme ici, cela parce que nous n'avons pas voulu que notre tranquillité fût troublée par la présence de valets, d'hommes d'armes ou de chevaliers bruyants et incommodes. Nous séjournons ici en un désert éloigné de toute habitation, de toute forteresse, de toute ville, et nous sommes toutes des femmes de grande noblesse, d'une seule lignée, d'une seule manière de vivre. Je ne parle pas de notre richesse car, sans mentir, nous avons tout ce qui nous plaît et tout ce que nous désirons. C'est moi qui, séduite par la beauté de ces lieux, fis bâtir ce château ; il est placé dans une courbe de la grande rivière et, je puis te l'affirmer, jamais maçon n'y mit la main, jamais vilain n'en laboura la terre. Je vais même te révéler qui a édifié ma demeure, ainsi que ses entours : quatre femmes avenantes et belles, de grande famille, qui étaient expertes en l'art de la pierre, et ce sont quatre autres femmes qui, par habileté et finesse, ont encore pris soin d'en orner les murs, de fabriquer les meubles, d'y tendre les plus belles tapisseries. Bref, aucune main d'homme n'a jamais pris part à la fondation de ce château. Nous en sommes seules responsables.

« Cependant, lorsque, par hasard, il advient qu'un chevalier en quête d'aventures arrive ici, nous tenons à nous assurer qu'il a véritablement besoin de repos et d'hospitalité. Nous le laissons donc entrer mais, lorsqu'il est dedans, la porte se ferme derrière lui. Toute liberté lui est laissée d'aller et venir mais, généralement, il se rend tout droit à la salle où tu es entré. Quand il la découvre vide et inhabitée, s'il est couard et se croit trahi, il retourne au-dehors, et s'il ignore qu'il doit frapper la table avec le marteau, il erre toute la nuit dans la forteresse sans y voir quiconque. Au matin, il pourra repartir à son gré, car la porte est à nouveau ouverte. Mais si, loin de succomber à la peur, il frappe trois fois la table avec le marteau, il est alors hébergé richement et nourri à volonté. Ainsi se voit-il bien traité, pour son plus grand bien et pour notre plus grand honneur. »

Ainsi parla la dame du château. Elle n'ajouta plus un mot, car la nuit devenait très noire et la lumière des chandelles s'affaiblissait. Venait maintenant l'heure de dormir, et Perceval n'en était guère mécontent, car il commençait à se sentir très las : à plusieurs reprises, il avait failli s'endormir en écoutant la dame. On lui dressa un lit dans la salle, riche et moelleux, et deux jeunes filles étendirent dessus des couvertures bordées de fils d'or et fourrées de peaux de renard. Quand tout fut prêt, la dame dit à Perceval : « Seigneur, va maintenant te coucher, il est temps. Tu es épuisé et, je le sais, voilà bien longtemps que tu devrais être en ton lit. » Elle se leva pour lors et se retira dans sa propre chambre en compagnie des jeunes filles. Seules deux d'entre elles restèrent auprès de Perceval pour veiller à ce qu'il ne manquât de rien. Une fois rassurées sur ce point, elles allèrent rejoindre leurs compagnes en éteignant toutes les chandelles qui brûlaient encore.

Perceval dormit profondément la nuit entière et ne s'éveilla que lorsque le soleil était déjà haut. Or, quand il ouvrit les yeux, il se découvrit allongé sur l'herbe, sous un grand arbre feuillu, sa lance et son bouclier près de lui, ainsi que ses armes, et son cheval tout prêt à partir, dûment sellé, dûment bridé : il n'y avait rien à reprendre à rien. Perceval se redressa, au comble de l'étonnement. Tout autour de lui, dans l'herbe, d'innombrables fleurs de toutes les couleurs dressaient leurs têtes vers le ciel comme pour se nourrir des rayons du soleil et boire la rosée du matin. Il revêtit sans tarder son haubert et laça son heaume. Puis, ayant suspendu son bouclier à son col et ceint son épée au côté, il enfourcha son cheval et regarda autour de lui. « Que Dieu m'assiste ! s'écria-t-il. Je suis allé dans un château où ne résidaient que des femmes, et où j'en vis tant de si belles que je me croyais en Paradis ! Il me semble également que j'y vis une haute tour et une salle magnifique où tout n'était que luxe et splendeur. Or, je ne vois ici ni chaumière ni maison d'aucune sorte, seulement ces fleurs, toutes plus belles qu'aucune que j'aie jamais vue, et qui répandent un parfum comme jamais je n'en ai respiré de semblable ! Il doit y avoir quelque sortilège là-dessous ! Une chose est certaine pourtant : je me suis couché dans un lit très riche et moelleux et j'y ai joui d'un repos des plus salutaires. Or voici que je me réveille sous un chêne... » Admettant enfin qu'il ne saurait jamais ce qui avait pu se passer, il éperonna son cheval et reprit sa route.

Il erra si bien, pendant la journée, qu'il finit par se retrouver dans une lande fort vaste et couverte de bruyères et d'ajoncs à perte de vue. Il la parcourut sous un soleil ardent et, quand il en eut atteint l'autre extrémité, il vit un grand arbre, lequel, aussi haut que feuillu, avait un tronc si large et des ramures si luxuriantes que, dans son ombre, une vingtaine de chevaliers auraient pu se masser pour prendre le frais. A une portée d'arbalète au-delà, se dressait un pavillon tendu d'une étoffe de couleur pourpre. Les cordes en étaient de soie bleue, et son faîte doré brillait au soleil de telle sorte que la tente comme l'herbe fraîche tout autour semblaient flamber. Faites de branchages et couvertes de paille, deux loges galloises se voyaient quelques pas plus loin.

Sans hésiter, Perceval s'en alla droit à la tente et, depuis l'entrée, y aperçut un lit dressé, que couvrait une soie vermeille tissée de fleurs. A cela près, rien d'autre. Il reconduisait son cheval vers l'arbre, dans l'intention de se reposer, quand il vit, étendue dessous, une jeune femme vêtue d'une robe de soie légère, mi-partie blanche, mi-partie vermeille, en qui il reconnut instantanément la cavalière qui, après lui avoir dérobé le brachet et la tête du Blanc Cerf, s'était moquée de lui lors de leur dernière rencontre. Il s'approcha davantage et remarqua, suspendue à l'une des branches de l'arbre, une tête de cerf munie d'une corne longue comme la moitié d'une hampe de lance. Et il était impossible de s'y méprendre, il s'agissait là du trophée volé. Cependant, Perceval eut beau regarder tout autour, il n'y avait nulle trace du brachet.

A son approche, la femme se réveilla. Il la salua courtoisement, mais avec beaucoup d'ironie. Elle se redressa et elle aussi le reconnut bien. « Vassal ! s'écria-t-elle, que Dieu m'assiste ! Il est bien triste de voir qu'un méchant vit plus longtemps qu'un honnête homme ! C'est le diable qui t'a sauvé, puisque, de tout ce temps, personne, en ces contrées désertes, ne t'a agressé ni mis à mal. Mais, sache-le, ta perte est proche : tu ne passeras pas cette journée sans être honni ou tué. Je t'en préviens, ce jour te sera funeste !

– Tel est ton avis ! répliqua Perceval, mais, sur ma foi, tu es mauvaise prophétesse ! Et puisque Dieu me permet de te rencontrer, je ne vois pas pourquoi je ne rentrerais pas en possession de mon bien. La tête du Blanc Cerf est à moi, ne t'en souvient-il pas ? C'est moi qui ai tué le cerf, et c'est toi qui m'en as dérobé la tête. J'ignore grâce à quelle ruse tu l'as fait voler par quelqu'un d'autre, mais c'était pour mieux te l'approprier. Le chevalier qui l'a emportée était ton complice, je le comprends bien, maintenant. Quant au brachet que l'on m'avait confié, tu devras me le rendre aussi, car j'en suis redevable à celle qui m'envoya sur les traces du cerf. – N'y compte pas ! Tu n'obtiendras jamais rien de moi ! – C'est ce qu'on verra », conclut simplement Perceval. Et il alla décrocher de la branche la tête du Blanc Cerf qui lui avait valu tant de tourments.

A ce moment, il entendit résonner par deux fois un petit cor de chasse, puis surgir des fourrés un cerf qui était si las de fuir et à bout de souffle qu'il haletait à faire peine. A sa suite bondissait le brachet qui le mordait à la cuisse, souvent et grièvement. Enfin apparut, galopant à bride abattue, un chevalier vêtu d'un haubert plus blanc que fleur d'aubépine et qui brandissait une grande lance au fer d'acier tranchant. Ainsi armé et dépourvu de bouclier, il traquait le cerf et le brachet, tout en sonnant du cor, par intermittence, avec grande vigueur, de telle sorte que la forêt en retentissait. Le cerf ne s'arrêta qu'à l'arbre auprès duquel se tenait Perceval. Le brachet l'y maintint en arrêt, et le chevalier le frappa si fort de sa lance qu'il l'abattit incontinent.

La jeune fille se leva et se précipita vers le chevalier. « Seigneur, que Dieu m'aide ! s'écria-t-elle. Un chevalier vient d'arriver sous cet arbre, et il m'a grandement courroucée ! – Eh ! quoi donc ? dit-il en la regardant. T'aurait-il manqué de respect ? – Il m'a gravement offensée, seigneur, en dépendant la tête de cerf qui faisait toute ta joie et en la déposant sur l'herbe. Il prétend qu'elle lui appartient, et il réclame également ton brachet, sous prétexte que tu l'aurais pris, sous ses yeux, sans sa permission. Mais je le sais trop : tous ces contes ne sont que mensonge et fausseté. »

En entendant ce discours, le chevalier frémit de colère et, abandonnant le cerf, tourna son destrier contre Perceval qui se tenait tranquillement appuyé sur sa lance. « Vassal ! cria-t-il, tu me causes un grand deuil ! Mais d'abord, dis-moi, qui t'a conduit ici ? – Là n'est pas la question, répondit Perceval. Je te somme de me rendre, avec le brachet que tu m'as volé, la tête du Blanc Cerf. Elle est promise à une jeune fille qui me l'a demandée et à qui je l'ai accordée. Mais si tu ne veux pas me faire justice, je suis prêt à combattre. » Le chevalier jura alors par la Vierge que jamais il ne rendrait le brachet, et Perceval l'assura du contraire, car coûte que coûte, lui-même entendait remettre à la jeune fille du Château de l'Echiquier son brachet, ainsi que le trophée qu'elle avait souhaité obtenir.

Les paroles de Perceval emplirent le chevalier d'une violente rage. Il abaissa sa lance, fit prendre du recul à son cheval et, d'un brusque élan, il se précipita sus au Gallois. Le choc fut rude et ardent, mais la lutte ne dura guère. Au premier assaut, Perceval frappa si durement son adversaire à la tête qu'il le désarçonna et l'envoya rouler à terre sur son bouclier puis, sautant à terre, se précipita sur lui, l'épée levée, prêt à la lui plonger dans la gorge. Le vaincu lui cria merci, mais il était si aveuglé par la fureur qu'il frappa de toutes ses forces. Toutefois, le coup dévia sur le heaume. « Ah ! Seigneur ! gémit le chevalier, fais-moi grâce, et je t'obéirai en tous points ! Par Dieu tout-puissant, c'est une grave faute que de tuer un homme qui s'avoue vaincu ! »

La colère de Perceval retomba et fit place à une grande tristesse. Les avis de son oncle lui étaient revenus en mémoire. Hélas ! Se laisserait-il longtemps encore aveugler par la haine ? Il se redressa, rengaina son épée. « Tu as raison, dit-il. Je te ferai grâce, à la condition que tu ailles te mettre en la prison du roi Arthur. Tu lui raconteras toute l'affaire et lui diras que c'est Perceval le Gallois qui t'a vaincu. De plus, tu emmèneras avec toi cette jeune femme et tu la présenteras à la reine Guenièvre en priant celle-ci de la prendre au nombre de ses suivantes. – Je ferai comme tu le veux », répondit le chevalier. Il se remit péniblement debout puis invita Perceval à se reposer dans son pavillon. « Je t'en remercie, seigneur, dit le Gallois, mais j'ai autre chose à faire. » Et, sans ajouter un mot, il plaça la tête du Blanc Cerf sur l'arçon de sa selle, prit le brachet sur l'un de ses bras, sauta sur son cheval et s'en fut.

Tout en chevauchant, il se repentait de sa violence et, en même temps, priait Dieu de le conduire vers le Château de l'Echiquier, de sorte qu'il pût tenir sa promesse de rendre le brachet à la jeune fille aux cheveux noirs. L'image de celle-ci vint alors lui tourmenter l'esprit : elle était si belle, avec sa peau plus blanche que neige et ses joues légèrement empourprées comme une rose de printemps ! Un insurmontable désir le tenaillait de la prendre en ses bras et de l'étendre contre lui. Assurément, il avait oublié l'Impératrice. Il avait oublié Angharat à la main d'or. Il avait oublié Uatach, la fille de la sorcière Scatach. Il avait oublié Blodeuwen qui l'attendait dans la forteresse de Kaerbeli. Quant aux femmes qu'il avait vues la nuit précédente dans le château féerique, elles n'étaient probablement que les fleurs odorantes parmi lesquelles il avait dormi, bercé par les rêves les plus délicieux.

Or, tandis que son cœur se réjouissait, il vit venir à sa rencontre une mule qui, plus blanche que givre sur branche en février, trottait allégrement sur le chemin. Munie d'un frein d'or et parée d'une housse de velours, elle semblait errer toute seule. Le sentier étant très étroit, Perceval se trouva soudain nez à nez avec elle, qui s'arrêta et se mit en travers. Le jour tirait à sa fin, et l'on voyait déjà le ciel s'assombrir. Perceval regarda la mule et s'étonna de sa housse si joliment décorée. Il contemplait la bête et s'émerveillait quand derrière, accourant sur le chemin, parut une jeune fille belle et gracieuse, la jupe retroussée et l'air très inquiet.

« Seigneur ! cria-t-elle sitôt parvenue à portée de voix, rends-moi ma mule qui est devant toi ! En ce jour, elle m'a grandement contrariée. Après le repas, j'avais mis pied à terre pour me reposer sous un arbre et, sans raison, elle s'est éloignée et voici que je cours, depuis, sans parvenir à la rattraper ! – Très volontiers, douce amie, répondit Perceval. Approche, et je t'aiderai à monter sur son dos. – Je n'ai pas besoin que tu m'aides à monter, dit-elle avec hargne ; je saurai bien le faire seule. Il te suffit de retenir ma mule par la bride. »

Là-dessus, elle s'approcha et, sans hésiter, sauta sur le dos de l'animal et eut sitôt fait que la mule, rebroussant chemin, reprit son petit trot allègre. Perceval la suivait, qui lui demanda doucement d'où elle venait, où elle allait et si elle connaissait un lieu où il pourrait passer la nuit, quelque château ou quelque cité bien approvisionnée. « Seigneur, lui dit-elle, je ne vais pas te mentir : si tu as une besogne à faire, fais-la sans te soucier de moi. Si tu m'escortes, tu auras tout lieu de t'en repentir. Retourne sur tes pas, je n'ai nulle envie de ta compagnie. – Belle, riposta le Gallois, que Dieu nous garde, toi et moi ! Mais nulle affaire ne m'empêche de cheminer avec toi. » Elle répliqua qu'ayant l'habitude de voyager seule, elle n'avait que faire de protection, et ils se querellèrent à ce propos pendant un bon moment.

Mais la nuit descendait sur la terre et l'ombre éteignait la clarté du jour. La lune étant en décours, aucune lumière n'émanait du ciel. Haute et feuillue, la forêt approfondissait encore les ténèbres. Pas une étoile ne brillait, et le vent lui-même faisait silence. La jeune fille à la mule blanche avoua qu'elle ne voyait plus goutte dans cette nuit d'encre. « Belle amie, dit le Gallois, ce ne serait certes pas folie que de nous arrêter et d'attendre ici le lever du jour. Il est vraiment pénible de poursuivre ainsi, car je n'y vois pas plus que toi. – Non, répliqua-t-elle, je ne m'arrêterai pas ! Je n'ai que trop déjà supporté ta présence. Fais halte si tu veux, moi, je continuerai, dût la nuit devenir encore plus sombre. Quant à toi, sache-le, tu te repentiras de m'avoir suivie bien avant que le jour se lève. » Sur ces mots, elle fouetta sa mule et la fit trotter de plus belle.

Quoique Perceval sentît la fatigue l'envahir invinciblement, il s'efforça de suivre la jeune fille, car il brûlait de savoir ce qu'elle pensait et d'apprendre pourquoi elle mettait tant de hargne à le décourager. Et il remâchait sa perplexité quand, au loin, se dessina une clarté diffuse comme celle d'un cierge allumé. Il y attacha son regard et, bientôt, il eut l'impression que brûlaient cinq cierges, d'une flamme si claire et resplendissante que la forêt tout entière en était embrasée. La vision était merveilleuse, car on eût dit que la flamme vermeille montait jusqu'au ciel.

Perceval ne put s'empêcher d'adresser la parole à la jeune fille : « Amie, saurais-tu me dire ce qu'est cette lumière, devant nous ? » Elle ne répondit point. Perceval ne la voyait plus, mais il entendait le pas de la mule en avant. Il se dit à part lui que la belle ne pipait mot parce qu'elle avait peur, et il se promit d'aller lui-même vers la clarté, quoi qu'il pût advenir, car certes la peur ne le retiendrait pas. Alors, il s'efforça de chevaucher plus vite mais, brusquement, un grand vent se leva, et il se mit à pleuvoir avec tant de violence que la terre semblait devoir s'effondrer sous les pas du cheval. Saisi d'effroi, le Gallois se couvrit la tête à l'aide de son bouclier et alla s'abriter sous un arbre en espérant que la tempête cesserait bientôt. De fait, au bout de fort peu d'instants, les nuages se dissipèrent, et la nuit s'éclaircit un peu.

Perceval se remit en route tout en sondant les alentours. Il tournait la tête à droite, à gauche, afin de savoir si la clarté qu'il avait remarquée précédemment demeurait visible, mais il eut beau scruter la nuit, ce fut en pure perte. D'ailleurs, il ne se souvenait plus de quel côté la lumière était apparue. Découragé et las, il cheminait toujours quand il discerna qu'il se trouvait dans une lande étroite, parsemée de buissons épineux. Le jour n'était pas encore levé, mais la nuit était désormais si claire qu'assurément le soleil n'était plus plongé dans les abîmes du monde. Subitement, Perceval résolut de s'arrêter et de laisser son cheval brouter. Il mit pied à terre dans cette lande fort longue mais des plus étroites, et déposa sa lance et son bouclier sur l'herbe. Après avoir débarrassé son cheval du frein et de la selle, il s'allongea lui-même sur le sol, la tête appuyée sur son bouclier. Il se sentait faible, fatigué, et mourait de sommeil.

Il dormit de la sorte, le brachet tranquillement couché à ses pieds. Le chien ne bougeait d'un pouce et ne quittait pas plus Perceval que si celui-ci eût été son maître et l'eût nourri sa vie durant. En telle compagnie se réveilla donc le Gallois lorsque le soleil était déjà haut dans le ciel. La matinée était fort avancée et la chaleur commençait à devenir pesante. Sans tarder davantage, Perceval sella son cheval, prit ses armes et, plaçant son brachet devant lui, s'engagea de nouveau dans l'étroit sentier qui traversait la forêt. Après avoir chevauché ainsi jusqu'au milieu du jour, il déboucha dans une vaste clairière au centre de laquelle se dressait un grand arbre dont les branches retombaient harmonieusement sur l'herbe épaisse qui tapissait le sol. La mule blanche broutait là et, non loin d'elle, se trouvait la jeune fille qui avait abandonné Perceval au cours de la nuit. Il alla vers elle et mit pied à terre pour la saluer. « Douce amie, lui dit-il, sais-tu quelque chose au sujet de la clarté qu'on voyait dans le bois cette nuit ? Je t'en prie, si tu la connais, dis-moi la vérité. Et pourquoi m'as-tu laissé, avant que n'éclate la tempête ?

– Seigneur, répondit-elle, ne me tiens pas rigueur de t'avoir laissé cette nuit. Le temps était si obscur, si ténébreux, que je ne voyais rien, et je redoutais fort de rencontrer un chevalier qui m'a fait jurer de n'accepter la compagnie d'aucun autre homme vivant que lui-même. Je voulais tenir ma promesse, et voilà pourquoi je t'ai paru si pleine d'animosité et de mépris. Mais, depuis qu'il m'a quittée, hier, je ne l'ai plus revu, je te l'assure, et toi-même tu peux témoigner que tu ne l'as pas rencontré. – Certes, belle amie, je puis en témoigner. Nous n'avons croisé aucun chevalier dans ce chemin qui traversait la forêt. Mais, dis-moi, qui est cet homme que tu sembles tant redouter et qui t'a fait promettre une chose aussi insensée ? – Seigneur, on l'appelle Brun sans Pitié. C'est un bon chevalier, j'en conviens, et il est habile à parler. M'est avis néanmoins qu'il n'a pas volé son nom ! – J'ai entendu parler de lui, répondit Perceval, et, si je le voyais, je crois que je le reconnaîtrais. Mais, dis-moi, si cela ne t'ennuie pas, cette nuit, quand tu m'as quitté, la tempête t'a-t-elle surprise ? Pour ce qui est de moi, je t'avoue que j'en ai été grandement effrayé. – Non, seigneur. Vraiment, je n'ai rencontré ni pluie ni tonnerre, car la nuit fut belle et claire. Même je n'en vis jamais plus belle ni plus sereine. Pourquoi me parles-tu de tempête ? Tu as dû dormir sur ton cheval et rêver que le ciel s'embrasait et tombait sur ta tête. – Mais enfin ! s'écria le Gallois, impatienté, n'as-tu pas vu la lumière ? Elle se trouvait devant nous ! – La lumière, c'est autre chose, répondit la jeune fille. Je peux t'en dire la raison. As-tu déjà entendu parler du Roi Pêcheur qui demeure dans une belle forteresse du nom de Corbénic, au-delà de cette rivière ? Il est venu la nuit dernière en cette forêt qu'il aime et où il se plaît, surtout quand sa blessure le tourmente plus cruellement. Sais-tu que le Roi Pêcheur conserve en son manoir une relique très précieuse à laquelle on a donné le nom de Saint Graal ? Ce Graal est une chose sainte, car il contient toutes les richesses et toutes les beautés du monde, et de lui émane une lumière qui éclipse la lueur des torches et des chandelles et qui est encore plus intense que celle du soleil lui-même.

« Cette lumière que tu as vue dans la forêt était la lumière du Graal, sois-en certain, seigneur. Le Roi Pêcheur l'a fait porter avec lui au milieu de la forêt, car le diable ne peut agir ni perturber les hommes quand il voit sa lumière. Et lorsqu'on porte le Graal devant le roi, celui-ci n'a pas besoin de torches pour éclairer sa route. Il va et se réjouit de traverser des pays qu'il aime et dont il est le maître. Car sache que le Roi Pêcheur est un homme de noble lignée, auquel on doit hommage et respect bien qu'il soit boiteux et qu'il souffre d'une blessure inguérissable. »

A ce discours, Perceval sentit son cœur battre si fort qu'il le crut sur le point d'éclater. « Douce amie, lui dit-il, parle-moi encore du Graal, ne me cache rien à ce sujet ! Révèle-moi les privilèges du Roi Pêcheur !

Dis-moi ce que tu sais de la Lance qui saigne. C'est pour connaître tous ces mystères que je me suis lancé dans les aventures qui m'ont mené jusqu'à toi !

– Seigneur, répondit la jeune fille, je ne puis ni ne dois t'en dire davantage. Il est des choses qu'on ne peut entendre sans frémir, sans pâlir, sans trembler de peur. Permets-moi de ne plus parler de tout cela. Je te dis la pure vérité. Mais si tu veux remonter sur ton cheval et m'accompagner, je te donnerai à dîner, car il est grand temps que tu te restaures : tu es fatigué et n'as guère dormi de la nuit. » Il accepta bien volontiers et voulut l'aider à monter sur sa mule. Mais elle refusa, alléguant qu'elle était capable de le faire seule, et elle l'invita lui-même à enfourcher son destrier. Puis ils s'en furent tranquillement et ne cessèrent de chevaucher qu'ils n'eussent atteint un vallon ombragé où se dressait un beau pavillon. Une jeune fille au corps avenant, vêtue d'une robe grise, se tenait devant l'entrée. Elle salua les arrivants en leur adressant de gracieux sourires.

Tandis que sa compagne mettait pied à terre sur le seuil même de la tente sans que la mule bronchât du tout, Perceval ôtait le frein de son cheval afin que celui-ci pût paître l'herbe fraîche et, quitte à laisser la tête du Blanc Cerf toujours attachée à la selle, il emmena le brachet dans le pavillon. Les jeunes gens s'assirent à table et mangèrent abondamment des mets qu'on leur servit, tout en devisant de choses et d'autres. De fil en aiguille, la jeune fille à la mule en vint à s'étonner du cas extrême que son hôte faisait du brachet et de la tête de cerf. Perceval lui conta alors sans rien déguiser comment il avait pris le cerf dans la forêt, comment le brachet lui avait été prêté dans le beau château, comment lui-même, une fois rendu à la pierre plate, y avait combattu l'homme noir, et comment il avait perdu puis retrouvé le brachet et la tête de cerf. « Douce amie, poursuivit-il, quoi qu'il puisse advenir, j'ai promis à la jeune fille qui me confia le brachet que je reviendrais le lui rendre. Outre que j'entends tenir ma parole, je serais fâché de lui causer le moindre chagrin, car elle paraissait priser fort ce chien. Quant à moi, je n'aurai, je pense, aucun sujet de m'en plaindre, car elle m'a promis de m'accorder ce dont je la priais.

– Certes, approuva la jeune fille à la mule, s'il en est comme tu dis, il te faut effectivement lui mener le brachet et lui offrir la tête du Blanc Cerf. Mais saurais-tu me dire le nom de cette demoiselle ainsi que celui du château où l'on te confia le chien, et, enfin, quel chemin y mène ? – Hélas ! répondit Perceval, je dois t'avouer que je n'en sais rien. Je puis seulement te dire que cette jeune fille aux cheveux noirs est la plus belle femme au monde. – Quand on est amoureux, repartit-elle en riant, on dit toujours des choses semblables ! » Perceval ne répliqua rien. Quand ils eurent fini de dîner, ils se levèrent de table, et Perceval se décida à demander à son hôtesse si elle savait où se trouvait la demeure du Roi Pêcheur qui gardait le Graal et la Lance dont la pointe saignait. « Oui, je le sais, mais si je t'en indiquais le chemin, tu aurais tôt fait de t'y égarer. – Comment cela ? s'ébahit Perceval. – Tais-toi, dit la jeune fille, qui parle trop n'obtient rien. » Comprenant qu'il n'en tirerait pas un mot de plus, Perceval revêtit ses armes, équipa son cheval, puis il revint prendre congé de la jeune fille. « Tu ne t'en iras pas sans m'avoir dit ton nom, dit-elle.

– Douce amie, dit Perceval, jadis, lorsque je vivais chez ma mère, en la Gaste Forêt, on m'appelait le Fils de la Veuve Dame. A présent, à la cour du roi Arthur, on me nomme Perceval le Gallois, fils du comte Evrawc. – Eh bien, Perceval, puisque tu es le fils du comte Evrawc, sache qu'il t'incombe d'accomplir une mission, mais que cette mission ne saurait aboutir qu'au terme de longues épreuves. Encore une fois, il ne m'appartient pas de t'en dire davantage. Mais je puis tout de même t'aider. Si tu consens à mener ton destrier par la bride et à monter ma mule blanche, elle te mènera, je t'assure, où tu désires aller. Et, d'abord, elle se rendra droit au Pont de Verre, qui est sur une rivière large, profonde et rapide, et, n'en doute pas, te le fera franchir. Elle t'indiquera ensuite quel chemin prendre. Alors, tu la laisseras revenir vers moi : elle le fera sans détour. – J'agirai comme tu le dis, jeune fille. Cependant, je brûle de savoir pourquoi tu souhaites ainsi m'aider. – Je n'ai pas à te répondre. Contente-toi de suivre mes conseils. Cependant, avant que tu ne t'en ailles, car je te vois impatient de partir, j'ajouterai encore ceci : tu vois cet anneau ? Il est surmonté d'une pierre riche et précieuse qui n'a pas sa pareille en tout le royaume de Bretagne. Prends-le et mets-le à ton doigt, Perceval. Tant que tu le porteras, par Dieu tout-puissant, ma mule blanche te mènera où tu voudras aller, sans que tu doives craindre de t'égarer ni redouter en rien les passages difficiles. Mais s'il t'advient, par folie ou malchance, de le perdre, attends-toi au pire : la mule s'arrêtera, et rien ne pourra plus la faire bouger de sa place, que tu te trouves alors dans une forêt, dans une lande, dans une forteresse, dans une ville, sur une rivière ou sur la mer. Et sache bien que si un autre que toi portait l'anneau au doigt, il pourrait se faire mener par ma mule en tous lieux où il lui plairait d'aller. Sur ce, Perceval, assez jacassé ! Enfile l'anneau à ton doigt et pars ! »

Elle lui tendit l'anneau. Il le prit et l'enfila sur un doigt de sa main gauche. « Jeune fille, je te remercie, dit-il, et que Dieu te garde en toutes circonstances. – Que Dieu te garde, toi aussi, Perceval, répondit-elle. Mais sache que je reprendrai ma mule et mon anneau, sans délai ni discussion, pour peu que je te rencontre à nouveau. – Par ma foi, je ne voudrais en aucun cas provoquer ton courroux. Je te rendrai la mule et l'anneau sitôt que tu me le demanderas. » Il s'inclina devant la jeune fille, sauta sur le dos de la mule, et, tirant la bride de son cheval, entreprit de traverser la lande. Depuis l'entrée du pavillon, la jeune fille le suivait des yeux.

Sur la selle du destrier était toujours attachée la tête du Blanc Cerf, et le Gallois portait toujours le précieux brachet auquel il devait tant d'épreuves. La mule suivait le grand sentier à vive allure, et le cheval venait derrière. Ainsi allait-il, à travers bois et vallées. A un carrefour, la mule, sans hésiter, tourna sur la droite. Perceval ne s'en inquiéta pas : il lui avait lâché le frein, et elle poursuivait sa route en toute liberté, de manière sûre et parfaite. Souvent, le Gallois regardait l'anneau que lui avait prêté la jeune fille, et la gemme en était si belle qu'il en demeurait encore étonné. Il chemina de la sorte toute la journée et dut passer la nuit dans la forêt, sans boire ni manger. Néanmoins, jusqu'au lever du jour, il garda la blanche mule et le destrier.

La matinée s'annonçait belle sans que le soleil fût encore trop chaud quand Perceval se remit en chemin sur la mule qui savait parfaitement quelle route prendre. Dès la première heure, il avait parcouru une longue distance, et il ne se lassait pas de regarder l'anneau et sa pierre. Il parvint bientôt à une rivière que traversait un pont de verre. Alors, il s'arrêta et regarda : large d'une portée d'arbalète, la rivière était si profonde et périlleuse qu'aucune barque, si grande et si parfaite fût-elle, n'eût pu la franchir, car le courant était fort et rapide. Quant au pont, il semblait des plus fragiles : il était en verre, large de deux pieds et demi, et si transparent que l'on pouvait voir, en dessous, l'eau véhémente comme une tempête.

Sans s'attarder davantage, Perceval relâcha le frein et, aussitôt, la mule monta sur le pont fragile. Derrière, venait le cheval, mené par la bride. Le Gallois y tenait beaucoup et n'aurait jamais consenti à l'abandonner. Or, si la blanche mule avançait lentement, d'un pas très sûr, le cheval néanmoins suivait à grand-peine et grande terreur, tant le pont était périlleux. Quand ils se trouvèrent en son milieu, des craquements sinistres se firent entendre, et le pont ployait, vacillait si fort qu'il sembla devoir s'effondrer dans l'abîme. Mais Perceval, se fiant aveuglément à la mule, ne s'en alarma point.

Cependant, une fois parvenu de l'autre côté, il jeta un regard en arrière et s'ébahit de voir le pont intact et en bon état. « Pourtant, se disait-il, je l'ai bien senti se briser et voler en éclats ! Certes, ce doit être une chose terrible pour un poltron que de traverser ce pont de verre ! » Il aperçut alors, à l'orée d'un bois, un homme d'aspect fort sage qui, un cor d'ivoire au col, tenait une épée dans son poing. Deux lévriers l'accompagnaient. Il avait fière prestance sur son cheval bai, tout désarmé qu'il fût, haut retroussé et simplement chaussé de bottes. Après l'avoir examiné, Perceval le salua le premier. L'homme répondit : « Seigneur, que Dieu te donne joie et bonheur et qu'Il te procure tout ce que ton cœur peut désirer ! – Beau seigneur, qu'il en soit ainsi pour toi-même. Maintenant, dis-moi qui tu es et ce que tu fais ici. – Je n'ai pas de raison de te le cacher, cher seigneur, je suis Briol de la Forêt Brûlée. Et toi ? Il me tarde de savoir ton nom. – Jadis, on m'appelait le Fils de la Veuve Dame, mais on me nomme aujourd'hui Perceval le Gallois. Or je t'en prie par Dieu tout-puissant, si tu le sais, dis-moi sans nulle feinte où se trouve la forteresse où réside un roi boiteux qui se fait appeler le Roi Pêcheur. – Voilà une étrange question ! s'étonna Briol de la Forêt Brûlée. Du moins me prouve-t-elle que tu n'es pas l'un de ces chevaliers qui ne pensent qu'à tuer des comtes pour épouser leurs veuves et hériter de leurs domaines. D'ailleurs, tu es passé par le Pont de Verre, épreuve que peu de gens ont surmontée jusqu'à ce jour. Je n'en éprouve que davantage de respect pour toi.

– Voilà qui est fort bien, dit Perceval qui commençait à s'impatienter, mais je t'ai demandé si tu savais quel chemin mène à la demeure du Roi Pêcheur ! – J'ai bien entendu, répondit Briol, seulement, pour s'y rendre, il faut emprunter un pont que personne ne peut franchir.

– Je le franchirai bien, moi ! » dit Perceval. Briol de la Forêt Brûlée se prit à sourire. « Enfant ! dit-il, tu ne sais de quoi tu parles. A ma connaissance, nul ne l'a jamais franchi parce qu'il est inachevé. Or, il ouvre le seul chemin vers la forteresse du Roi Pêcheur. – Peu importe ! répliqua le Gallois. Je t'en prie, pour l'amour de Dieu, conduis-moi à ce pont. – Il est tard, et la nuit va bientôt tomber. Je t'y mènerai demain. D'ici là, mieux vaudrait venir te reposer en mon manoir. – Volontiers, seigneur ! » dit Perceval.

Ils entrèrent tous deux dans le bois et, tout en chevauchant, devisèrent de choses et d'autres. Comme le trophée du Blanc Cerf n'avait pas manqué d'attirer les regards de Briol et de susciter sa curiosité, Perceval lui conta ses aventures et lui montra le brachet qu'il tenait toujours en son giron. Il ne cacha rien non plus de la mule que lui avait prêtée la jeune fille, ni de l'anneau qu'il portait au doigt.

En suivant de conserve le sentier, ils arrivèrent bientôt devant le manoir que protégeaient de puissantes murailles de marbre et, sitôt devant la porte, Briol sonna par deux fois de son cor. A l'intérieur, un valet répliqua de même et à longue haleine, et la cour se remplit de serviteurs et de chevaliers qui vinrent à leur rencontre. Le maître du château commanda de faire honneur à Perceval et de le servir comme leur seigneur. Les chevaliers les aidèrent alors à descendre de leurs montures et prirent celles-ci pour les mener aux écuries, le Gallois leur recommandant de prendre grand soin de la mule blanche. Là-dessus, son hôte et lui furent désarmés, et on leur apporta deux manteaux richement tissés et ornés.

D'une chambre sortit alors une dame vêtue d'étoffe écarlate, qui vint saluer son seigneur et témoigna grande joie à Perceval. Tous trois s'assirent ensuite sur un drap de soie, mais Briol s'éloigna bientôt pour ordonner d'apprêter le repas. Cela fait, il s'en fut dans une chambre au pavement d'ambre et de marbre. Brodant une ceinture, s'y trouvait une jeune fille si belle qu'on l'eût prise pour une sirène ou pour une fée. Elle se leva et salua gracieusement son père, lequel la prit par la main et l'emmena dans la salle afin de la présenter à Perceval. Dès qu'il la vit, celui-ci se leva et la salua. Elle-même s'inclina devant lui avant de s'asseoir à ses côtés. « Ma fille, dit Briol, je te prie de faire grande fête à ce seigneur, car il est preux et courtois. »

Il n'ajouta rien, car les valets et les servantes entrèrent, dressèrent les tables et présentèrent l'eau. Après s'être lavé les mains, tous quatre prirent place et se mirent à manger. La jeune fille se trouvait près de Perceval et lui tint agréable compagnie pendant tout le repas qui fut aussi abondant que divers. Ils parlèrent de tout et de rien puis, comme, leur faim rassasiée, il ne faisait pas encore nuit, ils allèrent se promener au-dehors. Depuis le pont, ils contemplèrent l'eau où nageaient de beaux poissons, et la prairie fleurie au-dessus de laquelle s'ébattaient mille oiseaux. Enfin, lorsque, la nuit venue, on leur annonça que leurs lits étaient prêts, ils rentrèrent au manoir et y poursuivirent leur entretien dans la salle où l'on avait allumé des flambeaux. Perceval, qui tenait la jeune fille par la main gauche, lui demanda si elle avait un ami. « Seigneur, répondit-elle, avoir un ami ne me convient pas, je suis encore beaucoup trop jeune ! Cependant, si mon cœur se mêlait d'aimer, je sais bien que rien ne m'empêcherait d'avoir un ami, beau et généreux, preux et courtois. » Perceval sourit en entendant ces paroles. « Certes, dit-il, si nous en avions le temps, j'aurais aimé te parler de ces choses. » Sur ce, les valets ayant apporté du vin et des fruits, ils mangèrent et burent à leur guise tout en continuant à parler jusqu'à l'heure où l'on conduisit Perceval dans une chambre agréable. Il y trouva un lit moelleux et, comme il commençait à être très las, s'endormit aussitôt.

Le lendemain matin, avant même qu'il ne fût levé, son hôte vint le saluer et l'avertir que, sur son ordre, un valet préparait la mule et les chevaux. Quand tout fut en ordre, les deux hommes se mirent en selle. La dame et la jeune fille vinrent les saluer, et tous deux partirent. Ils traversèrent d'abord un bois dense et feuillu et, après une lande, parvinrent bientôt au pont que personne n'avait jamais franchi. Celui-ci était bâti d'étrange façon, en bois, et coupé en deux ; un pilier de cuivre le soutenait à la cassure. Il était long d'une portée d'arbalète, et l'eau qui bruissait dessous était rapide, profonde et noire. Perceval pria son hôte de lui parler du pont et de celui qui l'avait construit.

« Je vais te le dire, répondit Briol, et ne te cacherai rien. Autrefois se dressait dans ces bois un manoir où résidait une dame de grande beauté qui connaissait les livres des Anciens et était plus que quiconque experte en l'art des enchantements. C'est par magie qu'elle avait construit son manoir, et elle y vivait paisiblement en compagnie de jeunes filles qu'elle instruisait en son art. Or, un jour, elle s'éprit d'un chevalier qui s'était arrêté chez elle alors qu'il poursuivait un sanglier. La bête s'était jetée dans la rivière et, la traversant, s'était réfugiée sur l'autre rive. Comme le chevalier avait juré d'atteindre le sanglier, il pria la dame de lui indiquer un point de passage sur la rivière. Elle répondit qu'il n'en existait pas.

« Toutefois, la dame, qui sentait croître son désir pour le chevalier, ajouta que s'il lui octroyait un don, elle lui ferait passer, sous trois jours, cette eau sauvage et profonde. Le chevalier lui octroya le don et, le soir même, elle l'accueillit en son lit. Le lendemain matin, le chevalier lui rappela qu'elle avait promis de lui faire passer l'eau, et elle répondit que sous trois jours il passerait, pourvu qu'il demeurât avec elle. Il accepta bien volontiers, et la dame s'en vint à la rivière. Par son art, elle entreprit de construire un pont et, avant que le jour ne fût écoulé, elle en avait réalisé la partie que tu vois. Malheureusement, son ami, ce même jour, fut tué d'un coup de lance par un chevalier qu'il avait rencontré dans le bois. Quand la dame, au soir, retourna chez elle, elle apprit la nouvelle et fut affligée d'une grande douleur, car elle aimait sincèrement le chevalier. Aussi renonça-t-elle à achever le pont. En outre, elle lui jeta un charme afin que personne jamais ne l'achevât et que nul homme n'y pût passer s'il n'était le meilleur au monde en chevalerie, en largesse et en courtoisie. Je n'en sais pas davantage, sauf que personne n'a jamais réussi l'épreuve. Veux-tu la tenter, toi qui m'en parais digne ?

– Certes, répondit Perceval, je le ferai si tu m'assures que, de l'autre côté, s'ouvre le chemin qui conduit vers la cour du Roi Pêcheur. – Je te l'assure, dit Briol. Il s'ouvre de l'autre côté, mais j'ignore si, pour l'emprunter, il faut remonter ou descendre la rivière. – Je le trouverai bien », dit Perceval. Sans plus tarder, il poussa la mule sur le pont, menant par la bride son cheval qui le suivait toujours. Quand il fut arrivé à la coupure du tablier, retentit un bruit formidable, et tel que si le pont avait poussé un hurlement. Il sembla que celui-ci allait se rompre entièrement, se disloquer et s'abîmer dans l'eau profonde. Mais, quand le bruit se fut affaibli, la tête du pont qui se trouvait fichée en terre se retourna d'elle-même, se détacha et, gagnant l'autre rive, s'y posa. Ebloui par ce prodige, Briol de la Forêt Brûlée vit Perceval aborder en face, sur sa mule blanche, et toujours suivi de son cheval qu'il menait par la bride. « Perceval ! lui cria-t-il, tu es vraiment le meilleur chevalier qui soit au monde, le plus hardi et le plus fier, le plus digne d'aller à la cour du Roi Pêcheur ! »

Sur l'autre berge, Perceval fit un grand geste pour le saluer puis, sans perdre de temps, il s'éloigna, au gré de la mule qui se dirigeait d'elle-même[1].

1. D'après la *Seconde continuation de Perceval*.

11

La Fille de Merlin

De chemin en chemin, Perceval se retrouva bientôt sur une voie plus large qui s'écartait de la rivière. La mule allait, de son trot allègre, sans que le Gallois fît quoi que ce fût pour la diriger. Soudain, il aperçut, au pied d'un arbre, une grande croix dressée et une tombe de marbre. Il fit halte, regarda la croix et la tombe, puis il descendit de la mule, s'approcha, et il s'inclinait quand il entendit une voix qui surgissait de sous la dalle : « Seigneur, pour l'amour de Dieu, ne sortirai-je jamais d'ici ? »

Stupéfait, Perceval demanda : « Ami, qui es-tu, toi qui demandes de l'aide ? et pourquoi gis-tu sous cette pierre ? – Seigneur, je suis un chevalier captif, le plus malheureux de tous les hommes ! – Ami, reprit Perceval, de plus en plus étonné, dis-moi comment m'y prendre pour t'aider et pour soulever cette pierre afin de te tirer de là. – Seigneur, puisque tu veux m'aider, il te suffira de couper une branche du grand arbre qui nous surplombe, d'en faire un levier et de soulever la dalle de marbre. Voilà la seule façon de me secourir. »

Perceval se hâta de s'exécuter. Il coupa une branche de l'arbre, qui était un chêne puissant, et il souleva la lourde dalle de marbre, la maintenant d'une main ferme le temps que le chevalier mit pour sortir. Très beau de visage et de corps, celui-ci ne paraissait pas avoir trop souffert de son emprisonnement. « Ami, dit

Perceval, il faudrait maintenant que tu m'aides à replacer cette dalle exactement où elle était, de sorte que personne ne puisse tomber dans la fosse. – C'est juste », dit le chevalier, saisissant la branche qui servait de levier pendant que Perceval ajustait la dalle. Mais, ce faisant, l'homme bouscula si fort et si bien Perceval qu'il le précipita dans la tombe. Puis il laissa retomber la dalle de telle sorte que, tout alentour, la terre trembla sous le poids de la lourde pierre. Et le chevalier s'écria : « Seigneur, il te convient maintenant de garder ce lieu comme je l'ai fait si longtemps. C'est la règle, et je l'avais subie moi-même : après que j'eus, comme toi, aidé un chevalier à sortir, celui-ci m'y poussa. Je souhaite ardemment que quelqu'un d'autre vienne te tirer de là, sans quoi tu mourras, m'est avis ! »

Le chevalier se dirigea vers la mule et, sans plus tarder, l'enfourcha, car il avait grande envie de s'en aller. Mais la mule demeura aussi immobile que si elle eût été rivée au sol. Et il eut beau la frapper, elle ne broncha pas et ne bougea pas de sa place. En voyant cela, le chevalier fut saisi de colère et de dépit, car il ne savait que dire ni que faire. Puis il se décida, descendit de la mule et s'approcha du cheval. Il débarrassa la selle de la tête du cerf qui s'y trouvait toujours attachée et enfourcha le destrier sans même s'occuper du bouclier, de la lance, du trophée ni du brachet : il n'avait qu'une idée en tête, partir au plus vite. Mais le cheval ne bougea pas plus que la mule, et le chevalier eut beau s'acharner contre lui, il eut beau l'éperonner, le battre, il ne parvint à le faire avancer d'un pouce ni par force ni par pouvoir. « Voilà une belle diablerie ! s'écria-t-il. Par saint Pierre, il faut que ce cheval et cette mule soient ensorcelés pour refuser ainsi de bouger ! Je le vois trop, ce n'est pas encore cette fois-ci que je pourrai m'en aller ! »

Plein d'amertume, il revint vers la tombe, reprit la branche qui servait de levier et souleva la dalle, comme Perceval avait fait plus tôt. « Seigneur, dit-il, sors de là rapidement. Ce serait dérision si je te causais du tort, et je sais maintenant que mon destin n'est pas de m'en aller. » Perceval se hissa hors de la tombe. « Seigneur, reprit le chevalier, il n'y a aucun doute sur ce point : tu es celui qu'on attendait, le plus digne d'accomplir la prouesse. Je sais qui tu es. Mais tu ne trouveras ce que tu cherches que si tu te rends d'abord auprès de la Colonne de Cuivre qui se trouve sur une montagne, non loin d'ici. » Et sur ce, il sauta dans la fosse, et la dalle de marbre retomba si brutalement que toute la terre en trembla.

« Mais qui es-tu donc ? et comment sais-tu ce que je cherche ? cria Perceval assez fort pour que l'autre, de sous la dalle, pût l'entendre. – Tu n'en sauras pas davantage aujourd'hui, mais je t'affirme que tu en auras connaissance avant que trois ans ne se soient écoulés ! » répondit la voix du chevalier. Perceval comprit qu'il n'en tirerait pas davantage. Très perplexe, il revint vers le cheval et lui replaça la tête du cerf sur la selle. Puis il prit le brachet dans ses bras, remonta sur la mule, et celle-ci reprit son trot, non sans quitter la grande route pour s'engager dans un chemin qui était herbeux, pénible et envahi de ronces.

Elle allait déjà depuis un certain temps quand Perceval aperçut une jeune femme assise sur un tronc d'arbre renversé. Vêtue d'une robe fraîche et neuve de soie bleue, elle portait en guise de coiffure un gracieux chapeau de feuilles qui dissimulait son visage. Le Gallois vint tout droit à elle et la salua. Alors, elle se leva et se découvrit. « Perceval ! dit-elle, je t'avais prévenu que je te redemanderais ma mule lors de notre prochaine rencontre. Rends-la-moi donc, ainsi que mon anneau. Ainsi en étions-nous convenus, ce me semble. »

Perceval descendit et alla s'asseoir auprès d'elle. Sans hésiter, il retira l'anneau de son doigt et le lui tendit. Elle le prit et l'enfila à son propre doigt. « Perceval, reprit-elle, es-tu allé à la cour du Roi Pêcheur ? As-tu demandé ce qu'il en était de la Lance qui saigne et du Graal que porte entre ses mains blanches la jeune fille aux cheveux blonds ? – Hélas ! répondit-il, je dois t'avouer que je n'en ai pas encore trouvé le chemin. Quand j'eus passé le Pont de Verre que tu m'avais indiqué, je fus reçu par un seigneur courtois et généreux qui m'hébergea pour la nuit et qui, le lendemain, me conduisit à un pont que personne jamais n'avait franchi. Il me dit que si je pouvais le passer, je trouverais sur l'autre rive le chemin qui mène à la cour du Roi Pêcheur. J'ai passé le pont mais n'ai pas trouvé le chemin.

– Si tu as passé le pont que nul n'avait pu franchir auparavant, c'est que tu es sur la bonne voie, Perceval. Voilà tout ce que je puis te dire. » Et, sans ajouter un seul mot, sans même prendre congé, la jeune femme remonta sur sa mule, la pressa vivement et disparut dans le bois que l'obscurité commençait à envahir. Perceval demeura si stupéfait et déconcerté qu'il se tint longtemps immobile au même endroit. Toute la lassitude du monde l'envahissait, et peu s'en fallut qu'il ne se mît à pleurer. Et comme il n'avait aucun espoir de trouver où s'héberger cette nuit-là, il décida de s'allonger au pied d'un arbre et de s'y reposer en attendant le jour. Le brachet se blottit contre lui, et le Gallois s'endormit, le cœur lourd, d'un sommeil que peuplèrent d'étranges visions.

Quand la lumière du jour l'éveilla, il se leva et remonta sur son cheval, le brachet toujours dans ses bras. Il se disposait à reprendre sa route quand il entendit tout à coup une voix qui semblait venir de la cime de l'arbre en dessous duquel il avait passé la nuit. « Perceval ! disait la voix, Perceval ! il te reste encore bien des choses à accomplir avant de découvrir le chemin qui mène à la cour du Roi Pêcheur ! – Qui me parle ? » s'écria-t-il. Mais il eut beau lever la tête et tourner autour de l'arbre, il ne vit rien, ni homme ni bête, dans les hautes branches.

« Perceval ! reprit la voix, tes yeux ne sont pas encore

assez purs pour entrevoir le chemin qui mène à Corbénic. N'as-tu pas entrepris certaines affaires que tu n'as pas encore conduites à leur terme ? Qu'en est-il de la promesse que tu fis à celle qui te confia le brachet ? Qu'en est-il de la promesse que tu fis à Blodeuwen de revenir en sa demeure de Kaerbeli ? Qu'en est-il de la promesse que tu fis à ta mère de venger la mort de ton père et de reprendre les Etats qu'il avait injustement perdus ? Tant que tu n'auras pas tenu ces promesses, tu ne pourras jamais revenir en la cour où tu es déjà allé pour ta grande honte, n'y ayant pas posé les questions qu'on attendait de toi. – Mais, dit Perceval, comment sais-tu tout cela, toi qui me parles et que je ne vois pas ? – Je t'ai dit que tes yeux n'étaient pas encore assez purs. Il est donc naturel que tu ne puisses pas me voir. Je suis pourtant près de toi, mais comme je suis d'une essence aérienne, tu ne distingues pas mes traits. Pour que tu me voies, il me faudrait prendre une apparence qui te fût familière mais, aujourd'hui, je n'ai nulle envie de me montrer à toi. Un jour, peut-être m'y déciderai-je, et je ferai en sorte de te guider. – Mais qui es-tu donc ? demanda Perceval. Dis-le-moi, je t'en prie, pour l'amour de Dieu ! – Jadis, reprit la voix, on m'appelait le Sage Merlin ou encore Merlin le Prophète. Mais j'ai tant erré sur la terre, tant traversé de villes, tant vu de misères, de malheurs et de trahisons que je me suis enfui de ce monde. – Merlin ! Merlin ! s'écria Perceval, est-ce donc toi ? Es-tu ce devin dont on m'a si souvent parlé et qui fut le sage conseiller du roi Arthur et de son père le roi Uther Pendragon ? – En effet, je suis celui-là. – Est-ce toi qui as dévoilé les mystères du Graal ? – Je n'ai dévoilé aucun mystère, Perceval, j'ai simplement raconté une histoire à ceux qui voulaient bien m'entendre. Qu'ils la crussent ou ne la crussent pas, peu m'importait, car il incombe à chacun de nous, selon sa valeur, selon son esprit, selon son audace, de découvrir les grands secrets du monde. Je suis seulement une voix qui se fait entendre du fond des âges. – Merlin ! Merlin ! réponds-moi, je te prie : irai-je vraiment à la cour du Roi Pêcheur ? – Oui, tu iras, je te l'affirme, mais voilà tout ce que je puis te révéler là-dessus pour l'instant. Car tu as autre chose à faire, Perceval. Je vais te donner un conseil : si tu déposais ton brachet à terre, un beau prodige se produirait. »

La voix s'étant tue, Perceval eut beau héler Merlin deux ou trois fois encore, seul le silence lui répondit. Une brise légère faisait bruire les branches de l'arbre. Alors, le Gallois se décida : il posa le brachet sur l'herbe. Celui-ci lança trois aboiements si puissants que la forêt tout entière en retentit, puis il s'éloigna, la truffe au ras de l'humus, comme font les chiens qui traquent un gibier. Perceval le suivit le long des sentiers sinueux, et tant passèrent-ils de bois et de vallées qu'ils parvinrent enfin près d'un étang dans lequel se mirait la silhouette d'un château. Le brachet courut jusqu'à la porte qui était ouverte et pénétra dans la cour où le Gallois, craignant de le perdre de vue, le suivit aussitôt. Il lui semblait reconnaître l'édifice qui se dressait devant lui, bâti de belles pierres et richement orné.

N'apercevant plus trace du brachet, Perceval sauta à terre, attacha son cheval au montoir et, sitôt entré, se retrouva dans une grande salle dont le pavement était jonché de fleurs multicolores aux parfums suaves et innombrables. Au fond, une tenture de soie arborait des motifs dorés, verts et vermeils. Au milieu, se distinguait un lit disposé tout en long ; dessus s'était couché le brachet, fatigué de la course qu'il venait de faire ; et, près du lit, sur une table basse, Perceval vit l'échiquier dont les sortilèges avaient déclenché sa colère. Il regarda les précieux échecs avec admiration. « Dieu merci ! soupira-t-il, je suis arrivé où je voulais aller ! »

Il s'assit près de l'échiquier, prit les pièces et les disposa comme il convenait, puis saisit un pion. Il allait avancer celui-ci lorsque, devant lui, de la porte de la chambre, surgit la jeune fille à la chevelure brune. Elle était plus belle que jamais, et ses yeux rayonnaient d'une joie intense. A son entrée, le brachet sauta du lit, se précipita vers elle et se mit à japper en frétillant de tous ses membres. Perceval se leva à la rencontre de la jeune fille et la salua. « Seigneur, dit-elle, j'ai bien cru que tu m'avais trompée en emportant mon brachet, et j'ai cent fois déploré de t'avoir fait confiance ! Je me repentais surtout de t'avoir promis de manière inconsidérée que je deviendrais ton amie si tu me rapportais la tête du Blanc Cerf en me ramenant mon brachet. – Douce amie, répondit Perceval, je n'ai jamais oublié, moi, la promesse que je t'avais faite, sois-en sûre, mais l'entreprise a été longue et pénible. Bien des fois j'ai cru ne pas pouvoir la mener à son terme. Mais, grâce à Dieu, j'ai conquis le butin que tu m'avais demandé. »

Sur ces mots, il sortit de la salle, alla droit à son cheval et, de la selle, détacha la tête du cerf. Puis il rentra déposer celle-ci aux pieds de la jeune fille brune. A ce moment, un valet sortit d'une chambre : « Va, lui dit-elle, prends le destrier de ce seigneur, panse-le et conduis-le aux écuries. » Le valet se hâta d'obéir. Mais Perceval et la jeune fille brune s'étaient à peine retrouvés seuls que trois autres valets à la mine élégante et gracieuse vinrent d'une autre chambre désarmer le Gallois de la tête aux pieds. Après avoir placé son bouclier, son épée et toutes ses armes dans un coffre, ils lui apportèrent un manteau de drap de soie bordé de fourrure. Entre-temps, d'autres valets avaient dressé les tables. On apporta de l'eau pour les mains, et les jeunes gens commencèrent à manger. Ils eurent viandes à foison et vin tant qu'il leur plut d'en boire puis, le repas terminé, la jeune fille brune prit le Gallois par la main droite et l'emmena vers la fenêtre qui surplombait l'étang.

« Seigneur, dit-elle, il conviendrait que tu me dises ton nom et que tu me contes tes aventures depuis le jour où je te remis le brachet. – Certes, belle amie, je n'ai aucune raison de cacher mon nom : jadis, j'étais le

Fils de la Veuve Dame, et je vivais alors chez ma mère, en la Gaste Forêt, mais, à présent, on m'appelle Perceval le Gallois, fils du comte Evrawc. – Beau Perceval, tu es d'un bon lignage et, je le vois, le sort te destine à maintes prouesses. Mais, je t'en prie, dis-moi sans mentir ce qui t'advint depuis ton départ de céans. »

Perceval se lança dans un long récit où il n'omit aucun détail. Il raconta comment il avait poursuivi le cerf avec l'aide du brachet, comment la cavalière lui avait ravi le chien et la tête du cerf, comment il s'était battu contre l'homme noir, ainsi que toutes les épreuves qu'il avait subies avant de récupérer et le brachet et le trophée. Il n'oublia pas non plus de dire à la jeune fille brune ce que la voix de Merlin lui avait révélé du haut de l'arbre, ni de quelle manière il avait retrouvé le chemin qui menait à son château. « Vraiment ! dit-elle, tu as éprouvé grande peine et grande souffrance afin de tenir parole ! Vois-tu où t'a conduit la colère, qui te fit jeter l'échiquier dans l'étang ? Et moi j'ai eu bien du mal à l'en retirer, sois-en sûr ! – Ah ! douce amie ! si je n'avais jeté l'échiquier dans l'étang, tu ne m'aurais certes pas demandé d'aller chasser le Blanc Cerf, mais tu ne m'aurais pas fait non plus certaine promesse ! Et puisque j'ai tenu la mienne, il te faudra tenir la tienne ! » La jeune fille brune se mit à sourire. « Beau Perceval, dit-elle, je serais honnie si je ne tenais la promesse que je t'ai faite, mais j'aurais encore plus mauvaise grâce à ne la point tenir... »

Au comble de la joie, Perceval attira la jeune fille contre lui et lui donna deux baisers ardents qu'elle lui rendit au centuple, et tous deux, semble-t-il, y puisèrent force liesse. « Il est une chose que je souhaite te demander, dit alors Perceval. C'est au sujet de l'échiquier et des échecs : j'aimerais savoir qui fait mouvoir les pièces de façon si surprenante et qui a pu façonner un échiquier si beau. – Ami, que me demandes-tu là ? Le conte ne serait achevé qu'avec la nuit fort avancée, et je craindrais de t'ennuyer. – Sûrement pas ! Je serai trop heureux d'entendre ce récit de ta bouche. – Dans ce cas, allons nous asseoir sur ce lit, et je te conterai la vérité à ce sujet. – Comme tu voudras », répondit le Gallois. Ils s'éloignèrent de la fenêtre et, s'asseyant sur le lit où reposait encore le brachet, installèrent l'échiquier devant eux. Ils prirent les échecs dans leurs mains et, plus il les regardait, plus Perceval les trouvait fins et beaux.

« Ami, dit alors la jeune fille brune, sache que jadis vécut une demoiselle qui savait bien la magie et l'art des enchantements, pour les avoir appris depuis son enfance. Elle était si savante qu'elle connaissait toutes les vertus des étoiles, de la lune et de tous les astres qui parcourent le firmament. Elle connaissait tout des vertus du soleil. Elle pouvait dire en toutes circonstances le temps qu'il ferait le lendemain. Elle prévoyait les tempêtes et, si celles-ci devenaient trop fortes et violentes, avait le pouvoir de les apaiser. Elle était de bonne naissance, et je t'assure qu'en nul pays on n'eût pu trouver une femme si sage ni plus aimable.

« Un jour qu'elle avait longtemps chevauché seule dans la campagne, elle entra dans un verger et vint en un pré où elle rencontra Morgane, la fée, sœur du roi Arthur. En ce pré se délassait Morgane, assise sous un arbre en compagnie d'un chevalier, et tous deux jouaient aux échecs. Frappée tout de suite par l'extrême beauté de l'échiquier, par la somptuosité de ses pions d'ivoire la jeune fille descendit de son palefroi et salua Morgane et le chevalier. Ceux-ci se levèrent et lui souhaitèrent la bienvenue, manifestant grande joie de la voir. Tous trois ensuite prirent place et se mirent à deviser. Or, il advint que la demoiselle aventura ses doigts sur l'échiquier et saisit la tour en sa main : elle la contempla longuement et remarqua sa taille parfaite et l'or qui, en trois endroits, en enluminait l'ivoire.

« Morgane lui dit alors : « Douce amie, je te prie d'emporter ces échecs pour l'amour que je te porte. Et si tu ne veux t'en charger maintenant, je te les ferai parvenir. Je te les donne en toute amitié, en souvenir de moi. – Dame, grand merci, répondit la demoiselle. Mais si la première tu m'as offert ces échecs, je veux en échange t'offrir moi-même un bel échiquier et de beaux échecs que mes propres mains ont faits et ouvragés. Sache que je les ai fabriqués de telle façon que les pièces peuvent se mouvoir d'elles-mêmes : si quelqu'un veut jouer aux échecs, il n'a que faire de partenaire pour mouvoir les pions adverses. Ceux-ci en effet savent se placer comme il faut, calculer leur trajet, mater puis recommencer le jeu sans l'aide de personne. Cet échiquier, je désire te le donner en souvenir de moi et par grande amitié. – Demoiselle, rien ne pourrait me faire plaisir davantage », répondit Morgane.

« A peine avaient-ils fini de parler qu'un grand valet survint, monté sur un cheval pie. Il ne s'arrêta qu'au milieu du pré et mit pied à terre. Il tenait en ses mains un échiquier peint de merveilleuses couleurs. Abordant Morgane, il la salua et lui présenta l'échiquier de la part de la demoiselle. Morgane prit l'échiquier, les pièces et les contempla avec une grande admiration.

« C'est ainsi que Morgane eut un échiquier merveilleux. Elle y tenait fort et, souvent, lorsqu'elle était seule, elle jouait de belles parties contre les pions enchantés. Elle était même si habile et si experte en l'art de magie qu'elle parvenait à mettre échec et mat le camp adverse, chose impossible à tout autre qu'elle. Et voilà pourquoi Morgane fut appelée l'Impératrice ; elle s'était révélée plus puissante que la Reine même. En elle sont en effet toutes les vertus du monde et tous les secrets invisibles aux autres humains.

« Je me trouvais alors en l'hôtel du roi Brandigan, grand-père de Gauvain, par lequel je suis cousine de la reine Guenièvre. J'avais dix ans à cette époque, je n'étais encore qu'une enfant. Un jour, Morgane la fée vint à la cour et rendit visite à la reine, sa belle-sœur. La reine, qui m'avait élevée jusqu'alors et qui m'aimait beaucoup, me pria de suivre Morgane, mais je n'acceptai qu'à condition que je pourrais quitter celle-ci le jour où je le voudrais. Et ainsi fut-il convenu. Au bout des huit jours qu'elle passa à la cour du roi Arthur, Morgane m'emmena dans son pays mais, là-dessus, je ne puis t'en dire davantage, sinon que je suis restée dix ans auprès d'elle.

« Il arriva cependant que le désir me prit de m'en aller et d'obtenir congé. Un jour que nous nous trouvions dans un grand pré où l'on avait dressé une tente pour nous protéger du soleil, je dis à Morgane que je voulais me séparer d'elle. Elle ne pouvait me le refuser puisqu'elle avait pris l'engagement de me laisser partir quand je le voudrais. Néanmoins, comme elle avait beaucoup d'affection pour moi, elle en conçut un grand chagrin. « Fille, me dit-elle cependant, puisque tu veux t'en aller, force m'est d'accéder à ton désir. Mais, je te prie, pour l'amour de moi, de me demander un don : tu l'auras aussitôt, quelque riche que soit la chose, et tu la garderas en souvenir de moi. » Je n'hésitai pas longtemps. « Douce Dame, lui dis-je, si tu veux me donner quelque chose que j'apprécie fort et qui sera pour moi un souvenir de ton amitié, je ne demande que ton échiquier merveilleux, avec les pièces qui l'accompagnent. »

« Morgane ne voulut pas refuser. Elle fit apporter l'échiquier. Alors, sans plus parler ni plus tarder, je la quittai. Et j'errai tant par les bois et par les vallées que j'arrivai un jour près de l'étang que tu as vu. L'endroit me fut agréable, et j'y fis bâtir ce manoir-ci où je conserve cet échiquier. Il n'est rien dont je sois si fière, car il est le bien le plus précieux que je possède. Et voilà pourquoi j'étais si furieuse quand tu l'as jeté dans l'étang. Cependant, je ne me plains pas : c'est grâce à l'échiquier merveilleux de l'Impératrice que tu es ici, près de moi, beau Perceval. »

La demoiselle brune garda le silence un long moment. Au fond de la salle, Perceval voyait, par une porte ouverte, une chambre contre la paroi de laquelle s'appuyait une jeune fille. La nuit approchait, et le Gallois sentait croître son désir de serrer contre lui la femme brune qui lui plaisait tant. Elle s'en apercevait bien et lui dit : « Beau Perceval, il est l'heure de manger mais, pendant que l'on prépare les tables, veux-tu voir ce qu'il y a dans cette chambre au fond ? – Bien volontiers », répondit-il, et elle l'y mena. Il trouva là, en plus de celle qu'il avait vue appuyée à la paroi, huit autres jeunes filles, toutes aussi belles les unes que les autres, vêtues d'or et de soie. En le voyant paraître, elles se levèrent et le saluèrent, et il leur répondit avec beaucoup d'amabilité. Puis il s'assit au milieu d'elles, en compagnie de la demoiselle brune, et tous devisèrent jusqu'au moment de passer à table. Ils dînèrent de bon appétit.

Cette nuit-là, la demoiselle à la chevelure noire vint rejoindre Perceval en son lit. Ils y demeurèrent, côte à côte et bouche à bouche, jusqu'aux premiers rayons du soleil levant. Aussitôt debout, Perceval ne découvrit, par tout le château, ni valet ni servante ni jeune fille. La demoiselle aux cheveux noirs se leva elle aussi, et il la pria de faire apprêter son cheval et ses armes. « Où veux-tu aller, de si bon matin ? lui demanda-t-elle. – Douce amie, répondit-il, lorsque le chevalier prisonnier du tombeau m'a parlé de certaine Colonne de Cuivre dressée au sommet d'une montagne, je n'y ai pas autrement prêté attention. Mais je sais maintenant que je dois m'y rendre, et que quelque chose m'attend là-bas. – Perceval ! Perceval ! n'es-tu pas las de ces aventures que tu rencontres sans cesse ? – Il est des choses que je dois mener à leur terme avant de découvrir le chemin qui mène à la cour du Roi Pêcheur.

– J'admire ton courage et ta détermination, beau Perceval, repartit-elle. Sache que tu pourras revenir ici chaque fois que tu le désireras et que je serai toujours, si tu le veux, ton amie. Quant à moi, je sais que si je te priais de rester près de moi, tu refuserais. Aussi vais-je t'aider, car je connais la route qui mène à la Colonne de Cuivre. Si tu y consens, je vais te l'indiquer. – Bien volontiers, douce amie », répondit Perceval.

Elle alla donner des ordres pour qu'on préparât les armes et le cheval de Perceval, ainsi que le sien propre, car elle entendait l'accompagner jusqu'à certain lieu où elle lui ferait traverser la rivière. Les valets vinrent donc armer le Gallois et, quand la demoiselle brune fut prête, ils descendirent tous deux dans la cour où piaffaient déjà leurs chevaux sellés. Ils sortirent du château à vive allure, suivirent une large voie et parvinrent à la rivière qui était tumultueuse et rapide. Là, Perceval vit une grande barque fermée, dont la clef se trouvait suspendue à la branche d'un grand chêne. Perceval descendit de cheval tandis que la jeune fille prenait la clef et détachait la barque.

« Entre, dit-elle, et prends ton cheval avec toi. La barque vous portera très bien tous deux, n'en doute pas. Quand tu seras de l'autre côté, prends le chemin qui part sur la droite : il te conduira tout droit où tu désires aller. Quant à la barque, ne te fais pas de souci pour elle : elle reviendra ici toute seule. – Douce amie, dit Perceval, je ne sais que faire pour te remercier ! – Reviens quand tu veux », dit-elle simplement.

Ils s'embrassèrent tendrement et se recommandèrent à Dieu mutuellement. Alors Perceval monta dans la barque, entraînant son cheval à sa suite. La barque navigua plus vite qu'un trait d'arbalète et, en un rien de temps, atteignit l'autre rive, où Perceval mit le pied sur une plage de sable fin. Après un dernier geste pour saluer son amie, il sauta en selle et s'éloigna dans le chemin qui s'en allait à droite, tandis que la barque retraversait la rivière et venait accoster devant la demoiselle brune. Celle-ci l'amarra soigneusement, remit la clef à sa place, remonta sur son cheval et s'en revint à son château. Là, elle s'assit sur le lit, en face du jeu d'échecs, et, tandis que le brachet se couchait à ses pieds, elle se mit à rêver.

Quant à Perceval, il chevauchait sur le chemin qui

longeait la rivière. Comme il s'engageait dans un bois, il remarqua un enfant, perché si haut dans un arbre immense qu'on n'aurait sûrement pas pu l'atteindre d'un jet de lance. Et, sur sa branche, cet enfant vêtu de velours rouge tenait à la main une pomme. Il paraissait avoir tout au plus cinq ans. Après l'avoir regardé attentivement, Perceval dirigea son cheval vers lui, s'arrêta sous l'arbre, et le salua. L'enfant lui rendit simplement son salut. Et Perceval eut beau le prier de descendre, il répondit qu'il n'en ferait rien, dût-on le menacer.

« Je ne suis pas de ton pays, ajouta-t-il, et, bien que tu sois chevalier, je ne dépends nullement de toi. D'ailleurs, si je te dois quelque chose, je m'en tiens quitte. Beaucoup de paroles vaines me sont venues bourdonner aux oreilles sans que je m'en soucie. – Ton discours ne me peine en rien, dit Perceval. De toute façon, je sais que je me trouve dans le bon chemin. – Tu es bien sûr de toi ! répliqua l'enfant. Mais ce n'est pas moi qui peux savoir si tu as tort ou si tu as raison. Je suis encore d'un âge où l'on ne connaît pas les réponses à toutes les questions. – Tu me parais néanmoins fort déluré pour ton âge. Qui es-tu donc ? – Je n'ai nulle envie de te le dire, et je pense même que cela ne t'intéresserait pas. – Je n'insiste donc pas, dit Perceval, mais peux-tu me dire pourquoi tu t'es juché là-haut sur cette branche ? – Je pense que cela ne t'intéresserait pas, répéta l'enfant d'un ton têtu. – Alors, parlons d'autre chose : as-tu jamais entendu parler d'un Roi Pêcheur ? – Je connais beaucoup de pêcheurs, mais aucun n'est roi, ce me semble. En revanche, je puis te dire qu'au-delà de cette pente, on voit très bien la Colonne de Cuivre que tu cherches. »

Perceval fut abasourdi de l'entendre évoquer la Colonne de Cuivre. Il voulait encore interroger l'enfant quand celui-ci, se dressant debout sur la branche, passa sur une autre, grimpa encore et encore sans s'arrêter puis, arrivé tout au sommet de l'arbre, disparut brusquement. Perceval demeura un long moment à tourner tout autour de l'arbre pour tenter de voir l'enfant, mais il ne vit rien : celui-ci s'était semble-t-il évanoui dans le feuillage ou évaporé dans le ciel. Alors, le Gallois se décida à partir. Il gravit la pente dont lui avait parlé l'enfant et, arrivé au sommet, il aperçut, de l'autre côté d'une vallée, une montagne où se dressait une colonne qui étincelait dans la lumière du soleil.

Tout joyeux, il força l'allure de son cheval et arriva bientôt au pied du mont. Cependant, comme sa monture était manifestement épuisée par sa longue galopade, il sauta à terre et la laissa paître, après lui avoir ôté le frein et la selle. Et il se disposait à prendre lui-même un instant de repos sur l'herbe verte quand il vit arriver une jeune fille descendant du mont sur un palefroi qui trottait avec aisance. Il la regarda s'approcher, se demandant ce qu'elle faisait là, et ne manqua pas de la saluer. « Seigneur, répondit-elle, par le Dieu qui jamais ne mentit, prends pitié de toi-même et de moi ! – Et pourquoi devrais-je avoir pitié de toi et de moi ? s'étonna le Gallois. – Seigneur, répondit-elle, parce que tu veux aller sur ce mont, et que ce serait là commettre grande folie. Nul n'y va qui en revienne en vie. M'est avis même qu'il y demeure à jamais. J'avais un ami très cher et, ce matin, il prétendit s'y rendre afin de savoir ce qu'était la Colonne de Cuivre qui se dresse au sommet. Il faut te dire que mon ami était le plus brave et le plus audacieux de tous les chevaliers du royaume. Il n'a pas voulu que je l'accompagne et m'a laissée ici. Puis il est monté. Mais, comme le temps passait et que je m'inquiétais de plus en plus, j'ai fini par monter à mon tour jusque là-haut. Seigneur, c'est bien triste à dire, mais j'ai eu beau l'appeler, le supplier, parcourir toute la prairie, j'ai cherché en vain mon ami sans trouver trace de lui. Et voilà pourquoi je suis si triste !

– Jeune fille, lui répondit Perceval, je compatis à ta tristesse et à ta douleur. Mais as-tu vu quelque chose qui puisse expliquer pourquoi et comment ton ami a disparu ? – Non, répondit-elle. Tout ce que je sais, c'est qu'il a disparu. Aussi te suppliai-je de ne pas toi-même t'aventurer au sommet de ce mont : il t'arrivera grand malheur, comme à mon ami. Et moi, moi qui suis maintenant seule, égarée dans cette contrée que je ne connais pas, je ne sais plus que faire ! Seigneur, ne va pas sur ce mont et retourne d'où tu viens. Je partirai avec toi et, je te le jure par Dieu tout-puissant, je ferai ta volonté, si tel est ton bon plaisir. »

Après que Perceval lui eut assuré que jamais il ne renoncerait à gravir la pente et à se rendre au sommet du mont, la jeune fille s'en alla toute triste et désemparée. Il la regarda s'enfoncer dans la forêt puis, ayant remis le frein et la selle à son cheval, enfourcha celui-ci et, sans se presser, gravit la pente de la montagne. Quand il parvint en haut, le vent, à sa grande surprise, s'était mis à souffler avec une grande violence, mais il tint bon sur ses étriers et examina la colonne qui se dressait là.

Celle-ci, recouverte de cuivre poli, semblait haute d'une portée d'arbalète. Quinze croix l'entouraient, de belle dimension. Perceval en demeura saisi : des quinze croix, cinq étaient vermeilles, cinq autres plus blanches que neige tombée sur branches, et les cinq dernières couleur d'azur, toutes au demeurant faites d'une pierre si dure qu'on se demandait par quel miracle on avait bien pu les tailler. Perceval dépassa les croix et regarda encore la colonne. Un anneau s'y trouvait fixé, mais le Gallois n'aurait su dire s'il était d'or ou d'argent. Une bande d'argent très fin l'entourait, qui portait une inscription. Il s'approcha pour la déchiffrer et lut que nul chevalier, à moins de pouvoir s'égaler au meilleur chevalier du monde, ne devait attacher son cheval à l'anneau. Sans s'en émouvoir autrement, Perceval redescendit un peu, mit pied à terre, saisit les rênes de son cheval et, tirant celui-ci, les noua autour de l'anneau. Le cheval se coucha sur l'herbe, au pied de la colonne, et demeura paisible. Perceval prit alors son bouclier et l'appuya contre celle-ci, de même que sa longue lance au tranchant d'acier. Après quoi il demeura debout, tout à côté, afin de regarder ce qui se passerait et d'écouter ce qu'il pourrait entendre.

Survint une femme, montée sur une jument blanche au trot. Elle s'arrêta devant Perceval, mit pied à terre et, sans un mot, retira son manteau, se révélant seulement vêtue d'une robe de soie légère à travers laquelle se devinait chacun des contours de son corps. Perceval ne put s'empêcher d'admirer sa beauté et d'éprouver des frissons de désir. Il la salua, et elle lui rendit son salut, mais toujours sans prononcer un mot. Elle s'approcha seulement du cheval attaché à l'anneau et, de son manteau, lui flatta l'encolure et la tête en lui faisant de grandes démonstrations d'amitié. Le Gallois se sentait maintenant fort gêné, tant il lui semblait inconvenant que la femme lui préférât l'animal. Du coup, il prit la parole et dit : « Amie, laisse mon cheval tranquille. C'est à moi de m'en occuper, il me semble. »

Elle se retourna. « Chevalier, dit-elle, en caressant ton cheval, c'est un honneur que je lui prodigue et, par là même, à toi que je le destine. Tous ceux qui vivent sur cette terre devraient honorer ton destrier ainsi que ton corps, et s'incliner devant eux bien plus bas qu'on ne le fait dans une église devant un autel. Car m'est avis qu'on n'eût pu trouver en ce monde mortel chevalier plus digne que toi d'escalader cette montagne. Tu as attaché ton cheval à l'anneau fiché sur la colonne : tu peux te vanter d'avoir accompli en ce jour ce que jamais chevalier ne fit sans être châtié. – Belle, pardonne-moi, mais il y a par le monde d'excellents chevaliers, et je ne me tiens pas pour le meilleur. – Tu es courtois et modeste, dit-elle, mais n'en parlons plus. Allons sur l'autre versant jusqu'à mon pavillon. On t'y fera autant d'honneur que tu le mérites, et je t'assure que je m'y emploierai de mon mieux. Je crois que je n'aurai jamais connu de plus grand bonheur qu'aujourd'hui. »

Le Gallois ayant répondu qu'il acceptait de bon

cœur, tous deux remontèrent sur leurs chevaux et s'en furent d'une traite jusqu'à la tente qui était riche, grande et belle. Sur l'autre versant de la montagne, en une lande, elle était dressée sous un sapin dont la verte ramure se déployait jusqu'à terre. A leur arrivée, des valets et des servantes vinrent au-devant d'eux et les aidèrent à mettre pied à terre. Perceval fut désarmé, et on le revêtit d'un riche manteau de soie fourré de petit-gris. Les tables furent dressées et, après s'être lavé les mains, la femme et lui s'installèrent pour se restaurer. Quand ils eurent fini, on desservit les tables et on leur prépara de bons lits, car la nuit approchait, et il fallait penser au repos. En attendant, Perceval et la femme s'en allèrent se promener sur la lande où ils trouvèrent bientôt un endroit propice pour s'asseoir, près d'une grosse touffe d'ajoncs épineux. Perceval demanda alors à son hôtesse qui elle était, d'où elle venait et pourquoi elle avait fait dresser sa tente au flanc de cette étrange montagne.

« Seigneur, répondit-elle, on me connaît sous le nom de Demoiselle de la Cime. C'est moi qui possède cette montagne, mais j'ai un château dans la vallée, non loin d'ici. De temps à autre, j'aime venir en ces lieux passer quelques jours auprès de cette Colonne de Cuivre qui m'évoque bien des souvenirs, ainsi que nombre d'espoirs déçus. – Mais cette Colonne de Cuivre ? dit Perceval. Je ne vois toujours pas ce qu'elle signifie. Ne veux-tu pas m'éclairer sur ce sujet ? – C'est une histoire qui n'est pas de ce temps, répondit-elle, mais je veux bien te la conter si tu le désires. – Certes, belle amie, dit le Gallois, je serai très heureux de t'écouter.

– Eh bien, voici, commença la Demoiselle de la Cime. Quand le roi Uther Pendragon régnait sur l'île de Bretagne, vivait une jeune fille qui était prophétesse. Or, un jour, elle vint trouver le roi qui se trouvait à Kaerloyw, accoudé à une fenêtre, regardant l'eau de la rivière et les herbes de la prairie. « Roi, lui dit-elle, je sais que tu as un fils ; tu ne le connais même pas, mais je puis te dire qu'on le prisera plus encore que tous les empereurs qui ont vécu jusqu'à présent. » Le roi Uther avait un devin qu'on appelait Merlin. Etonné par les paroles de la jeune fille, il envoya chercher son devin et pria la jeune fille de répéter ce qu'elle venait de dire. Elle s'exécuta sans rechigner. « Eh bien, dit Uther à Merlin, sais-tu quelque chose à ce sujet ? et peux-tu me dire si cette jeune fille ne ment pas ? – Elle ne ment pas, répondit Merlin. Oui, seigneur roi, tu as un fils, mais tu ne le connaîtras jamais durant ta vie, et ce en expiation de la faute que tu as commise lorsque tu l'as engendré. Souviens-toi que tu m'as supplié de t'aider parce que tu mourais d'amour pour une femme qui n'était pas la tienne. Souviens-toi que j'ai accepté de t'aider, mais à condition que le fils qui naîtrait de ta luxure me serait confié et que tu renoncerais à le connaître. Cela, je l'ai fait, non pour toi mais pour le royaume de Bretagne. Je ne reviens pas sur ce que j'ai dit, mais je puis quand même te confirmer que ce fils sera plus prisé que tous les empereurs qui ont vécu jusqu'à présent. Cette jeune fille a dit vrai, roi, jamais guerrier ne sera plus glorieux que ce fils que tu ne connais pas. »

« En entendant les paroles de Merlin, le roi Uther Pendragon se mit à rire. S'il avait grande confiance en son devin, il ne pouvait imaginer qu'il y eût jamais meilleur chevalier que lui. Sur ce, il défia Merlin de lui révéler, par amour pour lui, comment se pourrait reconnaître le meilleur chevalier qui fût au monde. Merlin répondit qu'il le lui dirait, mais seulement après quinze jours de réflexion. Et il s'en fut en son ermitage, quelque part en une forêt qui n'était connue de personne et où il se retirait quand il désirait s'épargner tout contact avec les gens du siècle. Il y demeura quinze jours, au bout desquels, ainsi qu'il l'avait promis, il se présenta devant le roi Uther. « Roi, lui dit-il, j'ai trouvé le moyen de faire reconnaître le meilleur chevalier du monde, mais je dois maintenant aller à la recherche de l'endroit où cette épreuve peut avoir lieu. – Fais pour le mieux, lui répondit Uther, et je te garantis que j'exécuterai, dans ce but, tout ce que tu me commanderas. »

« C'est ainsi que Merlin chevaucha par vallées et montagnes, par bois, vallées et landes, çà et là par tout le royaume, et trouva ce mont. La jeune fille qui, à peine âgée de vingt ans, avait prédit que le fils d'Uther serait plus glorieux que les empereurs du temps passé, l'accompagnait dans ses recherches. Et quand Merlin fixa son choix sur ce mont, elle se trouvait avec lui. Sache que Merlin en devint follement amoureux et fit toutes ses volontés. Ainsi la jeune devineresse devint-elle ma mère.

« Cependant, Merlin commença son travail. Par magie et enchantements, il éleva la Colonne de Cuivre et les croix qui l'entourent. Puis il leur jeta un sort. Après quoi il fit surgir de terre, pour ma mère, un beau manoir dans la vallée. C'est là que je naquis et que je réside. La magie de Merlin m'a pourvue de tout ce que je désire, et je puis, comme ma mère et comme lui, prédire le destin des gens. Mais je ne le fais que lorsque vient à moi quelqu'un digne d'être aidé.

« Quand tout fut terminé, Merlin revint auprès du roi Uther Pendragon qui séjournait à Kaerlion sur Wysg. Là, il lui conta devant cent chevaliers au moins – en présence de rois, de comtes et de ducs – qu'il avait découvert une colonne de cuivre où nul ne pourrait attacher son cheval s'il n'était le meilleur chevalier du royaume. Le roi l'écouta et, tout joyeux, fit subir l'épreuve à ses compagnons, mais plusieurs chevaliers de haut rang y perdirent la vie. Car la coutume veut que tout chevalier, fût-il vainqueur aux joutes ou à la guerre, qui se mêle d'attacher son cheval à l'anneau fixé sur la colonne, disparaît s'il n'est le meilleur chevalier de tout le royaume, et nul ne sait ce qu'il devient, car la magie de mon père est plus puissante que toutes les magies du monde, et l'épreuve de la Colonne de Cuivre la plus redoutable qu'on puisse tenter. Bien peu s'y risquent, mais ceux qui ont l'audace de prétendre attacher leur cheval à l'anneau sont anéantis, ainsi que leur monture, sans qu'on sache rien de leur sort.

« Voilà, tu sais tout maintenant sur la Colonne de Cuivre instituée par Merlin. De temps à autre, le roi Arthur, digne fils du roi Uther Pendragon, vient avec ses compagnons jouter sur la montagne. Mais je n'ai jamais vu un seul de ses chevaliers tenter d'attacher son cheval à l'anneau fixé sur la Colonne. Il en est ainsi et non pas autrement. Or, toi, tu l'as fait, et tu es là devant moi. Qui es-tu ? – On me nomme Perceval le Gallois, répondit-il simplement. – Eh bien ! Perceval, tu es, je puis te l'assurer, le meilleur chevalier du royaume ! »

Ils revinrent vers la tente. La nuit commençait à tomber, et la Demoiselle de la Cime commanda à ses gens de préparer les lits. Puis elle dit à Perceval : « Seigneur, je voudrais te demander une chose : qui t'a enseigné le chemin qui mène jusqu'ici ? – Plusieurs personnes, répondit le Gallois sans mentir, mais celui qui m'en a parlé le premier est un chevalier que je trouvai dans une fosse, au pied d'un grand arbre feuillu. Il criait de toutes ses forces et demandait l'aide de Dieu. Quand je l'eus un peu écouté, je fis tant d'efforts en m'aidant d'une branche d'arbre que je levai le marbre et le retirai de la fosse. Mais dès qu'il fut dehors et alors que je tenais encore la dalle, il me fit tomber dans la tombe et la referma au-dessus de moi. J'en fus tout étourdi et fort affligé, car je croyais bien n'en jamais pouvoir ressortir. Au surplus, ce chevalier me raillait et tentait de monter sur la mule et sur le cheval que j'avais. Or, il n'y réussit pas, et, en grand courroux et grand désespoir, il vint me délivrer de ma prison, puis s'y rejeta, me conseillant d'aller sur la montagne où se dressait la Colonne de Cuivre. Puis il se tut et je repartis, le laissant là où il était. C'est ainsi que je suis arrivé ici.

– Par la terre et par le feu ! s'écria la Demoiselle de la Cime, voilà qui est fâcheux ! Cher seigneur, il eût fallu tuer et mettre en pièces celui dont tu me parles ! Dieu t'en aurait récompensé ! Il a trompé tous ceux qu'il pouvait prendre à ses pièges, les dérobant ou les tuant. Il se tapit comme un voleur dans cette fosse et, quand un homme passe auprès de lui, il crie qu'il est prisonnier et il supplie qu'on le délivre. Alors, quand il est sorti, il tue ou il vole. Par le soleil et par la lune, par tous les astres du ciel, pourquoi n'as-tu pas tué cette bête malfaisante ! – Belle amie ! on m'a enseigné que la haine n'était pas bonne, et qu'il fallait savoir faire grâce à ceux qui avaient commis des fautes. – Ce n'est pas ce qu'aurait dit mon père ! »

On leur servit des fruits et du vin, puis ils allèrent se coucher. On avait dressé deux lits sous la tente. La Demoiselle de la Cime en occupa un, Perceval l'autre, et ils dormirent profondément toute la nuit jusqu'à ce que l'aurore émergeât des brumes.

Alors, Perceval se leva et s'habilla. La Demoiselle de la Cime s'était éveillée en même temps que lui. Elle lui dit : « Perceval, en quelle terre veux-tu aller ? – Douce amie, répondit-il, c'est à la cour du Roi Pêcheur, là où l'on peut voir la Lance qui saigne et la coupe d'émeraude qu'on nomme le Graal. – Seigneur ! s'exclama-t-elle, tu n'es pas au bout de tes peines ! La cour du Roi Pêcheur n'est pas loin d'ici, mais il ne suffit pas d'être le meilleur chevalier du monde pour y parvenir ! – En sais-tu le chemin ? » demanda le Gallois. En guise de réponse, elle se contenta d'appeler ses valets pour leur commander de seller le cheval de Perceval. Cela fait, elle se ravisa : « Je t'accompagnerai pour un bout de chemin », dit-elle. Et elle fit également préparer sa jument blanche. Perceval revêtit ses armes, et quand il fut prêt, il enfourcha son cheval et partit, suivi de la Demoiselle de la Cime. Ils dévalèrent tous deux la pente de la montagne, s'engagèrent dans une vallée étroite et remontèrent ensuite au sommet d'une colline. Là, la Demoiselle arrêta sa jument.

« Perceval, dit-elle, nous allons nous quitter ici. Je

suis la fille de Merlin et d'une devineresse. Aussi puis-je te le prédire : tu iras à la cour du Roi Pêcheur et tu en tireras gloire et honneur. Mais je dois t'avertir, le temps n'en est pas encore venu. Va, Perceval, suis le chemin qui traverse cette forêt. C'est dans cette direction que tu dois aller car, en ce monde, le doigt de Dieu trace le chemin de chaque destinée. » Et, sans ajouter un mot, elle fit faire demi-tour à sa jument et disparut bientôt derrière un bosquet[1].

1. D'après la *Seconde continuation de Perceval*.

12

La Vengeance de Perceval

Au sortir de la vallée s'étendait une de ces belles campagnes moirées de froment et d'avoine telles qu'on en voit autour des abbayes. Et Perceval qui, de longtemps, n'avait vu champs si fertiles ni si peuplés, se demandait en quel pays son cheval galopait avec autant d'entrain. Là-bas se dressait une superbe forteresse dont les remparts, bâtis en pierre plus blanche que neige fraîche un matin d'hiver, étaient munis de cinq tours solides. Flanquée de quatre tours jumelles toutes blanches dont les toitures d'ardoise fine étincelaient au soleil, la tour centrale était vermeille, et le Gallois, émerveillé, n'en croyait pas ses yeux. La mer battait la base des murailles.

Il franchit un pont qui enjambait la rivière là où celle-ci devenait plus large. Sur les rives, des pêcheurs guettaient les saumons, les bars et les esturgeons. A l'intérieur des murs se pressait une grande ville richement peuplée de chevaliers et de sergents, de bourgeois et de marchands à l'étal desquels abondaient les fourrures, les lainages rouges, les soieries bleues, les velours, les vaisselles d'or et d'argent, ainsi que des coupes et maintes pièces d'orfèvrerie. Pullulaient aussi les marchands d'épices précieuses et chères, les changeurs, cloutiers, cordonniers, chaudronniers, forgerons...

Apercevant le château qui lui parut plaisant et bien

tenu, Perceval pressa l'allure de son cheval et, après avoir passé le pont-levis, s'engagea sous un large portail et pénétra dans la cour. Des valets venus à sa rencontre l'aidèrent à descendre de son cheval, le débarrassèrent de sa lance et de son bouclier puis le menèrent dans une salle qui était vaste et richement décorée. Une jeune fille vint l'accueillir, qui était d'une grande beauté, de sorte qu'à sa vue un trouble infini pénétra Perceval. Elle était escortée de vingt chevaliers qui le saluèrent, le désarmèrent et le revêtirent d'un manteau de soie fourré d'hermine. « Par Dieu tout-puissant, murmura la jeune fille à l'une de ses suivantes, jamais je n'ai vu en ce monde un homme qui ressemblât davantage à Perceval, mon doux ami que j'aime tant, qui pour moi se mit en si grande peine, et qui me rendit mon domaine en triomphant de mes ennemis ! – Dame, répondit la suivante, je n'ai aucun doute quant à moi, c'est Perceval lui-même qui est devant nous ! »

Alors, la jeune fille prit le Gallois par la main et, le menant vers une riche courtepointe émaillée de rosaces d'argent, l'y fit asseoir à côté d'elle. Ne sachant plus où il en était, Perceval pria son hôtesse de lui révéler son nom et le nom de la ville où il se trouvait. « A Dieu ne plaise que je te le cache, seigneur, répondit-elle, sache que je me nomme Blodeuwen et que cette cité s'appelle Kaerbeli. » A ces mots, le chevalier changea de couleur. Il regarda plus attentivement la jeune fille assise à ses côtés, reconnut son visage clair, ses pommettes rouges et ses sourcils noirs, ainsi que sa luxuriante chevelure d'or. « Blodeuwen, douce amie ! s'écria-t-il en tremblant d'émotion. Je suis Perceval, fils du comte Evrawc ! »

En entendant cela, Blodeuwen ne put se retenir ; elle se précipita dans les bras de son ami, le cœur bondissant de joie, et tous les gens présents dans la salle dévisagèrent alors le nouveau venu et le reconnurent aisément. Et si leur surprise fut extrême, leur joie le fut bien davantage encore. Ainsi, par la ville, en quelques instants, la nouvelle se répandit-elle : Perceval, qui avait sauvé Kaerbeli du désastre et de la servitude, était de retour auprès de sa douce amie Blodeuwen. Dames et jeunes filles accoururent en foule le saluer, les cloches se mirent à sonner, l'encens brûla de toutes parts, et l'allégresse n'eut de cesse que la lune ne se fût montrée dans le ciel. Alors, tous se retirèrent et laissèrent tête à tête les deux amants.

Perceval croyait rêver. Il ne pouvait croire que devant lui se tenait en personne son amie, la douce Blodeuwen, plus belle que fleur de pommier au printemps, celle dont l'image l'avait tant tourmenté tandis qu'il contemplait les trois gouttes de sang sur la neige et le manège du corbeau. Et Blodeuwen eut beau lui faire servir maints mets délicats, Perceval n'y goûta guère, tant la présence de son amie le bouleversait. Et, l'heure venue, la joie des retrouvailles leur abrégea le sommeil et la nuit.

Le lendemain, le Gallois dit à Blodeuwen : « Douce amie, lors de mon arrivée, hier au soir, je n'ai pas reconnu la cité. Tout y est si neuf et si beau qu'en passant la porte, je ne savais pas que j'entrais dans les domaines de mon amie ! A mon départ, tout était tellement désolé, presque en ruine, tellement pauvre... ! Et voici que je retrouve tours et remparts neufs, la contrée peuplée de chevaliers et de marchands riches de grands biens, ainsi que de dames et de demoiselles plus belles que je n'en pus voir nulle part ailleurs ! Quel changement ! Jamais je n'aurais pu imaginer telle splendeur ni telle richesse !

– Tout cela est ton œuvre, Perceval, répliqua Blodeuwen. C'est toi qui as délivré la cité que menaçaient mes ennemis, toi qui m'as sauvée de l'odieux Clamadeu qui voulait m'épouser de force ! » Or, brusquement, Blodeuwen se tut ; des larmes jaillirent de ses yeux. « Qu'as-tu donc ? » s'étonna Perceval. La jeune fille se redressa. « J'ai, seigneur, que tu n'as pas voulu m'épouser. Faute d'y être disposé, tu m'alléguas ton désir d'aller en une autre terre, je ne sais où, chercher les aventures et accroître ta renommée. Je te laissai partir, quelque douleur qu'en éprouvât mon cœur, parce que je t'aimais et te respectais. Je ne voulus pas que, par ma faute, tu te sentisses inférieur aux autres chevaliers du roi Arthur. – Douce amie, dit Perceval, j'étais bien jeune alors et j'ignorais tout de la vie.

– Je ne te reproche rien, Perceval, reprit Blodeuwen. Mais sache que lorsque tu me quittas en promettant de revenir, je ne savais à qui me fier. Je redoutais le pire, en raison des maux qui m'avaient déjà accablée. Certes, ma détresse ne m'empêchait pas de voir où était mon devoir : il me fallait protéger mon domaine et tous ses habitants ; mais, je te le jure, j'eusse préféré être morte et enterrée ! Mon âme ainsi se fût départie de mon corps ! Tels furent mes tourments jusqu'au jour où revinrent les chevaliers captifs de Clamadeu et que tu avais délivrés. En même temps qu'eux reparurent tous les gens des environs qui, par crainte de la guerre, avaient abandonné leurs terres. Leur retour à tous fut bon et profitable, à la fois pour eux et pour moi. Je pris conseil des plus sages d'entre eux et, sur leur avis, mandai des ouvriers, des maçons, des charpentiers. Je fis renouveler les murs, construire des tours à la place de celles qui s'étaient écroulées. Je fis consolider et orner ce manoir où nous sommes. Voilà, Perceval, voilà ce que j'ai fait durant ta longue absence, et ce dans l'espoir que tu me reviendrais un jour et que tu serais émerveillé par la beauté de cette cité. »

Très ému par ce discours, Perceval prit les mains de Blodeuwen. « Assurément, belle amie, je n'ai pas à m'enorgueillir de cette cité. C'est toi qui l'as rendue si florissante et si belle. Moi, je poursuivais mon chemin, dans les épreuves et les tourments. Des épreuves et des tourments différents des tiens, pour sûr, mais qui me pesaient. Les jours étaient longs sans ta présence. – Tout cela est passé, dit Blodeuwen. Demain, tu m'épouseras. Cette terre est aussi la tienne, et tu lui assureras la paix. Tous mes chevaliers te reconnaîtront pour leur seigneur. – Hélas ! répondit le Gallois, il ne peut en être encore ainsi, car j'ai entrepris une chose que je dois terminer, sous peine de perdre mon honneur. Mais, aussitôt que j'en aurai terminé, je reviendrai, je te l'assure, et je m'engagerai pour toujours à être ton époux. » Alors, Blodeuwen se mit à pleurer. « Perceval, Perceval ! je sais que tu tiens tes promesses. Ta présence en ces lieux, en ce jour, me le prouve. Mais comme il est pénible de demeurer seule ! Comme il est pénible de ne se pas blottir dans les bras de celui qu'on aime ! Je ne saurais te faire aucun reproche, car tu es chevalier et, en tant que tel, tu te dois d'aller par les chemins à la recherche d'aventures et de prouesses. Ne t'inquiète pas, je te laisserai repartir, mais permets-moi du moins de te demander une faveur – une faveur, non pas une obligation ni un ordre. Passe encore deux nuits avec moi. Ce n'est que justice après une si longue absence ! – Il en sera selon ta volonté, dit Perceval, mais sache, belle amie, que si je le pouvais vraiment, je resterais auprès de toi ma vie entière, à ton service et au service de cette terre. »

Le matin du quatrième jour, Blodeuwen, tout affligée du départ imminent de Perceval, le pria, non sans infinie douceur, de bien vouloir, pour l'amour d'elle, retarder le moment de leur séparation. Mais lui demeura intraitable et répondit qu'il ne le pouvait pas. Il se fit apporter ses armes, sortit dans la cour où un valet lui amenait son destrier tout harnaché puis, se retournant vers Blodeuwen, il la prit tendrement dans ses bras. « Femme, lui dit-il, je reviendrai dès que j'aurai mis un terme aux aventures. » Sur ce, il enfourcha sa monture, se suspendit le bouclier au col, prit en main sa grande lance de pommier à tranchant d'acier et, s'élançant au galop, passa la porte, traversa la ville, franchit la poterne et se retrouva dans la plaine.

Après avoir chevauché, le long de la mer, une partie de la journée, il se sentit fatigué et harassé par la chaleur. Il fit donc halte à l'orée d'un bois pour se reposer. Or, tandis qu'adossé contre un talus, il se délassait, lui apparut, dans le lointain, la silhouette indécise d'une forteresse qui se dressait sur le rivage. Aussi, une fois remis, remonta-t-il en selle et s'en alla-t-il dans cette direction. Comme il avait forcé l'allure de son cheval, il parvint rapidement au bas des murailles et, à un chevalier qui en sortait, il demanda qui possédait cette demeure. Mais le chevalier ne pipa mot et se contenta de le regarder fixement. Fort surpris, Perceval néanmoins franchit la poterne et pénétra dans une cour toute tapissée d'herbe fraîche. Il mit pied à terre sur un perron où il déposa sa lance et son bouclier puis, levant les yeux, il aperçut un escalier qui devait conduire vers la grande salle et s'y engagea. En en gravissant les degrés, il croisa tout du long nombre de chevaliers et de jeunes filles. Aucun d'entre eux n'esquissa le moindre geste à son passage ni ne lui adressa la parole. Et il eut beau les saluer courtoisement, ils ne répondirent pas à son salut. Il arriva ainsi devant une porte fermée dont il secoua l'anneau avec tant de force que le tapage se répercuta par tout le bâtiment. La porte s'ouvrit alors, et Perceval franchit le seuil. Un chevalier, probablement celui-là même qui avait ouvert, l'aborda en disant : « Seigneur, entre et sois le bienvenu. »

Le Gallois retira son heaume, et le chevalier le conduisit dans une chambre où se tenait, assise sur un lit recouvert d'une étoffe de soie noire, une femme vêtue d'une robe en lin blanc. Dès qu'elle le vit entrer, la dame se leva et l'accueillit aimablement, puis le fit asseoir, encore équipé de son armure, auprès d'elle. Il ne s'était pas plus tôt assis qu'une jeune fille apparut, qui s'agenouilla devant la dame. « Maîtresse, dit-elle, ce chevalier est allé à la cour du Roi Pêcheur, je l'y ai vu quand il n'a pas osé poser de questions au sujet du Graal et de la Lance qui saigne. – Vite ! s'écria la dame, fais sonner le cor d'ivoire ! »

Aussitôt retentit le cor au bas du château. Les chevaliers et les jeunes filles qui se tenaient dans l'escalier se précipitèrent dans la salle en poussant des cris de joie, tout heureux d'avoir, disaient-ils, achevé leur temps de pénitence. Menant Perceval par la main, la dame les y rejoignit et leur dit : « Voici le chevalier à qui vous devez toute cette peine ainsi que d'en être délivrés. – Ah ! s'écrièrent les jeunes filles, qu'il soit le bienvenu ! – Il l'est assurément, dit la dame. C'est le chevalier que je désirais le plus voir venir en cette forteresse. » Elle lui fit ôter son armure et revêtir un riche habit de soie brodé de fils d'or. Il se laissa faire, tout éberlué qu'il fût. « Que peut bien signifier cela ? », se disait-il à part lui.

« Seigneur, reprit la dame, mes chevaliers et mes suivantes sont restés debout sur les marches de l'escalier depuis le jour où, accueilli chez le Roi Pêcheur, tu ne jugeas pas bon de demander ce qu'était la Lance qui saigne et le Graal d'où émane tant de lumière. Depuis ce moment-là, ils n'ont guère eu l'occasion de se réjouir et, par ta faute, ils ont mené grand deuil. Si tu n'étais venu, ils seraient à jamais restés dans cette posture. Et si ta présence suscite tant d'allégresse, tu ne dois pas t'en étonner, car tu vas nous être d'un grand secours. Un chevalier me fait en effet la guerre : frère du Roi Pêcheur, c'est un traître et un félon que l'on nomme le Roi du Château Mortel. Sa méchanceté ne connaît pas de bornes. Il veut s'emparer de mes terres et, chaque semaine, aborde en cette île que tu vois là-bas, sur la mer, en face de la forteresse. Il a déjà lancé plusieurs attaques et m'a tué bon nombre des mes chevaliers. Que Dieu nous accorde d'être vengés de lui ! D'anciennes prophéties nous l'ont révélé : celui qui nous délivrera de ce monstre est un chevalier qui, allé à la cour du Roi Pêcheur, aura omis de poser les questions concernant la Lance qui saigne et la coupe d'émeraude qu'on nomme le Graal. Tu es bien, n'est-ce pas, Perceval le Gallois, fils du comte Evrawc ? – Je le suis, en effet », répondit Perceval.

Le tenant toujours par la main, la dame le conduisit à la fenêtre de la salle qui surplombait la mer. « C'est donc sur cette île, reprit-elle, que le Roi du Château Mortel se fait conduire dans une galère. Il y séjourne le temps qu'il faut pour ourdir quelque vilenie contre nous. Et voici les galères qui assurent notre défense. Il t'appartiendra, si tu y consens, de relever le défi que le roi nous lance chaque mardi, c'est-à-dire demain. – Comment pourrais-je te le refuser ? répondit Perceval. Je le ferai bien volontiers, pour l'amour de toi. »

Ce soir-là, Perceval fut magnifiquement traité. Frappée de sa beauté, la dame du château s'était fort éprise de lui, mais elle n'entendait pas lui donner l'occasion de la mépriser. Aussi, malgré son grand désir, n'alla-t-elle pas le rejoindre en son lit, et il y dormit tranquillement jusqu'au matin. Aussitôt levé, il était allé se promener sur les remparts quand on vint lui annoncer que le Roi du Château Mortel venait d'aborder dans l'île. Sur-le-champ, il se fit apporter ses armes, s'équipa de pied en cap, puis une galère l'emmena vers l'île.

Quand celle-ci eut accosté et que Perceval eut sauté sur le sable du rivage, le Roi du Château Mortel fut bien étonné. Jusque-là, en effet, aucun chevalier de la forteresse n'avait osé venir se mesurer à lui. Et quand il vit que son adversaire était un jeune homme, sa surprise ne manqua pas de redoubler.

Le Gallois, cependant, avançait, l'épée haute, son bouclier plaqué contre lui. Et il attaqua le premier, assenant à son adversaire un coup si violent sur le heaume qu'il le fit chanceler. Le roi réagit avec vigueur et le frappa durement, mais Perceval, après avoir esquivé le coup, se rua, désireux de frapper de nouveau à la tête. Seulement le roi s'écarta, et le coup atteignit le bouclier qu'il fendit en deux. Le Roi du Château Mortel recula de quelques pas, tout honteux de se voir ainsi malmené par un jeune homme qu'il s'imaginait novice et inexpérimenté. « Qui es-tu donc ? s'écria-t-il. – Sans mentir, par Dieu tout-puissant, je suis Perceval le Gallois, fils du comte Evrawc ! – Arrête donc ! dit le roi. Sais-tu que je suis ton oncle ? – Je l'ignorais, répondit le Gallois. Je te croyais le frère du Roi Pêcheur. – Je le suis, repartit l'autre, mais mon frère ne m'a pas rendu justice, et je veux m'emparer de ses biens et des biens de tous ceux qui l'ont épaulé. Voilà pourquoi je suis ici, car j'entends m'approprier cette forteresse. – Elle n'est pas encore tienne ! rétorqua Perceval. – Attends ! cria le Roi du Château Mortel. N'as-tu pas compris ? Tu es mon neveu ! – Comment cela ? s'étonna Perceval. – Je suis l'un des frères de ta mère », affirma le roi.

Perceval demeura ébahi. « Mais, dit-il, si tu es le frère de ma mère et si le Roi Pêcheur est ton frère, lui-même est mon oncle ! – L'ignorais-tu ? – Oui, par Dieu tout-puissant ! – Dès lors, reprit le roi, à quoi bon nous battre ? Je te propose un compromis : tu me laisses prendre cette forteresse, je te laisse libre d'aller où tu veux. – N'aie pas cette espérance ! riposta Perceval, au comble de la rage, car tu me parais l'homme le plus déloyal de tout mon lignage ! Par méchanceté, tu t'es opposé au plus noble roi qui soit, ton frère, le Roi Pêcheur, et en plus, tu veux t'emparer des biens de la dame du château ! Es-tu un monstre ? Sache que je te méprise et que je te défie. Jamais je ne t'avouerai pour mon oncle ! Tu es mon ennemi, et je te tuerai si tu ne t'avoues vaincu !

– Doucement, mon neveu ! s'écria le roi du Château Mortel, rien ne justifie que l'on s'entre-tue entre parents ! – Je hais l'injustice et la forfaiture ! » s'exclama Perceval. Et, l'épée au poing, la tête baissée sous son heaume, plus féroce qu'un lion furieux, il se mit en demeure d'assaillir derechef le Roi du Château Mortel. Ne pouvant se méprendre sur les sentiments de son neveu, dont il redoutait la force autant que la bravoure, celui-ci, n'osant s'exposer davantage à ses coups, préféra s'enfuir. Aussi détala-t-il à toutes jambes vers sa galère qui s'empressa de gagner le large. Fort dépité que son adversaire lui eût échappé, Perceval se campa sur la grève et, de là, cria : « Mauvais roi ! ne dis jamais que je suis ton parent ! Jamais chevalier du lignage de ma mère ne s'était enfui devant un autre chevalier ! Tu es le premier ! Désormais, cette île m'appartient, et je la donnerai à qui me plaira. N'aie jamais l'audace d'y remettre les pieds ! »

Mais le Roi du Château Mortel se trouvait déjà loin, et peu lui importaient les paroles de son neveu. Il était du reste bien résolu à ne plus jamais s'aventurer dans les parages. Quant à Perceval, il réclama par signes qu'on vînt le chercher et retourna à la forteresse. La dame et les gens du château s'empressèrent à sa rencontre avec des transports de joie. La dame lui demanda comment il se portait, s'inquiéta s'il était blessé. « Non, dame, Dieu merci, répondit-il. A présent, vous n'avez rien à craindre : jamais plus le Roi du Château Mortel ne viendra menacer tes domaines. »

Il demeura cette nuit-là au château et y fut fêté comme jamais on ne fêta prince ni héros. Néanmoins, le lendemain matin, nonobstant les pleurs de chacun et l'insistance de la dame, il réclama ses armes et son cheval et repartit triste et désemparé, doutant plus que jamais de revenir un jour à la cour du Roi Pêcheur, sur le chemin qui longeait la mer.

Il chevaucha sans arrêt jusqu'à l'heure où le soleil brille au plus haut du ciel. La chaleur alors devint accablante, et Perceval eut beau ralentir l'allure, il se sentit peu à peu gagné par le sommeil. Et, dans sa somnolence, il ne s'aperçut pas que le cheval avait pris un sentier qui l'éloignait du rivage. Pendant un long moment, il ne prêta nulle attention à ce qui l'entourait ; puis une certaine fraîcheur le réveilla, et il se vit soudain dans une forêt dense et sombre où le cheval semblait toujours préférer les sentiers les plus hérissés de ronces et encombrés d'arbustes de toutes sortes. Il tenta bien de se réveiller tout à fait mais, à chaque instant, une torpeur insurmontable l'envahissait. Aussi décida-t-il enfin de s'arrêter. Il sauta à terre et, laissant son cheval brouter l'herbe du sous-bois, s'allongea au pied d'un arbre et s'endormit profondément.

Quand il se réveilla, le jour déclinait. Debout d'un bond, il chercha son cheval, mais celui-ci ne se trouvait pas auprès de lui. Il l'appela, se mit à courir en tous sens, mais aucun hennissement ne lui fit écho. Que s'était-il passé pendant qu'il dormait ? Le désespoir saisit à nouveau Perceval qui ne savait que faire dans cette forêt qu'il ne connaissait pas. En dépit de la fatigue qui pesait lourdement sur ses épaules et le faisait tituber, il résolut de suivre le sentier. Marchant péniblement parmi les buissons épineux qui l'égratignaient, obliquant tantôt à droite, tantôt à gauche, il finit par découvrir une voie plus large qui le conduisit jusqu'à un étang tout près duquel se dressait une habitation d'aspect lamentable.

L'approche lui confirma sa première impression. Tout était délabré, on eût dit ravagé par un ouragan, démantelé, disjoint. Perceval passa une porte voûtée et se retrouva dans une cour mal pavée, pleine de ronces, au centre de laquelle chancelait un logis en aussi piètre état que le reste. La porte en était ouverte et donnait sur une salle au plafond lézardé et aux murs suintants d'humidité. Un homme aux cheveux gris s'y trouvait assis, dans le fond, sur un siège apparemment bancal. Or, à côté de cet homme, le Gallois crut reconnaître Gauvain, fils du roi Loth d'Orcanie.

Au comble de la stupéfaction, Perceval s'avança au milieu de la salle et, en le voyant, l'homme qui ressemblait à Gauvain se leva et se précipita vers lui. « Perceval ! s'écria-t-il, quel bonheur de te retrouver ! » Le Gallois voulut répondre, mais aucun son ne sortit de sa bouche. Gauvain le prit par le bras et le fit asseoir près de lui sur une grossière banquette de bois. En fait, tout respirait là le dénuement et la misère. De sorte qu'il fallut à Perceval un bon moment pour reprendre ses esprits. « Ah ! dit-il enfin, quelle surprise ! Que fais-tu là, Gauvain, et où sommes-nous ? »

Pour lors, l'homme aux cheveux gris se leva d'un air noble et grave. « Perceval, dit-il, tu es ici chez moi, dans tout ce qui reste des biens que jadis possédait ta famille. Je suis ton oncle, Perceval, et suis heureux de t'accueillir. Mais ne t'attends pas à être reçu dans un palais digne d'un roi, car ici tout n'est que ruine et misère depuis que ton père est mort, victime des agissements du traître Le Hellin qui nous a dérobé tous nos biens et qui nous harcèle sans trêve afin de supprimer tout témoignage de sa forfaiture. – Mon oncle ! s'écria Perceval. Eh quoi ! Suis-je victime d'un sortilège ? Pas plus tard que ce matin, j'ai rencontré un homme qui, lui aussi, s'est prétendu mon oncle ! – Du côté de ta mère, il se peut, commenta le vieillard. Quant à moi, je suis le frère unique de ton père, le comte Evrawc, que j'aimais tendrement. Mais puisque tu sembles ignorer tout cela, je puis t'apprendre que ta mère avait quatre frères. L'un Garlan le Roux, possédait un redoutable pouvoir : lorsqu'il était armé et sur son cheval, personne ne pouvait le voir, aussi longtemps du moins qu'il préférait se dérober aux regards des autres. Il fut tué par le chevalier Balin, et telle est l'origine du *Coup Douloureux* qui frappa un autre frère de ta mère, Pellès, qu'on appelle maintenant le Riche Roi Pêcheur. Quant aux deux derniers, ils ont eu des destinées fort diverses. Après bien des aventures en terre lointaine, l'un s'est fait ermite en la Gaste Forêt, l'autre ne pense qu'à s'accaparer les possessions d'autrui : on le nomme le Roi du Château Mortel, car il n'est forfait qu'il ne se plaise à perpétuer. – Et c'est lui, dit Perceval d'un ton maussade, que j'ai combattu ce matin. Je l'ai mis en fuite.

– Tu aurais dû le tuer, dit froidement l'homme aux cheveux gris. Il n'est pas de bête plus malfaisante que lui, hormis Le Hellin, qui a poursuivi ton père et moi-même de sa haine et s'est emparé de nos biens. C'est ce dernier qui a infligé à ton père la blessure fatale dont il est mort. Et c'est par traîtrise qu'il l'a attaqué, sache-le, alors que ton père l'avait vaincu en combat loyal. La vérité vraie, la voici, mon enfant : Le Hellin se trouvait à terre et criait grâce ; ton père la lui accorda et lui permit de se relever, mais alors le maudit Le Hellin le frappa, par-derrière, avec son épée. La liste est longue de ses crimes, car il tua bon nombre, hélas, de nos chevaliers, ainsi que trois de mes propres fils. »

A ce moment, par une porte qui s'ouvrait sur l'un des côtés de la salle, entra un jeune homme blond qui portait un plateau d'argent sur lequel Perceval distingua nettement une tête d'homme coupée qui baignait dans son sang. « Qu'est-ce donc que ceci ? s'écria Perceval. Suis-je encore en proie au cauchemar qui me hante depuis des semaines ? Quelle est cette tête, et pourquoi se trouve-t-elle sur ce plateau ? »

Sans un mot, le garçon blond repassa devant lui et disparut par où il était venu. Là dessus, l'homme aux cheveux gris prit la parole : « Je vais te le dire. La tête que tu viens de voir est celle de ton cousin, l'un de mes cinq fils, qui n'a pas été tué par ce maudit Le Hellin mais par les sorcières de Kaerloyw qui secondent celui-ci dans ses entreprises maléfiques. C'est en effet grâce à leur magie et à leur science qu'il a pu mettre la main sur nos domaines à ton père et à moi. Quant au jeune homme blond qui portait ce plateau, il est mon cinquième fils, le seul survivant, que je voudrais sauver au péril de ma vie. Mais, vois-tu, Perceval, seul un chevalier d'un courage éclatant pourra venger tous ces meurtres, et depuis longtemps on nous a prédit que cette tâche te reviendrait. Tu es libre de refuser, mais l'honneur de ton père ainsi que de ta famille pâtirait d'une dérobade. – Aussi ne me déroberai-je point, mon oncle, dût-il m'en coûter la vie. »

Le repas fut modeste, car l'oncle de Perceval était démuni de tout, puis ils allèrent s'allonger sur des paillasses étendues à même le sol, dans des chambres ouvertes à tous les vents. Le lendemain matin, Perceval se leva et, stupéfait, aperçut dans la cour son cheval à l'attache près du montoir. Il alla trouver Gauvain qui venait de se réveiller, et tous deux convinrent de la conduite à adopter. Gauvain fut d'avis de demander l'aide d'Arthur et de ses compagnons contre les sorcières de Kaerloyw, et Perceval, après avoir longuement réfléchi, acquiesça. On envoya donc un messager prévenir le roi, et celui-ci vint avec ses gens au rendez-vous que leur avaient fixé Perceval et Gauvain.

Sans plus tarder, ils allèrent à Kaerloyw et engagèrent la lutte contre les sorcières. L'une d'elles prétendit tuer l'un des hommes d'Arthur en présence de Perceval, et celui-ci l'en empêcha. A nouveau, la sorcière prétendit tuer un autre homme d'Arthur en présence de Perceval, et celui-ci l'en empêcha. Mais, la troisième fois, n'ayant pu empêcher la sorcière de tuer l'un de ses compagnons, Perceval tira son épée et, d'un seul coup, lui fendit le heaume et la blessa si grièvement à la tête qu'elle poussa un cri strident et commanda à toute sa troupe de s'enfuir : « Fuyez ! fuyez ! glapit-elle, avant que Perceval ne vous tue toutes, ainsi qu'il a été prédit ! Il a appris à notre école des tours guerriers que nul autre ne connaît ! Fuyez ! » Alors, Arthur et ses gens se ruèrent tous ensemble sur les sorcières, et celles qui ne furent pas tuées s'enfuirent si loin que l'on n'entendit jamais plus parler d'elles.

Perceval revint chez son oncle. « J'ai vengé ton fils, dit-il, les sorcières de Kaerloyw sont mortes, et celles qui ne le sont pas ont fui si loin qu'elles ne nuiront plus à personne. – C'est bien, dit l'homme aux cheveux gris, mais il reste Le Hellin et tous les brigands qui sont à son service. – Je m'en charge, mon oncle, dit Perceval, à condition que mon cousin vienne avec moi. » Il emmena donc le jeune homme blond et, avec l'aide de quelques chevaliers, il envahit les terres de Le Hellin. Il rencontra cinq hommes de celui-ci et les attaqua. Quatre d'entre eux prirent la fuite, mais Perceval tua le cinquième d'un coup d'épée.

En apprenant que Perceval avait tué l'un des siens, Le Hellin entra dans une violente colère et jura qu'il n'aurait un instant de repos qu'il ne se fût emparé de lui ou ne l'eût tué. Et il publia que si l'un des chevaliers de sa cour réussissait à s'emparer du Gallois, lui-même l'en récompenserait en lui donnant l'un de ses meilleurs châteaux. Aussi, nombreux furent ceux qui se lancèrent à la recherche de Perceval. Sept d'entre eux se présentèrent ainsi dès le lendemain devant le manoir de son oncle. Perceval était en train de s'armer dans la cour, en compagnie du jeune homme blond et de quatre chevaliers qui avaient pris fait et cause pour lui, quand il entendit le tapage mené par les sbires de Le Hellin. Aussitôt, il se précipita au-dehors, suivi de ses compagnons.

Une fois devant les sept hommes, il leur cria : « Qui êtes-vous et que voulez-vous ? » Ils répondirent qu'ils étaient les ennemis du fils de la Veuve Dame. « C'est moi ! leur répondit Perceval, et je vous défie ! » Sans plus tarder, il se rua sur eux de toute son ardeur, ainsi que ses cinq fidèles. Et chacun renversa son adversaire avec une telle violence qu'il le mit à mal, le blessant ou bien lui brisant bras ou cuisse. Le septième soutint le combat autant qu'il le put, mais dut finalement s'avouer vaincu lui aussi. Et Perceval le fit prendre et conduire au manoir de son oncle avec les six précédents.

Or, Le Hellin était allé chasser à l'arc dans la forêt. En entendant le fracas des armes, il galopa de ce côté. L'un des quatre chevaliers prévint Perceval : « Seigneur ! voici Le Hellin qui arrive ! C'est lui qui s'est emparé des terres de ton père après l'avoir traîtreusement blessé. C'est de lui que tu dois te venger. Regarde comme il est violent et emporté ! » Perceval fit comme on lui disait et sentit la haine envahir son cœur. S'élançant sus à l'ennemi de toute la vitesse de son cheval, il le frappa de sa lance en pleine poitrine et l'envoya mordre la poussière. Puis il sauta à bas de son cheval et tira son épée. Mais Le Hellin, qui s'était déjà relevé, l'attendait de pied ferme.

La lutte fut acharnée. Tantôt l'un paraissait avoir le

dessus, tantôt l'autre. Tous deux esquivaient les coups avec souplesse et habileté. Mais comme le jour déclinait, Le Hellin fit un faux pas et tomba de telle sorte qu'emporté par son élan Perceval l'atteignit de plein fouet, lui tranchant le bras droit. Le Hellin poussa un cri terrible, mais Perceval ne l'entendit même pas. Tout possédé par la fureur, il leva encore son épée et frappa Le Hellin à la cuisse si rudement que sa lame se brisa en deux tronçons.

Hébété, il demeura immobile. Ses gens, inquiets de le voir ainsi, vinrent vers lui et lui demandèrent s'il était blessé. Il leur répondit qu'il allait très bien et leur ordonna de hisser Le Hellin sur un cheval et de l'emmener jusqu'au manoir de son oncle. « Seigneur, dit Perceval à ce dernier, voici Le Hellin, le félon qui a tué mon père et trois de tes fils, le maudit qui s'est emparé de tous tes biens et de tous ceux de mon père. » Le blessé s'écria : « Vieil homme ! ton neveu m'a blessé et a fait prisonniers mes chevaliers ainsi que moi-même. Fais-moi libérer, au nom de Dieu, et je te rendrai tous les châteaux que je t'ai pris, ainsi que toutes les terres qui les entourent. »

En entendant ces paroles, Perceval fut repris d'une formidable colère. « Te libérer ! s'écria-t-il, tu n'y penses pas ! Qui nous dédommagera de nos souffrances ? On prétend qu'il faut pardonner à qui se repent, mais toi, tu ne te repens pas : tu as peur, et voilà pourquoi tu proposes de nous rendre tout ce que tu nous as pris ! Mais je ne t'écouterai pas. Les traîtres et les criminels doivent être châtiés selon la gravité de leurs forfaits. Et je vais sans tarder faire justice ! »

Il ordonna de préparer une grande cuve et la fit placer au milieu de la cour, sous un grand arbre. Alors, il alla chercher les sept prisonniers, les amena là, et commanda qu'on leur coupât la tête dans la cuve et qu'on les laissât s'y vider de leur sang. Ensuite, il fit ôter les corps et les têtes de la cuve, à l'intérieur de laquelle seul restait le sang. Enfin, il dit à ses hommes de désarmer Le Hellin et de le conduire à la cuve. Là, il le fit étroitement lier par les pieds et lui déclara d'un ton railleur : « Puisque tu n'as jamais pu te repaître du sang des chevaliers de mon père et de mon oncle, je vais, moi, te repaître du sang de tes propres chevaliers ! »

Il le fit alors suspendre par les pieds à l'une des branches de l'arbre, au-dessus de la cuve, de telle manière que sa tête y fût plongée jusqu'aux épaules, et il le laissa ainsi jusqu'à ce qu'il fût mort. Puis il fit jeter son corps dans un ancien charnier qui se trouvait auprès d'une vieille chapelle, dans la forêt, et vider la cuve emplie de sang dans la rivière dont l'eau devint toute rouge. Et lorsque tout fut accompli selon ses ordres, il ramassa les deux tronçons de son épée, sauta sur son cheval et s'éloigna dans la forêt.

Il pleurait. A la rage et à la violence avait succédé l'angoisse. Oui, il s'était vengé. Oui, il avait vengé son père et son oncle. Oui, il avait fait justice. Mais les paroles de son autre oncle, l'ermite, hantaient sa mémoire. Depuis que Caïn avait tué Abel, la terre était rougie du sang des hommes, et la haine s'était répandue dans le monde. Aussi, tout en chevauchant il ne savait vers où, Perceval pleurait-il.

Il était si absorbé dans ses tristes pensées qu'il ne voyait rien de ce qui l'entourait. Les landes succédaient aux champs et les champs aux landes, lui poursuivait sa route sans même s'apercevoir que le soleil déclinait, qu'il allait disparaître derrière une sombre forêt. Il ne prit conscience de l'obscurité qui gagnait peu à peu le chemin qu'en se retrouvant brusquement au pied d'une haute muraille. « Par Dieu tout-puissant ! se dit-il, quel qu'il soit, le maître de cette forteresse devra m'héberger cette nuit ! » Il franchit la poterne et pénétra bientôt dans une vaste cour au milieu de laquelle se dressait une tour bâtie de belles pierres et surmontée d'un toit d'ardoise où se reflétaient les dernières lueurs du soleil.

Le seigneur vint à sa rencontre. C'était un grand chevalier, d'aspect fort jeune encore, mais dont les longs cheveux roux, le mufle balafré et le regard fuyant n'inspiraient aucune confiance. Il ne semblait pas que la maisonnée comportât d'autres chevaliers. Dès que Perceval eut mis pied à terre, le seigneur se précipita vers la porte et la verrouilla soigneusement, puis il revint vers lui et le salua comme si de rien n'était. Tout étonné qu'il fut de ce comportement, Perceval lui rendit son salut, et il se préparait à lui demander de bien vouloir l'héberger quand l'homme s'écria d'une voix mauvaise : « Je ne te souhaite pas la bienvenue, car tu ne repartiras point d'ici sans avoir obtenu la récompense que tu mérites ! Sache-le, tu es mon ennemi mortel, Perceval, fils d'Evrawc. Tu as été bien hardi de t'arrêter ici, toi qui as tué mon père, le valeureux Le Hellin, seigneur de la Forêt des Ombres. Je suis Kaw le Roux, et je n'ai cessé de guerroyer contre ton père, autrefois, bien que je fusse alors très jeune, en compagnie de mon père et de mes frères. Ce château où tu es, nous l'avons pris à ton père, et nous en sommes fiers. Et maintenant, je vais prendre ta vie ! Ainsi ma vengeance sera-t-elle menée à son terme !

– Seigneur, répondit Perceval, si je me suis arrêté dans cette forteresse, c'est pour te prier de m'accorder l'hospitalité. Tu risquerais d'être blâmé et honni si tu me maltraitais, et ce d'autant plus qu'avec mon épée brisée je ne saurais t'affronter en combat loyal. Héberge-moi cette nuit comme tout chevalier doit le faire en faveur d'un autre chevalier et, demain, avant mon départ, je m'y engage, pourvu que tu me fournisses une épée, nous réglerons cette affaire. – Sur ma tête ! s'écria Kaw, mon ennemi mortel, je ne puis l'héberger que mort ! Et peu importe que tu aies ton épée ou non, tu ne sortiras pas vivant d'ici ! » Sur ce, il se précipita dans la salle et ne tarda pas à en ressortir tout armé et l'épée levée sur Perceval qui, à la pensée que ce château avait appartenu à son père et lui avait été ravi par traîtrise, ne se tenait plus d'impatience et de colère.

Bien qu'il fût à pied, le Gallois, au lieu de se défaire

de sa lance, la darda contre l'homme qui l'assaillait ainsi au mépris de toutes les coutumes, et il lui en assena un si grand coup à la tête qu'il perça son heaume. Kaw vacilla, mais, s'étant ressaisi, il bondit sur Perceval et le frappa à son tour, du plat de son épée, si fort sur le heaume que des étincelles en jaillirent, éclaboussant alentour la pénombre. Le choc fut rude, mais Perceval réussit à demeurer debout. Il recula même de quelques pas, et, prenant son élan, se rua, lance en avant, sur son adversaire avec une telle fureur que cette fois le fer traversa le crâne de Kaw et lui répandit la cervelle sur l'herbe de la cour. En poussant un cri horrible, le rouquin tomba aux pieds du Gallois.

Alors s'ouvrirent des fenêtres où se montrèrent les visages des serviteurs : deux valets et deux jeunes filles en tout et pour tout. « Seigneur ! dit enfin l'un d'eux, tu viens de tuer le plus hardi de tous les chevaliers de ce royaume, le plus redouté de ses ennemis. Mais nous ne pouvons rien contre cela, chevalier. Nous savons que cette forteresse, ainsi que toutes les terres qui l'entourent, appartenaient jadis à ton père et qu'elles doivent, en toute justice, te revenir. Nous ne te les disputerons assurément pas, et tu pourras disposer à ta guise de tout ce qu'elles contiennent. Nous avons une seule requête à te présenter : notre seigneur gît là, mort, sur l'herbe de la cour. Permets-nous d'enlever son corps et de le transporter en un lieu convenable. C'était un vaillant chevalier, et nous, nous avons le devoir de lui rendre un dernier hommage. – Faites comme bon vous semble », répondit Perceval.

Ils emportèrent donc le cadavre dans une chapelle où, après l'avoir désarmé, ils l'ensevelirent. Puis, revenant vers Perceval qui attendait, dans la cour, près de son cheval, ils l'invitèrent à entrer dans la grande salle, l'aidèrent à retirer son armure et lui dirent : « Seigneur, crois-le bien, nous sommes seuls en cette forteresse, deux servantes et deux valets. Kaw le Roux avait verrouillé les portes mais, désormais, tu es notre maître, voici donc les clefs. Nous te les remettons afin que tu en disposes selon ton gré : tu peux t'en aller ou demeurer céans aussi longtemps que tu voudras. – Eh bien, répondit Perceval, je vous confie en garde cette forteresse. Prenez-en soin en mon nom, et ne manquez pas d'accueillir tous les chevaliers qui vous prieront de les héberger. – Nous le ferons, seigneur », dirent les servantes et les valets.

Perceval passa la nuit dans le château qui avait appartenu à son père et dont la reconquête parachevait la vengeance jadis promise à sa mère, le jour où il avait quitté la Gaste Forêt. Le lendemain matin, dès la jeunesse du jour, il se leva, s'habilla et revêtit ses armes, prenant bien soin d'emporter son épée brisée en deux tronçons. Les habitants de la forteresse vinrent le saluer et lui jurèrent de la garder en toute loyauté et de la lui remettre dès qu'il les en requerrait. Alors, il les recommanda à Dieu, sauta sur son cheval et partit.

Après avoir longtemps chevauché, il arriva dans une belle et vaste clairière où il remarqua un arbre bien feuillu, bien vert et aux larges branches. Comme il était las, il décida de s'arrêter un moment. En entendant chanter les oiseaux tout autour, il ressentit une profonde mélancolie, se remémorant son enfance en la Gaste Forêt, près du manoir de sa mère. Il se souvenait de tout, de ses chasses au chevreuil et de sa manière de lancer ses javelots. Et comme sa main reposait sur le fourreau de son épée brisée, il songea qu'à cette époque il n'aurait eu que faire d'une épée. Non, il se serait contenté de ses poings contre l'adversaire, quel qu'il fût. Et, brusquement, un désir de violence surgit en lui. Quelle lice parfaite eût faite la clairière où il se trouvait à présent ! Un lieu idéal pour une joute entre chevaliers !

Tout à coup, alors qu'il était plongé dans ses pensées, il entendit un cheval hennir par trois fois dans la forêt, très fort, et cela l'emplit de joie. « Quel que soit celui qui arrive, se dit-il, je l'attaquerai et le vaincrai, même sans épée. » Il vit à ce moment précis, à l'autre bout de la clairière, un chevalier sortir de la forêt. Celui-ci, tout armé, portait à son cou un bouclier blanc frappé d'une croix d'or et, prêt à toute éventualité, tenait sa lance baissée. Il montait un grand destrier qui allait au pas. Dès qu'il l'aperçut, Perceval s'affermit sur ses étriers, empoigna sa lance et, tout joyeux, éperonna sa monture. En courant sus au chevalier, il cria gaiement : « Seigneur ! couvre-toi de ton bouclier pour te protéger comme je le fais avec le mien, car je te défie pour un combat sans mise à mort. Dieu fasse que je te trouve assez bon chevalier pour que je puisse m'opposer dignement à toi ! Nous verrons ainsi quel est le meilleur de nous deux ! »

Sans plus attendre, il frappa le bouclier de l'autre avec une telle violence qu'il le lui troua, lui faisant également perdre l'un de ses étriers. Puis il le dépassa, fit faire volte-face à son cheval et se prépara pour un nouvel assaut. « Mon ami, dit le chevalier, que t'ai-je donc fait, quc tu m'agresses de telle façon ? » Mais Perceval ne répondit pas, mécontent qu'il était contre lui-même de n'avoir pas réussi à mettre bas l'adversaire du premier coup. Aussi fit-il bondir son cheval, mais comme l'autre avait procédé de même, le choc fut rude. Le bouclier de Perceval fut mis en pièces, mais sa lance avait touché l'autre à la poitrine et s'y était profondément enfoncée. Le chevalier vida les étriers et s'effondra sur l'herbe, où il demeura inconscient, du fait de sa blessure autant que de sa chute. Perceval ne jugea même pas utile de mettre pied à terre et de vérifier si son adversaire était vivant. « Le coup ne peut être mortel », se disait-il avec désinvolture, tout à sa joie de s'être prouvé qu'il était capable de vaincre sans épée.

Il allait repartir, sans regret ni remords, quand un étrange cortège fit irruption dans la clairière : c'était un char tiré par trois cerfs blancs de toute beauté. Deux femmes encadraient le char, montées sur des mules, et une troisième, plus jeune que ses compagnes, courait à pied derrière. La femme qui se trouvait à gauche vint droit sur lui et lui cria : « Perceval ! Perceval ! pourquoi faut-il que chaque fois que nous nous rencontrons, tu viennes de commettre une faute ? – Quelle faute ? s'étonna Perceval. Je viens de battre ce chevalier en combat loyal, voilà tout. – Mais tu l'as vaincu sans raison ! repartit-elle d'un ton sévère, simplement pour te prouver à toi-même que tu étais le plus fort ! Orgueilleux Perceval ! – Qui es-tu ? demanda-t-il. Et comment sais-tu mon nom ? – Je pourrais t'appeler Perceval le Maudit ! cria la femme. Ainsi peut-être me reconnaîtrais-tu ? »

Elle s'approcha davantage, et Perceval vit qu'elle portait une large coiffure. Alors, la mémoire lui revint : il se trouvait devant Onnen, la Demoiselle Chauve, Onnen, qui était sa cousine germaine. Brusquement, il rougit de son comportement. « Chère cousine, dit-il, je doute de moi parce que j'ai brisé l'épée que m'a donnée le Roi Pêcheur, et je voulais savoir si j'étais capable de vaincre malgré tout. – Ah ! s'écria la Demoiselle Chauve, tu as brisé ton épée ! Ne t'avais-je pas prévenu ? – Si fait, douce amie, mais, en face du meurtrier de mon père, la douleur m'a rendu furieux, et je l'ai frappé par deux fois. – Quelle qu'en soit la cause, la fureur est une mauvaise chose, Perceval. Pour qui veut à tout prix retrouver le chemin qui mène à la cour du Roi Pêcheur, force est d'abandonner d'abord toute colère et toute violence ! »

Pendant que Perceval et sa cousine parlaient ainsi, les deux autres femmes s'étaient approchées du chevalier blessé. Elles l'avaient examiné et, après s'être concertées, l'avaient soulevé, non sans peine, et déposé sur le char. La jeune femme sans monture s'approcha alors de Perceval et lui dit : « Peut-être es-tu privé de ton épée, chevalier, mais sois sans crainte, tu es le meilleur, tu viens de le prouver. – Comment cela ? demanda-t-il. – Sais-tu qui tu as abattu et grièvement blessé dans ta fureur orgueilleuse ? Lancelot du Lac, le fils du roi Ban de Benoïc, celui dont on dit partout qu'il est le meilleur chevalier du monde ! » A cette révélation, Perceval demeura abasourdi un long moment. « Par ma foi ! s'écria-t-il enfin, si j'avais su, jamais je ne l'aurais provoqué de la sorte ! Suis-je donc maudit ? – C'est toi qui le dis ! répliqua la Demoiselle Chauve en le regardant se tordre les mains de désespoir. – Que puis-je donc faire pour réparer mes torts ? demanda-t-il avec des sanglots dans la voix. – Rien, répondit froidement sa cousine. C'est à nous de nous occuper de Lancelot et de le faire soigner. » Et, sans ajouter un mot, Onnen fit claquer son fouet ; les cerfs prirent leur élan et tirèrent le char où gisait le fils du roi Ban, tandis que les deux femmes activaient leurs mules et que la troisième se mettait à courir derrière elles. Le cortège disparut derrière les arbres, laissant Perceval à sa mélancolie et à sa solitude.

Il demeura immobile à la même place, ne sachant s'il devait ou non se lancer sur les traces de l'étrange char où se trouvait le chevalier qu'il avait si inconsidérément blessé. Puis il eut le désir d'accourir au chevet de Lancelot et de se déclarer son homme lige. Il se maudissait de sa violence et de son orgueil et se sentait prêt à s'humilier pour que justice fût rendue à celui qu'il vénérait et respectait comme le meilleur chevalier du monde. Alors, il éperonna son cheval et s'en alla dans la direction qu'avait empruntée la Demoiselle Chauve.

Il déboucha bientôt dans une grande plaine de l'autre côté de laquelle avaient été dressées des tentes multicolores en nombre incalculable. Il galopa jusque-là et prêta l'oreille : il entendit les lamentations d'une foule de gens qui se désolaient en frappant dans leurs mains. Il résolut néanmoins de faire halte en ces lieux, mit pied à terre au milieu des tentes et posa sa lance sur son bouclier. Il aperçut alors un grand nombre de femmes et de jeunes filles qui se tordaient les mains, s'arrachaient les cheveux, et il se demanda pourquoi elles menaient si grand deuil. L'une des jeunes filles s'avança vers lui et lui cria : « Seigneur ! plaise au Ciel que tu sois venu jusqu'ici pour ton malheur et ton déshonneur ! » Il la regarda d'un air stupide mais, sans s'attarder près de lui, elle courut vers la tente qui était la plus vaste et la mieux ornée, toute faite de soie vermeille et surmontée d'une pierre précieuse où se concentraient les rayons du soleil. Elle écarta le rideau de l'entrée et dit : « Dame ! dame ! voici celui qui a tué le meilleur homme de ton lignage, Kaw le Roux, ton parent et soutien ! Et c'est lui aussi qui a mis à mal, sans doute par jalousie et traîtrise, le fils du roi Ban de Bénoïc ! »

Dès que la jeune fille eut prononcé ces paroles, la foule des femmes et des jeunes filles, cessant de se lamenter, s'amassa, le visage hostile et dans un grand silence, autour du Gallois. Celui-ci remarqua que pas un seul homme ne se trouvait parmi ces femmes, et il en éprouvait un affreux malaise quand apparut sa cousine, la Demoiselle Chauve. Elle alla vers lui et lui prit la main. « Cher cousin, dit-elle, en dépit de toutes les fautes que tu as commises, je dois te servir de garant. Sois le bienvenu, dût ta présence ici déplaire à certaines. » Sur ce, elle ordonna à deux jeunes filles de désarmer Perceval, ce qu'elles firent immédiatement, et une troisième lui apporta un manteau de lin blanc. Alors, le reprenant par la main, la Demoiselle Chauve le fit entrer dans la grande tente.

Il trouva là une femme magnifique, aux cheveux très bruns, au visage avenant, aux yeux noirs, à demi prostrée sur une couche tendue de velours. Elle semblait triste et désemparée ; des larmes coulaient sur ses joues. « Reine, dit Onnen, voici Perceval le Gallois, fils du comte Evrawc. C'est dans l'espoir de son arrivée que toutes ces tentes ont été dressées, souviens-t'en. » Celle qu'Onnen avait appelée reine se redressa, et ses yeux se fixèrent intensément sur Perceval. « Ah ! dit-elle, c'est donc lui le fils de la Veuve Dame ? – Oui, c'est lui. – Hélas ! reprit la reine, il n'est pas le Bon Chevalier que nous attendons toutes depuis que le Roi Pêcheur est atteint de langueur. Il n'a pas posé de questions lorsqu'il a vu la Lance qui saigne et le Graal. Il n'a pas guéri le Roi Pêcheur. Il a brisé l'épée grâce à laquelle il devait retrouver le chemin de la cour du Roi Pêcheur. Il a injustement blessé le plus fidèle des compagnons d'Arthur. Enfin, chose qui m'est pénible et douloureuse, il a tué Kaw le Roux, mon parent, celui qui, malgré ses mauvaises actions, avait juré de me protéger et qui a toujours tenu sa promesse. Que deviendrai-je désormais sans mon défenseur quand mes ennemis m'attaqueront ? – Reine, dit la Demoiselle Chauve, celui-ci est fort capable de t'aider et de te défendre, car il vient de prouver qu'il est le meilleur et le plus beau chevalier du monde. »

La reine médita quelques instants, puis elle se leva et, prenant Perceval par la main, le fit asseoir à ses côtés. « Seigneur, lui dit-elle d'une voix troublée par une violente émotion, quels que soient tes torts, quelles que soient les souffrances et les déceptions que nous avons subies par ta faute, mon cœur me pousse à me réjouir de ta présence. » En disant ces mots, la reine le regardait attentivement. Et plus elle le regardait, plus elle se sentait brûlée au fond d'elle-même par le plus violent des désirs. Et celui-ci prit une telle intensité qu'elle eût voulu se précipiter dans ses bras et l'étreindre avec frénésie.

Elle se contint cependant et se borna à murmurer : « J'aurais été si heureuse que tu sois le Bon Chevalier ! » A ce moment, la Demoiselle Chauve intervint : « Reine, dit-elle, si Perceval n'est pas le Bon Chevalier que nous espérions, du moins est-il celui qui précède le Bon Chevalier vers la cour du Roi Pêcheur. Il sera l'un de ceux qui termineront les aventures, n'en doute point. Voilà pourquoi tu dois malgré tout l'aider. » La reine se mit à soupirer. « Seigneur, dit-elle au Gallois, si tu me promets de m'aimer plus que toute autre femme au monde, je te pardonnerai la mort de Kaw le Roux et toutes les souffrances que nous avons endurées. » Perceval n'était pas, loin de là, insensible au charme de cette étrange reine dont il ne savait même pas le nom. De quel royaume était-elle donc la souveraine ? Et qui étaient ces femmes qui l'entouraient dans cet immense camp volant ? « Dame, répondit-il, je t'aimerai plus que nulle autre femme au monde. Tu as ma parole, sois-en assurée. – Mais quelle garantie m'en donnes-tu ? – Dame, je vais te le dire : il n'est nul homme qui te manquerait de respect ou qui voudrait te causer du tort que je ne poursuivisse au péril de ma vie. – Certes, repartit la reine, cette espèce d'amour est des plus normales, d'un chevalier à une femme qui lui plaît. Mais tu en dirais tout autant à une autre ! – Peut-être, répondit Perceval, mais sache que l'on se met plus volontiers au service de l'une que de l'autre. » La reine eût préféré voir Perceval se montrer plus chaleureux, plus passionné, mais elle dut se contenter de cet engagement formel. Et plus elle le regardait, plus il lui plaisait, et plus elle en était éprise.

En sortant de la tente, après que la reine l'eut prié de revenir à l'heure du repas, Perceval se mit à marcher au hasard. Les autres femmes s'étaient dispersées, et il n'en rencontra aucune. Il était tourmenté, indécis, mal à l'aise, et il sentait monter en lui le désir de s'enfuir au plus vite. Il toucha le fourreau de son épée qu'il avait conservée à sa ceinture. Il lui fallait partir pour le lac Cotoatre, là où résidait le forgeron Govannon ; il fallait que cette épée fût ressoudée. Et seul le forgeron Govannon pouvait lui révéler la formule magique qui lui permettrait de réunir les deux tronçons dans la fontaine. Le Gallois se dirigea donc vers l'endroit où se trouvait son cheval. Ses armes gisaient à terre, et il commença à les revêtir, bien décidé à s'en aller dès à présent en quête du lac Cotoatre.

C'est alors qu'un homme, qui allait à pied, venant de la forêt, une hache sur l'épaule, s'approcha de lui et lui dit : « Perceval, où veux-tu donc aller ? » Au son de cette voix qu'il reconnaissait, Perceval sursauta, et il examina attentivement le visage de l'homme. Celui-ci était vêtu, à la manière des bûcherons, d'habits rudes mais solides, et la capuche qui recouvrait sa tête laissait entrevoir des touffes de cheveux gris. L'homme le fixait d'un regard qui lui faisait mal. « Qui es-tu ? demanda Perceval. Et que t'importe de savoir où je vais ? » L'homme se mit à rire d'un rire qui résonna longuement jusqu'aux arbres de la forêt proche. Perceval sentit la colère l'envahir de nouveau. D'un geste brusque, il saisit le pommeau de son épée et la brandit en face de l'homme à la hache, prêt à lui fendre le crâne, s'il persistait à rire ainsi. Mais il suspendit son geste et demeura stupide en voyant qu'il ne brandissait qu'un tronçon de métal inutile. « Eh bien ! Perceval ! reprit l'homme à la hache, tu es toujours aussi impétueux, à ce qu'il me semble ! A moins que ta conscience ne refuse la réalité de tes actes ? Comment me ferais-tu le moindre mal avec ce moignon d'épée ridicule ? Et pourtant, tu t'apprêtais à me frapper, je l'ai bien compris ! » Perceval lâcha le tronçon, détacha le fourreau de sa ceinture et le jeta au sol. « Pardonne-moi, dit-il. Je suis fou depuis que j'ai brisé cette épée. »

L'homme à la hache ramassa le fourreau et le tronçon qu'il remit à sa place. Puis il tendit le tout à Perceval. « Reprends ton bien, dit-il. Cette épée t'appartient, et tu devras encore en faire usage. – Oui, dit Perceval, mais un seul homme est capable de la ressouder : le forgeron Govannon, qui réside près du lac Cotoatre. C'est là que je comptais me rendre, puisque tu voulais le savoir. – Fort bien, dit l'homme à la hache, mais sais-tu où se trouve le lac Cotoatre ? – Non, mais je saurai bien le trouver. » L'homme se remit à rire. « Et tu passeras des mois et des années à errer sans jamais le découvrir si quelqu'un ne t'en indique le chemin ! » Perceval se reprit soudain à espérer. « Peux-tu m'indiquer ce chemin ? s'écria-t-il. – Non, répondit l'homme. Je n'en ai pas la moindre envie. – Tu refuses donc de m'aider ? – Je n'ai pas dit cela. Mais réponds d'abord aux questions que je vais te poser. Sais-tu pourquoi ton épée s'est brisée ? – Oui, par ma foi ! je ne le sais que trop, hélas ! Mon épée possède une vertu : au premier coup que l'on en frappe, elle assure la victoire ; mais si on en frappe une deuxième fois le même adversaire, sa lame se rompt. Et c'est ce qui est arrivé. J'ai combattu le maudit Le Hellin, qui a tué mon père et s'est emparé de ses domaines, je l'ai atteint de telle sorte qu'il est tombé et qu'il se trouvait à ma merci. Or, mon cœur était si rempli de haine et de colère que je me suis acharné sur lui et l'ai frappé une seconde fois. – C'est bien répondu, dit l'homme à la hache. Je vois que tu as enfin compris que la haine mène au désastre. Jusqu'à présent, Perceval, tu n'as agi que par haine et par orgueil : l'orgueil qui te poussait à être le meilleur de tous, la haine qui t'aveuglait et t'empêchait de découvrir ce que tu cherchais avec tant d'obstination. » Ces paroles plongèrent Perceval dans une longue méditation. « Qui es-tu donc ? finit-il par demander.

– Je suis celui qui t'a déjà parlé dans la forêt quand tu étais découragé, ne sachant où porter la tête de cerf et le brachet. Je suis celui qui, sous la forme d'un enfant, t'a montré le chemin qui menait vers la Colonne de Cuivre, qui, à califourchon sur une branche, se moquait de toi. – Merlin... murmura Perceval. – Oui, Merlin, ce vieux fou de Merlin qui paraît à tes yeux sous l'aspect d'un bûcheron parce que cet aspect t'intrigue et te fait réfléchir. On m'a souvent appelé le Fou du Bois, non sans raison d'ailleurs. Donc me voici, et je te pose une deuxième question : pourquoi veux-tu connaître la signification du Graal et de la Lance qui saigne ? – Parce que j'ai commis une faute quand je suis allé à la cour du Roi Pêcheur : je n'ai pas alors demandé quel était le sens des prodiges, et mon silence m'a empêché d'accomplir mon destin. Je veux retourner à la cour du Roi Pêcheur et terminer les aventures. – Encore une bonne réponse, dit Merlin, mais en aucun cas tu ne seras le Bon Chevalier qu'on attendait. Oui, tu termineras les aventures, mais tu ne seras plus le seul : tu auras deux compagnons, et c'est à vous trois que vous accomplirez le destin. Mais je voudrais encore une troisième réponse, Perceval : pourquoi veux-tu absolument retourner à la cour du Roi Pêcheur ? – Parce que c'est là que se trouve le Graal. » Merlin se remit à rire.

« Enfant ! s'écria-t-il, tu n'es qu'un enfant, Perceval à la Longue Lance ! Le Graal n'est pas plus à la cour du Roi Pêcheur qu'ailleurs, sois-en persuadé. Il est partout et nulle part. Le Graal n'est qu'un objet, Perceval, une simple coupe d'émeraude pour tes yeux ébahis. Mais je suis sûr qu'il apparaît à d'autres sous une forme bien différente. L'important n'est pas son apparence mais ce que cache cette apparence. Je suis devant toi sous l'aspect d'un bûcheron, mais je pourrais revêtir bien d'autres semblances ! » Perceval se tenait immobile, comme fasciné par les paroles de Merlin. Et, peu à peu, le jour baissait, une légère brume montait de la terre, noyant les derniers rayons du soleil.

« Merlin ! toi qui connais les secrets de ce monde, que dois-je faire ? – Ressoude ton épée et va-t'en jusqu'au Graal. – Mais comment trouver le chemin du lac Cotoatre ? – Il ne m'appartient pas de te le révéler. Cependant, dis-moi, Perceval, il me semble que tu oublies facilement tes promesses ! Tu as oublié de revenir vers la belle Blodeuwen. Tu as renoncé à rapporter le brachet et la tête de cerf au Château de l'Echiquier. Tu as oublié de venger ton père. Et, maintenant, voici que tu oublies que tu as promis à la Reine, là-bas, sous sa tente, de l'aimer plus que toute autre femme au monde. – Mais je ne peux aimer toutes les femmes plus que toutes les autres ! » Merlin éclata encore de rire. « Et c'est maintenant que tu t'en aperçois ! Tu as pourtant entendu conter l'histoire d'Enéour et des douze dames, je crois ? Néanmoins, tu t'es laissé prendre aux charmes de la Reine. Eh bien, Perceval, va la retrouver et tiens ta promesse. C'est la Reine qui te conduira elle-même au lac Cotoatre, près de la demeure du forgeron Govannon. J'aime mieux que tu couches cette nuit avec elle que de te voir ferrailler dans la forêt et tuer tous ceux que tu risquerais d'y rencontrer. Sache, Perceval, que l'amour est plus fort que la haine. Quand tu te seras complètement dépouillé de la haine qui t'encombre encore, quand tu te seras purifié dans l'amour, alors tu seras le vrai héros qu'on attendait. Et c'est parce que tu seras illuminé d'amour que tu pénétreras dans la lumière du Graal. Va maintenant. Je ne saurais garder plus longtemps la forme sous laquelle je t'apparais. Va, Perceval, et que Dieu te garde ! »

Perceval vit l'homme à la hache s'éloigner lentement vers les arbres. Plus il avançait, plus sa silhouette devenait floue. Quand il atteignit la forêt, il parut se dissoudre dans le brouillard qui montait vers les étoiles. Perceval fit demi-tour et, sans plus attendre, se dirigea vers la tente de soie vermeille où l'attendait la mystérieuse reine qu'il avait promis d'aimer plus que toute autre femme au monde[1].

1. Le schéma de base de ce chapitre repose sur la conclusion, singulièrement succincte, de *Peredur*, version vraisemblablement la plus archaïque de la légende du Graal. J'y ai inséré des épisodes de la *Seconde continuation* du pseudo-Wauchier de Denain, ainsi que des fragments de la branche VIII du récit anglo-normand *Perlesvaux*, qui date des environs de l'an 1200 (texte original édité par Nitze et Jenkins, *Le haut livre du Graal*, 2 vol., Chicago, 1932-1937, trad. française partielle dans *La Légende arthurienne*, Paris, 1989, par Christiane Marchello-Nizia), notamment en ce qui concerne l'horrible vengeance que le héros tire du meurtrier de son père. Il semble que la version primitive celtique du Graal ait été effectivement le récit d'une vengeance sacrée (rachat par le sang). On comprend dès lors le sens de la récupération chrétienne du thème : le rachat par le sang du Christ contenu dans la coupe d'émeraude, laquelle, selon la tradition gnostique, était l'*œil de lumière* de Lucifer, avant la chute.

TABLE

5626

PCA – 44400 Rezé
Achevé d'imprimer en Europe (France)
par Maury-Eurolivres – 45300 Manchecourt
le 26 octobre 2000.
Dépôt légal octobre 2000. ISBN 2-290-30354-2

Éditions J'ai lu
84, rue de Grenelle, 75007 Paris
Diffusion France et étranger : Flammarion